WILEY FINANCE

"十二五"国家重点图书出版规划项目
当代财经管理名著译库

RISK MANAGEMENT

威立金融经典译丛·风险管理系列

U0674926

The Great Super Cycle

Profit from the Coming Inflation Tidal Wave and Dollar Devaluation

David Skarica

（加）戴维·斯克里卡 著

孙琳　景婧　译

超长的经济周期

从未来的通货膨胀浪潮和美元贬值中获取利润

东北财经大学出版社
Dongbei University of Finance & Economics Press

大连

WILEY

ⓒ 东北财经大学出版社 2013

图书在版编目（CIP）数据

超长的经济周期：从未来的通货膨胀浪潮和美元贬值中获取利润／（加）斯克里卡（Skarica, D.）著；孙琳，景婧译．—大连：东北财经大学出版社，2013.3
（威立金融经典译丛）
书名原文：The Great Super Cycle：Profit from the Coming Inflation Tidal Wave and Dollar Devaluation
ISBN 978-7-5654-1043-7

Ⅰ．超⋯ Ⅱ．①斯⋯ ②孙⋯ ③景⋯ Ⅲ．世界经济-经济周期波动-研究 Ⅳ．F113.7

中国版本图书馆 CIP 数据核字（2012）第 278419 号

辽宁省版权局著作权合同登记号：图字 06-2012-09 号

David Skarica：The Great Super Cycle：Profit from the Coming Inflation Tidal Wave and Dollar Devaluation

东北财经大学出版社出版
（大连市黑石礁尖山街 217 号 邮政编码 116025）
教学支持：（0411）84710309
营 销 部：（0411）84710711
总 编 室：（0411）84710523
网 址：http：//www.dufep.cn
读者信箱：dufep@dufe.edu.cn
大连图腾彩色印刷有限公司印刷 东北财经大学出版社发行

幅面尺寸：170mm×240mm 字数：213 千字 印张：11 插页：1
2013 年 3 月第 1 版 2013 年 3 月第 1 次印刷

责任编辑：刘东威 石真珍 王晓欣 责任校对：孙 萍
封面设计：冀贵收 版式设计：钟福建

ISBN 978-7-5654-1043-7

定价：32.00 元

译者前言

　　20 世纪末至 21 世纪初，在经历了亚洲金融风暴、欧洲银行危机、美国次贷危机等一系列金融危机之后，除了一些新兴经济市场仍保持增长的态势之外，世界其他各国的经济都陷入了低迷阶段，股市大跌，黄金价格起起落落，让人们心惊肉跳、不知所措，悲观、失望的情绪弥漫到世界各个角落。也许读了戴维·斯克里卡的著作《超长的经济周期》之后，我们会认同他对世界经济发展的观点——一切事物都是呈周期性运动，从世界大国的大周期，到可以持续几十年的经济周期，乃至持续 10~20 年的小周期。我们正处于低潮期，但并不等于我们的经济就一蹶不振，就像英国经济学家杰文斯（W. S. Jevons）在 1875 年提出的经济周期理论一样，经济有低迷的时候，就有高涨的时候。现在这个经济周期也许会有 10 年，也许更长。这要取决于我们人类为解决这个问题做出了什么样的决策和努力。戴维·斯克里卡非常乐观地提出了他的观点：经济低迷的时候也许是我们从中获取利润的好时机！这种环境下的关键就是投资到那些有潜力的行业，并且考虑投资者如何从中获利。

　　戴维·斯克里卡本人也可以说是具有传奇色彩的人物，他少年成名，18 岁就通过了加拿大证券课程（CSC），并且活跃于各大电视媒体，应邀成为主要期刊的专栏作家。他对经济趋势的分析和预言往往成真，令人刮目相看。他甚至对中国及其他新兴经济体的发展也有独到的见解。基于此，翻译此书的过程令人愉快，也让我们受益匪浅。

　　本书的翻译工作由大连民族学院外语学院孙琳全面负责。本书的第二部分和第四部分由景婧翻译，其余部分由孙琳翻译。全书的统稿和校对工作均由孙琳负责。由于译者的水平有限，在翻译中难免有错误和疏漏之处，恳请广大读者斧正。

译者

2013 年 1 月

序 言

经济大决战
超级大国如何衰落，帝国如何完结以及这为何不是世界末日

我们都知道坏消息的卖点。我是投资简报业界人士。据我所知，唯一比我看到的厄运和忧愁更多的人就是殡仪馆馆主。2008年的金融危机中，悲观失望者遍及全球，像是圣经中的蝗群。对于那些通过电视和电脑入侵我们家庭的怀疑论者们，我们毫无办法阻止。他们侵占了电视和电脑屏幕上的每一个角落，助长了媒体歇斯底里的疯狂。每一个曾经宣称预言到金融危机和崩溃的专家们（他们之前在哪儿？）都轻率地宣称这场危机不仅是如我们所知的华尔街的末日，也是世界的末日，然而你和我仍然在这儿。即使你还不是一个彻头彻尾的穷人，相信你也已经非常厌倦此类说法了。很少有专家长期拥有良好的跟踪记录。许多声称"金融崩溃"的人会年复一年地使用这个词。然而在某个方面，逆转正在发生。正如一句老话所说：即使停了的钟一天还准两次。

投资专家戴维·罗森博格、盖瑞·西陵和罗伯特·布雷切尔告诉我们（一些场合还很乐观），世界将进入另一个大萧条时期，道琼斯指数将会回落到5 000点。当然，这点并未应验，道琼斯指数在2009年3月降到最低的6 500点左右后有一个巨大的反弹，到2010年年初超出了10 000点（正如本书所写的那样）。

真相根本不像那些诺查丹玛斯①爱好者们想让我们相信的那样。另一方面，还记得那些在1999年告诉我们道琼斯指数会达到40 000点，我们正处于某种"金发女孩经济"中的专家们吗？然而如我所写：失业率呈双倍增长，我们再也听不到那个术语了，这难道没有讽刺意味吗？（注：金发女孩经济是一种理论，指经济进入了一个完美结合期，经济高速增长、低通货膨胀率和低失业率，这是许多专家在20世纪90年代末断言我们很长时间会处于的时期。）

事情既不像悲观失望者们所说的那么糟糕，也不像金发女孩经济学者们所宣称的那样乐观。我做研究时采取折中的观点。我是在研究数十年历史先例基础上做出合理的推理预测的。

---

① 诺查丹玛斯，生于1503年12月14日，卒于1566年7月2日，法国籍犹太裔预言家，精通希伯来语和希腊语，留下以四行体诗写成的预言集《百诗集》一部。有研究者从这些短诗中"看到"对不少历史事件（如法国大革命、希特勒之崛起）及重要发明（如飞机、原子弹）的预言——编辑注。

在过去的 10 年中，我们可以发现股票市场毫无建树，其价值在通货膨胀调整时失去 2/3 还多。许多人把这归因于伊拉克战争、灾难性总统乔治·布什的领导、油价过高和 2007—2009 年的金融危机。他们看到市场不再前进，把这些事件看成是随机事件流的一部分。但是，他们没有理解的是，这些随机事件大多数都是发生在一个超长的经济周期范围内。

由于某种原因，市场主要按周期来运行。驱使这些事件发生的是周期而不是其他事物。从 1900 年起，美国股市就经历了众多的 15 ~ 20 年股票价格高涨时期和 15 ~ 20 年的股票价格低落时期。在上涨周期里，股价刚开始极低，然后攀升，经济变强，最终导致了艾伦·格林斯潘所称的"非理性繁荣"。这一时期，通常是新技术会获得投资者的关注，同时还伴随着社会稳定和低失业率。然后这个周期会延续很长一段时间，直到市场攀到顶峰，开始被过高估计，然后崩溃并且会长时间一蹶不振。市场的这一长时间低迷会吓坏投资者。其后会出现价格低廉现象，周期又会重新开始。

在这些周期中，我们都会经常责备那些关键的角色（如布什、奥巴马等），但是他们在巨大的周期棋盘里只是小卒。有上升就一定会有下降，正是这些周期（纵观整个历史都有发生）推动着市场前进。

为什么你应该听我的？

为什么你应该听我的？什么让我与众不同？我有跟踪记录吗？记录良好吗？这些基本问题从未被那些你在媒体上看到的专家们询问过。

关于我的一些信息：我相信自己不像大多数电视上的名嘴或者大学教授。我必须在这条战线上谋生。我在 www. addictedtoprofits. net 网站和《黄金股票顾问》（*Gold Stock Advisor*）杂志上撰写投资简报。我在巴哈马生活得很舒适。如果我不给我的订户们提供良好的建议，我会因为失去我的读者群而被迫吃会影响健康的汉堡和微波晚餐，最终不可避免地导致心脏病发作——自杀的生活方式。因此，我必须始终如一地提供准确建议，否则就得滚回到我的老家——加拿大的多伦多去。

1999 年，21 岁时，我出版了第一本书：《股票市场恐慌！如何在即将到来的熊市中赚钱》（*Stock Market Panic! How to Prosper in the Coming Bear Market*），由加拿大的一家小出版社——生产力出版社出版。本书的发行状况并不好（主要是由于我太年轻、缺乏经验以及没被金融机构认可），但是其中的预测确实相当准确。我是如何做到如此准确的呢？在 20 世纪 90 年代末，我仔细研究了泡沫和周期萧条、繁荣的历史。在进行了无数的研究后，我开始担心 90 年代的股市和互联网牛市将会变成巨大的泡沫。这激发了我对周期研究的最初兴趣。这项研究告诉我市场交易呈周期性运作，为何有时它们会很长时期毫无建树。我发现有些特殊资产会进入到牛市周期，同时有些资产会进入到熊市周期等等。

经过无数个小时的研究后，我得出了如下结论，在《股票市场恐慌！如何在即将到来的熊市中赚钱》一书中做出了大量预测，我相信已经被证明是惊人地准确了。

那本书做出了如下预测：

- **美国股价正位于顶峰，在未来几年中会处于熊市。** 这是一个股票从高估到低估的估值再调整。道琼斯指数那时的交易值将近 10 000 点，而 10 年后将近 10 000 点时已经失去了它调整通货膨胀的基本价值。

- **房地产市场是泡沫经济，将会崩溃。** 房地产市场的繁荣比我预计的要长久一些。我认为房地产市场会随着高科技泡沫破灭而崩溃。但是，降息和美联储为了摆脱高科技泡沫破灭后的经济困境而采取的宽松货币政策所造成的杠杆作用和房地产泡沫远远大于我的想象。我认为房地产市场会崩溃，但即使是我也从来没有设想到次级抵押贷款支持的证券业的杠杆作用会是 30∶1 或者更大。

- **债券业将达到顶峰，利率将会提高很多，世界各地的农村和边缘地区的房地产业将超越城市房地产业。** 这是一个还未应验的预测。2008 年 12 月，利率大幅度下滑，债券大幅度上升。然而，利率从历史上看依旧保持着低点。但是要考虑到的是，随着美国政府发行各种债务，税率最终会变得越来越高。尽管一些农村和边缘地区的房地产业将会和其他的房地产业一起崩溃，但是大多数会屹立不倒。投资者们仍然会有意愿为远离城市的边缘地区房地产投资。此外，许多加勒比海和南太平洋小国家没有采用美国的鲁莽借贷方法，这为它们在未来的经济复苏中奠定了优势。

- **通货膨胀率将比以往高得多。** 约翰·威廉姆斯所经营的网站 shawdowstats. com 计算了通货膨胀率。在统计时，威廉姆斯计算的是真正的通货膨胀率（不是今天由政府所公布的虚假的通货膨胀率，政府由于越来越多的津贴问题试图抑制通货膨胀率）。他采用的是政府 20 年前的做法。威廉姆斯计算出通货膨胀率在 2008 年年中时为 9%，这是自 20 世纪 70 年代以来的最高点。

- **黄金会再度流行，价格将大幅上涨。** 金价在 20 世纪 90 年代开始时一直停留在 300 美元一盎司左右，到 90 年代末时攀升到 1 000 美元一盎司。

- **其他商品——如石油、小麦、玉米和大豆——价格都将持续上涨。** 在 2000 年左右所有这些农产品的价格都暴涨。

- **美元价值下跌。** 美元指数（美元对一揽子货币的指数）在 10 年前交易开始时的指数为 100，现在已经降到大约 78，这代表着我们损失了 22%。

- **在美国和中东之间将有大型战争。** 2001 年，美国对阿富汗采取大规模行动。2003 年，美国对伊拉克采取大规模行动，直到现在还深陷其中。

如你所见，实际上，我在《股票市场恐慌！如何在即将到来的熊市中赚钱》一书中所做的所有预测几乎都在过去的 10 年中应验了。如我前面所述，你会在后面的章节中读到，唯一还没有应验的预测就是长期的债券市场崩溃。我非常有信心这一预测在未来几年中会发生。因为随着未来几年美国政府计划发行的债券数目的增加，很明显，外国人将会要求更高的债务偿还利率，因而在过去的几年中债券将不会是安全的投资。

我最后的底牌是：在过去的 10 年中，我拥有一个相当准确的跟踪记录。我的研究使我做出了准确的预测。因此，任何想在这场通货膨胀海啸中获利的投资者都需要读读这本书。

这本书讲什么？

《超长的经济周期》一书通过研究政权交替的历史来观察我们在全球经济中可以获得什么。随着政府掌控许多银行、抵押贷款公司和汽车制造企业，美国变得越来越倾向于国有化了。《超长的经济周期》一书探究了经济权力转变和华盛顿、华尔街之间的关系。

本书的基本主题是一切事物都呈周期性运动，从世界大国的大周期，到可以持续几十年的经济周期，到通常持续 10 ~ 20 年的小周期。在未来几年通货膨胀因素调整的期限内，市场将会举步维艰。周期是我们在未来几年中赚钱最重要的而且是最有力的工具。我们所处的大周期将会展现即将到来的债务泡沫、商品繁荣以及从西方到东方的主要经济转变特征，一些行业和国家将会从这些转变中获益，脱颖而出。本书中，我将会告知你如何才能从一些关键的行业获利——如黄金、石油、成长中的亚洲市场和离岸账户等等（我相信更多的法规和税收会使美国的经济更缺乏竞争力，并且会使资金流向海外）。

因此，本书的主题就是这个简单而不可抗拒的启示：市场周期就是资本市场上所有影响因素中最强有力的那一个。对于市场周期的彻底了解是任何一个想在资本市场成功运作和获利的投资者必备的工具。市场周期就像是地球引力——你看不到它们但它们与你的命运紧紧相连。

在接下来的章节中，我会告诉你为什么在高科技泡沫和房地产泡沫后，下一个也是最后一个泡沫现在变成了债务工具。这个债务泡沫是我们未来 10 年投资理念的核心。这个债务泡沫将会导致一些商品的牛市，如石油和天然气、小麦、玉米、黄金、白银等等，以及一些经济力量向中国和印度等新兴市场转移。正是这种危机会带来机遇！

致 谢

首先，我想感谢克里斯·鲁迪，Newsmax 和 Moneynews 的创始人。如果我们没有相遇，就不可能有这本书！谢谢你，克里斯，是你从头到尾都相信我的这本书。对于能在约翰·邓普顿的纪念仪式上遇到克里斯，我仍然觉得很神奇。它不只是一个巧合。

我还要感谢黛布拉·英格兰德、凯利·奥康纳、阿德里安娜·约翰逊、斯泰西·费斯克尔达，在他们的帮助下我才能归总这本书。我还要感谢我的父亲，托尼·斯克里卡，他是历史上"最伟大的"皇家检察长和"伪"编辑，感谢他花时间编辑我的书稿，甚至在法庭长久工作后亦是如此。我还要衷心地感谢迈克·斯旺森，感谢他这些年来对我的帮助。

我还要感谢《沉迷于利润》和《黄金股票顾问》的忠实读者们，感谢他们在过去几年中对我的支持。我也想感谢维克多·列斯科和热那亚·奥布莱恩，他们帮助我研究"中国和新兴市场"一章。同样，我还想感谢 Newsmax 的亚伦·德霍格和格雷格·布朗，自从我加入了 Newsmax 后，他们一直很有耐心地帮助我。最后，我要感谢我在巴哈马群岛的新房子，因为它为我提供一个优美、漂亮的写作环境。此外，你会看到这本书有一个国际化的主题。这很贴切，因为本书的部分编辑和研究工作是在巴哈马群岛、美国、加拿大、智利、秘鲁、巴拿马、洪都拉斯、英国和摩纳哥完成的。最后，一如既往的是，我要感谢你们——我的读者，没有你们，这本书将不复存在。希望本书会打开你的眼界，帮助你寻找新趋势，抓住新机遇，帮助你跳出条条框框来思考。

关于作者

　　戴维·斯克里卡，1977 年 9 月 27 日生于加拿大安大略省的多伦多市。具有加拿大和英国双重国籍。少年时就表现出对数字、美式橄榄球电影和录像的强烈兴趣，被认为会成为另一名霍华德·科塞尔（体育播音之王——译者注）。戴维年仅 18 岁就通过了加拿大证券课程（CSC）考试，是该记录中年纪最小的人。在 1998 年 21 岁时，他出版了第一本书：《股票市场恐慌！如何在即将到来的熊市中赚钱》（*Stock Market Panic! How to Prosper in the Coming Bear Market*）。在此书中他预测了 2000 年的熊市、石油和黄金价格攀升，以及房地产市场的崩溃。也是在 1998 年，他创建了简报《沉迷于利润》（www. addictedtoprofits. net），主要关注于对市场的技术和心理分析。从 2001 年到 2003 年，stockfocus. com 网站根据其表现把《沉迷于利润》排在 300 多份简报中的第三位。2003 年，戴维在"环球邮报选股大赛"中获得第二名，其所选股票——埃尔拉多黄金那年获利 95％ 以上。戴维的第二本书《逆势拯救世界》（*The Contrarian Who Saved the World*）出版于 2004 年。他还是《黄金股票顾问》（*Gold Stock Adviser*）和《国际逆势服务报》（*The International Contrarian Services*）的编辑，它们主要关注黄金和全球投资。戴维还是一个狂热的体育迷，支持奥克兰突袭者队、洛杉矶湖人队、纽约扬基队、汉密尔顿虎猫队和英国国家足球队。

目　录

综　述　　　　　　　　　　　　　　　　　　　　　　　　　　　　1

世界强权从大英帝国到美利坚合众国的转变　　　　　　　　　　　1

并非如此自由的国家?　　　　　　　　　　　　　　　　　　　　　3

美国主导地位的下滑　　　　　　　　　　　　　　　　　　　　　3

2008 年的金融崩溃没有导致改变，但下一个将会如此!　　　　　4

所有的这一切都是长期周期的一部分　　　　　　　　　　　　　　5

第一部分　下一个泡沫和繁荣　　　　　　　　　　　　　7

第 1 章　债务爆炸和超级泡沫的完结　　　　　　　　　9

问题的开始　　　　　　　　　　　　　　　　　　　　　　　　　9

20 世纪 60 年代——福利国家的扩张　　　　　　　　　　　　　9

金本位的结束和通货膨胀的开始　　　　　　　　　　　　　　　11

国内政府开支+国外支出=破产的美国　　　　　　　　　　　　12

医疗补助和医疗保险——国内支出的黑洞　　　　　　　　　　　12

战争的代价——海外支出的黑洞　　　　　　　　　　　　　　　13

政府的债务能是可持续的吗?　　　　　　　　　　　　　　　　14

抛物曲线　　　　　　　　　　　　　　　　　　　　　　　　　15

政府低估了它的债务　　　　　　　　　　　　　　　　　　　　18

私人债务的巨幅增长　　　　　　　　　　　　　　　　　　　　18

中产阶级在减少　　　　　　　　　　　　　　　　　　　　　　20

超级泡沫的爆炸和破灭　　　　　　　　　　　　　　　　　　　20

超级泡沫　　　　　　　　　　　　　　　　　　　　　　　　　21

第 2 章　金钱打印机和未来的通货膨胀　　　　　　　23

通货紧缩论点——信贷受到破坏　　　　　　　　　　　　　　　24

为什么通缩主义者是错误的?　　　　　　　　　　　　　　　　24

实　证　　　　　　　　　　　　　　　　　　　　　　　　　　30

即将到来的通货膨胀　　　　　　　　　　　　　　　　　　　　30

美国政府将被迫印制钞票来摆脱债务危机　　　　　　　　　　　34

这一切意味着什么呢——通货膨胀，美元死亡，以及长期债券市场泡沫的出现　　38

现在做什么？ 40

第二部分 摆脱世俗和周期性浪潮 41

第3章 你无法抗拒周期的力量 43
趋势是你的朋友 43
长期周期的长度 44
恐惧与贪婪驱动着周期 45
在门前仔细思量 46
长期趋势出现的真正原因——估值！ 47
经通货膨胀调整后的下降 49
唯一一个你需要永远使用的图表 53
纳斯达克与后泡沫时期股市下跌 54
大宗商品长期牛市 56
新兴市场 61
还为时过早 64

第4章 虚假牛市 65
牛市的历史 65
2009—2010 年的反弹不会是一个长期牛市开始的原因 69
我们如何知道股票市场将会在何时真正反弹？ 72
预测——熊市将持续下去 73

第三部分 从通货膨胀中获利的投资策略 75

第5章 黄金和白银 77
为什么是黄金？ 77
黄金牛市的原因 79
黄金不是非常便宜，但它仍很便宜 82
最好的长期金价指示器 83
伟大的买入机会来临 86
购买黄金的方法 86
黄金储备的类型 89
白银——"穷人的黄金" 96
贵重金属市场将会繁荣 97

第6章 大宗商品 98
参与大宗商品趋势最简单的方式——拥有所有大宗商品 98
未来几年的大宗商品 101
货币通胀和需求将导致大宗商品热潮 113

第 7 章　价值和逆向投资　　115

在最悲观时点买进　　116

它并非易事　　117

在最悲观时期——2008 年和 2009 年盈利的交易　　117

从最大悲观点盈利的技术途径　　120

在投资时，询问自己一个关键问题　　123

最大悲观时点购进包含支付股息的股票　　123

估价、反向投资和在悲观情绪时投资　　125

邓普顿在最悲观时点购进　　125

第四部分　投资于新兴经济体　　127

第 8 章　中　国　　129

20 世纪 40 年代以来的基本概况　　129

世界的新债权国及其滋生的权力　　130

成为债权国的影响——地缘政治力量　　130

中国经济的增长——是奇迹还是泡沫？　　132

中国贸易顺差的效果——世界范围的投资　　134

中国会统治世界吗？　　134

如何在中国投资？　　135

中国在你投资组合中的角色　　136

第 9 章　印　度　　137

印度的崛起　　137

腐败和贫穷——印度的致命要害　　138

印度——从长远看来比中国机遇更多吗？　　139

不引人注目是一件好事　　142

世界需要印度　　142

如何在印度投资？　　143

印度——乱中有序，持续发展　　145

第 10 章　在全球其他新兴市场投资　　146

澳大利亚和加拿大　　146

亚　洲　　150

拉丁美洲　　156

非　洲　　162

国际投资是你投资组合中所必需的　　162

结　论　　163

综　述

本书的大部分章节关注的是股票市场周期。它们是指 10 ~ 20 年的牛市以及随后 10 ~ 20 年的熊市。但是，目前我们发现自己所处于的特别熊市周期也是位属于一个更大的周期当中。这个更大的周期将会见证世界超级大国——美国统治的结束。经济低迷经常能导致权力变迁。

例如，经济大萧条同样席卷了美利坚合众国和大英帝国。但是，大英帝国必须支撑一度覆盖了全球将近四分之一领土的整个帝国。帝国的财政拮据、经济大萧条和此后的第二次世界大战（下文简称"二战"）累积在一起，完成了世界强权从大英帝国到美利坚合众国的转变。我们也必须注意：美国的衰落跟大英帝国的衰落有着诸多相似之处。它们都是讲英语的西方民主资本主义国家，在人口、政治和政策方面都很相似，比大英帝国和罗马帝国更相似。

世界强权从大英帝国到美利坚合众国的转变

从帝国的兴衰中可以学到的最简单的教训也是非常相似的。一个国家通常是建立在先进的法律和政治体制基础上的。然后，从这一体制上创造出本国的繁荣和财富。其国际权力的增长是建立在其军事实力和世界范围内影响力的基础上的。然后它会得益于其世界影响力。然而这个国家通常会依赖于这个范围，过分扩张其财政，过着入不敷出的生活，变得负债累累，然后被迫缩小规模和全球的影响力。20 世纪中期的英国就是如此，而且这也是美国的发展趋势。

英国过分扩张自己的财政，实际上，正是诸多压力导致了其帝国的衰落和分裂。我们必须记住大英帝国分裂最初的迹象是在二战后帝国破产之后才出现的。当大量的英国人在大萧条时期失业在家、苦苦挣扎时，许多英国人不满于其统治世界的规则。当英国人自己想得到更多的国内帮助来减轻大萧条的影响时，帝国分裂的迹象就产生了。记得当伦敦在 20 世纪初破产时，它仍然是伦敦，不像华尔街，它是世界的金融之都。英国人想要一个扩大福利的国家，而且希望他们的资源用于支持英国公民而不是整个帝国。在二战后，英国通过了《国家健康法案》（*National Health Act*），一次性带来一个全民化的官办医疗保健制度，因而导致英国的经济负债累累。

随着最近医保法案的出台，在美国我们能看到同样的心理趋势，人们在 2008 年金融危机的余波中呼吁更多的国内社会支出。在某点上，美国和英国一样，为了支付国内社会花费，可能会缩小其在世界各地的军事规模和范围。

人们惊奇于美国目前的军事存在、大规模体育场支出，以及大量的财富，并且敬畏于这个国家的经济规模和实力。在现实中，美帝国，按历史标准衡量，是短期存在并相对薄弱的。大英帝国，在其高峰时期，统治了世界的四分之一，而且在17世纪大部分时间、18世纪以及20世纪的前40年都是世界上最强大的国家。这个时期长达200多年之久。与之相比，美国的权利高峰期是从二战后直到当前，并且可能在本书出版后再持续另外5~10年时间。那总共是70年左右。美国正追随英国的脚步，但是它发现了让一个超级大国崩溃的更快途径。

即使是法国和西班牙帝国，在处于不当管理之下和不断破产的边缘，也能够完整地生存大约100年。

尽管积累了世界上前所未有的最大财富，美国人也可以迅速地浪费和处理掉它。随着美利坚合众国成立超过了200年，美国好像是进入了辉盛的兆周①（又是那个词：周期），陷入了洋洋自得和倒退的状态。无论普通的美国人是否意识到这一点，美国都因其是世界上唯一的超级大国而且存在了这么久而志得意满。（是的，美国曾与苏联进行过冷战，但是苏联从未能真正地在经济实力上与美国相媲美。即使在其高峰期，苏联的经济也只抵得上美国的一半。）随着国家福利规模的不断扩大，美国人更加依赖政府。美国现在有两个"对手"，即印度和中国这两个庞大的经济体，它们可以严峻挑战美国的经济优势。

但是，我告诉你这一切并不是来吓唬你。美国的权力衰退不会导致世界末日。这是因为你失去帝国或超级大国的地位并不意味着你失去了你的国家。从长远来看，没有了一个要消耗其数万亿美元财富的帝国，美国可能会更好。

此外，帝国的损失对美国来说可能会更好，因为它可能会使美国返回到这个国家核心信念的根源上，如人权、言论自由、有限政府以及在外国事务上的有限参与权等等。在20世纪中期，美国更紧密地执行这些信念时，她因为其自由而被崇敬。与今天相比，那时没有反美主义的存在，因为那时年轻的美国在其将要参加的战争和冲突中更有选择性。

此外，在法国和英国失去了它们的帝国之后，它们的文化却茁壮成长起来了。也许美国的文化也会如此。人们争论说，二战后，英国通过出口其技术娴熟的电影导演、演员、音乐家等等文化产品来领导世界。此外，伦敦仍然是世界主要的金融中心之一。同样，法国也出产了伟大的音乐家和作家（像亚历山大·大仲马）。他们也都有极高的存在标准。无论你所看到的是哪个出版物——中情局世界真相书籍还是世界银行书籍——这两个国家的人均国内生产总值仍在世界排名前20。它们的帝国消失了，尽管经济跌宕起伏，但仍然是繁荣的第一世界国家。我怀疑在今后的岁月里，美国的情形也会如此，它不再成为世界的统

---

①　即一百万周，也是电磁波频率单位，每秒一百万周的频率叫一兆周——编辑注。

治者，但仍将是一个扮演着重要角色的繁荣国家。

并非如此自由的国家？

按照那种说法，直到美国进入了它的后帝国文艺复兴时代，我仍能看到一些即将发生的、非常困难的时期。与当前美国相关的一个主要问题就是自由的丧失。值得注意的是，随着政府的慷慨以及税收消耗掉了更多的国家经济，它的经济自由正在消失。

关于美国政治和经济自由的所有看法都变得只是——看法。在本书中我不会喋喋不休地谈论政治。在接下来的两章中，你会看到一些数据和事实来证实这个残酷的趋势——美国正在经历一个持续并且严重的经济衰退时期。下面我们从一个简单的例子开始：欧洲的大多数国家以及加拿大都有一个简单的法律规定，如果你搬离了该国，成为一名非常驻居民，你就不用再在你的出生国交税而是要在你的居住国交税。因此，如果你是加拿大人（像我一样），并且你成为一名非常驻居民（那样你仍然是一个公民，但不再生活在那里），而且搬到一个免税或低税的司法管辖区，如开曼群岛或巴哈马群岛，你就要在你所居住的司法管辖区交税。开曼群岛和巴哈马群岛的收入所得税是零。然而，作为一个美国人，无论你住在哪儿，你都必须仍向国税局交税。在美国，如果你的收入是 139 000 美元或者更多，在你提出申请和放弃国籍的前 5 年里，你都必须支付外籍税。

这些美国政策主要是限制你在喜欢的地方生活和工作。在将来，这条法律将阻碍许多希望迁移到美国成为美国公民的人们。那些获得了美国公民身份的人将一直有义务向政府支付收入所得税，不管他们是否决定居住在美国之外。

现在看来这似乎是个小问题，因为大多数美国人选择居住在美国。然而，它恰恰显示了，就国外生活而言，一个美国人并不像其他国家的人民那样自由。如果是非美国人选择离开他们的母国成为一名非常驻居民，他们有着更多的全球流动性。他们只需支付他们所居住的司法管辖地的税收，而美国人不论居住在哪里，都必须支付其所有的收入所得税。从一方面来说，这条法律仅仅是一个小例子，表明经济自由正如何受到美国政府的遏制，成为美国国家经济下滑的证据。

美国主导地位的下滑

正如本章开始所述，美国取代英国成为了世界上的超级大国。然而，这一权力转变也有一些运气成分在内。在二战之后，美国有一个领先的起点——世界很多地方都已经被炸毁了，或者是脱离了帝国主义的统治。亚洲经济的领头羊——日本，已塌成瓦砾。反观美国，由于二战期间军工复合体的扩张，已经建立了其工业基础。

然而，在 20 世纪 60 年代，美国开始把其工业优势输给日本。例如，根据国际货币基金组织（IMF）的统计，在 1950 年，日本人均收入占美国人均收入的 10.31%，也就是说，平均下来，一个美国人的产量大约是一个日本人的 10 倍。到了 1990 年，这个比例上升到了 105.82%。这意味着在 35 年里，日本的人均产量从刚刚到达美国人均产量的 10% 多一点变成超过美国人均产量的 5%！用外行的话说，1955—1990 年，一个日本人的平均生活标准与一个普通美国人的生活标准相比增加了 10 倍！（注：日本人现在的平均收入占美国人均收入的 85%；在过去 20 年里，日本的经济衰退已影响到了日本经济。）二战后日本经济严重受损，这让它花了一段时间来重建。然而，在它真的重建之后，又非常迅速地赶上了美国。

在 20 世纪 50 年代，中世纪时期的经济大国——印度和中国，一直处于非工业化时期。印度的工业被英国毁掉了，英国在统治印度期间把制造业带回到了本国。中国在很长一段时间内实行计划经济。这两个国家都相对封闭，注重其内部发展，从而使自己失去了外国投资。

在过去的 30 年里，这种情况已经开始发生变化。这两个国家极大程度地开放自身（中国是在 1979 年，印度是在 1991 年）。必须要记住的是：中国和印度曾经是世界上两个领头的经济体，历经数百年甚至上千年时间。在 20 世纪的一个短时期内，它们基本上退出了全球舞台。这些国家正在重新返回到它们在历史上扮演的全球领导者的角色中。在 20 世纪 50、60 和 70 年代美国不必和这两个巨人竞争。

2008 年的金融崩溃没有导致改变，但下一个将会如此！

尽管奥巴马大喊着改变的空洞口号，他的政府，就金融和经济政策而言，一直处于一个实际上冻结的现状。

大多数崩溃导致了体制的改变，但是 2008 年的金融崩溃不会。不管他们承认与否，目前华尔街和华盛顿之间有一个复杂的联系。汉克·保尔森，布什政府时期的财政部长，是高盛的前任董事长。那个用 7 000 亿美元来调整银行资本的救市方案并没有如许多人所说的那样拯救经济。历史上充满了银行倒闭等此类状况，世界并没有结束。金融救市是一个存在于华尔街、白宫、美联储和国会之间的、任人唯亲体制的结果，这将使一般人处于黑暗之中。如果这个体制崩溃了，它也许会被重组成某种新的、不同的体制，以确保当前的裙带体制可能并且将会不复存在。

然而，相反的是，高盛和其他投资银行被允许免费获得资金，在市场探底时进行投机，得以翻身（如美联储在体制中注入了数十亿美元），并将这些资金转化成为巨大的利润。因此，救市方案在华尔街和各级政府之间创建了甚至更加密切的关联，而不是通过让其崩溃来改变体制。

只有当目前的体制被摧毁时，我们才可以开始一段可持续的经济增长时期。如今债务已经从私营企业被转移到了政府，其破坏性影响将会产生，导致国家几近破产，政府将无法拯救其伙伴，因为它自身都将无法走出困境。

在经济衰落末期，必须做出艰难的决定。我不赞同罗斯福所做的一切，但是我赞同他在 1933 年解雇联邦储备委员会几乎所有人的决定。这开辟了一个新纪元，结束了大萧条最严重的部分。

我也同意由罗纳德·里根做出的艰难决策。在 20 世纪 80 年代初，里根总统允许保罗·沃克尔把利率提高至近 20%，并且切断了资金供应来抑制通货膨胀。这是一个艰难的决定（平心而论是吉米·卡特在 1979 年开始实施的），许多人由于高利率和 80 年代初的经济大衰退而破产了。然而，这一战略遏止了通货膨胀，带来这个世纪剩下十年的重大经济繁荣。

在下一个重要的经济繁荣时期开始时，我们必须结束目前的任人唯亲体制并开始做出艰难的决定。希望这会发生在美国经历破产之前。

所有的这一切都是长期周期的一部分

我想说我不是在责备一个政党或者自由贸易，或者在使用任何形式的讥讽话语。我认为美国经济和政权的衰落全部落入到了周期和兆周之中。像世界上所有的超级大国一样，美国已经经历了它的建设权力、扩张本身的时期，然后进入缓慢衰退的循环之中。

我不认为我们将会看到美国崩溃成为第三世界国家。这只是个愚蠢的想法。在美国有伟大的思想，更加自由的环境；它将继续成为技术、文化和财富的中心。

但是，由于目前的政策、不断快速增加的债务以及最近的金融危机在美国留下的影响，与其他国家相比，我确实看到美国的经济在衰退。我看到权力正在转向亚洲。

亚洲是债权人，日本和中国拥有巨额美国国债。现在美国是世界历史上最大的债务国。在 20 世纪 40 年代，美国是世界的债权人，它甚至在 1946 年二战后给英国提供了一笔紧急贷款来帮助英国存活下去。权力从英国转移到了美国。现在亚洲是债权人，因此我看到了在未来几年里的权力变迁。

特别有趣的是这样一个奇妙的事实：在蒙古帝国统治的 14 世纪和 15 世纪时期，它控制着绝大部分的亚洲和欧洲地区，繁荣就像某种形式的经济海啸向西推移。在蒙古帝国之后是法国和西班牙帝国，其次是大英帝国，然后是美国。就像我们当初看到的一场跨越大西洋，从欧洲走向北美的繁荣运动一样，我们现在看到的是一场向西跨越太平洋，从北美走向亚洲的繁荣运动。

记得我在前文说过：这不是一本描写厄运和阴暗的书。美国经济正在缓慢衰退。在它做出艰难决定之前，不会有明显的复苏，这意味着它将结束其在世界上的帝国统治，削减政府开支。在此之前，在堆积如山的债务面前它将慢慢衰退。我们将看到世界的经济中心转向亚洲。

在汉语中"危机"的"机"和"机会"的"机"是一样的：危机＝机会。因此，正如美国经济将在未来的债务泡沫中衰退一样，我们也将会有巨大的机遇。当大英帝国在 20 世纪 40 年代和 50 年代衰落时，全球经济繁荣。那仅仅是一个权力转变。那些将自己定位于从这一转变中获利的人们创造了财富。

今天也是一样。如果你把自己定位于在即将到来的亚洲繁荣中投资，或者是与通货膨胀相关的投资——它会随着美国货币的贬值而繁盛，你将能够赚大钱。这本书将帮助你定位自身。

第一部分

下一个泡沫和繁荣

第1章 债务爆炸和超级泡沫的完结

——我们是如何到这儿的

破产的道路并不容易。它可能需要数年甚至数十年或数代人才能完成，尤其是你看看美国现今拥有的巨大财富资源。以那种方式浪费掉并不是一件容易的事情。但是，令人惊奇的是美国是多么迅速地完成它的。许多其他的超级大国，如罗马帝国和大英帝国，在它们成为超级大国后，花费了数百年的时间才浪费掉了它们的财富和权力。美国在二战期间成为了世界超级大国，仅仅70年后就濒临破产的边缘。

本章中，我们将会向您展示美国是如何应对这种局面的。我们将会探索这个国家是如何通过扩大政府参与而在其国内产生债务问题的。我们将会研究它是怎样导致了通货膨胀。我们将会看到外国人允许甚至帮助引发美国对债务的依赖以便满足其融资需求。我们还将向您说明为什么这种资助可能结束。

问题的开始

20世纪30年代，富兰克林·德拉诺·罗斯福开始建设一个福利国家，这是一些随时会崩塌的政府项目。许多人把这些项目看成是私人支出和经济反弹之前的短期解决方案。像那样，依据现代的措施来看，美国政府的力度仍然很小。在那时，人们期望的是政府干预会随着时间慢慢减少，最终缩回到以前的水平。1937年，罗斯福甚至试图靠书本来找回平衡。相比经济理论，它更多要关心的是公众心态。或许是由于公众们自身的节俭消费习惯，许多人不同意联邦政府持续入不敷出的状况。在大萧条期间，美国政府从未真正陷入到支出问题当中。因此，相比于现在的政府预算，那时候政府的内部开支仍比较适度。

20世纪60年代——福利国家的扩张

20世纪60年代中期和70年代初是美国经济转折的真正关键时期。在60年代中期，我们看到联邦政府的规模大幅度增加。在美国人的日常生活范围中，政府的角色大大增强了。

这种情况的产生一部分是出于人们对政府本身的信心。人们相信政府的干预会使美国经济日益繁荣。毕竟，在三四十年代时罗斯福政府的扩张政策似乎让美国经济摆脱了萧条。另外，美国现在已经在两次世界大战中赢得了对德国的战争，而且太空计划也取得了一个了不起的成功。并且由于二战后在全球经济中缺乏竞争对手，美国的经济增长迅速，似乎有一个永远没有尽头的资金和繁荣来源。

重要的大转变产生在林登·约翰逊政府时期。约翰逊是一个好战分子和社会自由主义者。他决定将进行两场战争：在越南反对共产主义，在国内反对贫困。像是医疗保险和医疗补助之类的项目开始实施了。由于约翰逊增加了社会支出，开始了所谓的"向贫困宣战"，政府支出飙升。美国选民们越来越意识到他们能够通过投票使自己从政府手中获取更多的东西。

医疗保险和医疗补助等项目支出已经变成了一场噩梦，吮吸着美国经济的活力，同时稳步地增加着国家债务。例如，研究显示，同那时最初的估计相比——实际上增加的支出——在过去的 40 年里，已经从预算的 500% 增加到 1 500%（我们将在本章后部分详加讨论）。

美国开始运行结构性赤字。结构性赤字是一个永久性赤字，因为引起赤字的支出是永久性的政府支出（如医疗补助或医疗保险）而不是一次性费用（如一个刺激性的一揽子措施）。除了 60 年代的几年外，美国几乎每年都出现预算赤字。在 50 年代和 60 年代，美国有各种各样的额外支出，这也导致了其支出和赤字的激增。美国不得不支付在韩国和越南的战争费用，同时还要支付医疗保险和医疗补助。最后，它不得不脱离金本位，为了赶上货币印刷速度和 60 年代的消费行为，在 70 年代出现了巨大的通货膨胀。

根据网站 www.usgovernmentspending.com（包括州和地方政府）的调查，1900 年政府支出总额占国内生产总值的 3.05%。因此，政府支出总额约为国内生产总值的 3%。到了 1940 年，这个比例已增长至国内生产总值的 20.5%。二战期间，由于军费累积，政府支出总额占经济总额的一半大小，在 1945 年，其支出占到了国内生产总值的 52%。在减少战争支出后，整个 50 年代，政府的支出总额保持在一个相对较小的比例。到 1965 年，政府支出总额仅为国内生产总值的 26%。这意味着政府支出仅占经济总量的 1/4 多一点。这在 20 世纪不是最小的数目，但仍然是一笔很小的政府开支总额，尤其是同其他发达国家联邦政府的额度相比。约翰逊政府的影响是直接的，在 1968 年他任期结束时，政府支出总额超过国内生产总值的 30%。

然而，问题不是约翰逊政府的直接支出太大而是那种支出未来的影响。建立在 20 世纪 60 年代中期的支出已经给美国政府的未来几代留下了永久的遗产。据 www.usgovernmentspending.com 网站估计，2011 年政府支出总额将接近国内生产总值的 44%。

2009 财政年度的预算赤字超过国内生产总值的 11%，为 1.42 万亿美元。美国历史上唯一比这更高的预算赤字出现在 1945 年，当时美国由于二战而扩大开支。那一年，预算赤字只占其国内生产总值的 20% 多一点。

现在我们已经拥有如此多的所谓"基本"支出，例如社会计划支出和军事支出，减少结构性赤字和缩小政府规模将会是一个重大的事业。

从某点来说，债务问题将变得十分糟糕，美国将会因为无法维持其财政赤字而被迫削减支出。历史教导我们：当一个国家陷入或接近破产的边缘——标志是高通货膨胀和高失业率以及社会动荡——通常需要一个杰出的领导人或者经济和政府的大幅度改变以便摆脱这样一个烂摊子。当这种情况发生时，事情可能会变得相当棘手。例如，当新西兰在 20 世纪 80 年代走出其财政破产局面时，它进行经济管制，把政府所有的企业私有化，并且精简经济。同样的情况发生在 80 年代初期的英国，当时英国的经济变成由社会主义者和工会领导人主导。斗争达到高潮，煤矿工人罢工，当时玛格丽特·撒切尔"瓦解"英国的工会，试图遏制他们的权力，让国家重新回到财政主权上。

然而，目前美国政府还没有政治意愿去削减赤字。目前在英国和其他欧洲国家中，针对由于各种金融危机的影响而导致的债务情况，人们正在争论是否要削减开支和提高税收。然而，在美国我们所听到的是谈论财政刺激、提供更多的"工作"、卫生保健改革、公共救助、如何使信贷增长以及老虎伍兹的丑闻等等。没有人提出关于勒紧腰带来应对即将到来的债务危机的论点。（目前，老虎伍兹的腰带松紧度似乎比其他任何问题都能产生更多的话题。）

即将到来的国家债务危机是美国目前最重要的问题。然而，实际上却没有人在谈论它。

金本位的结束和通货膨胀的开始

1873—1934 年，美国实行金本位。这意味着一定数量的美元可以购买一盎司的黄金。不管人们承认与否，金本位都意味着流通中美元的数量不可能无限期地增加。它的目的是建立一个稳定的交换系统。例如，在金本位下，如果 500 美元相当于一盎司黄金，这意味着在流通中大约每 500 美元的资金应该等同于政府已储备的每盎司黄金的价格。这一制度设立的唯一目的是让政府金融状况稳定。从本质上讲，政府不应该再印刷纸币，除非它在其储备中按法定比率持有黄金和美元。换句话说，如果政府决定再发行 10% 的货币或者再增加 10% 的支出，它就必须在其储备中再增加 10% 的黄金储量。这就是理论上的金本位。

1971 年，美国已经脱离金本位。这一制度完全变成一个法定货币制度，意味着美元没有同任何事物相联系。政府没有限制，可以随心所欲印制钞票。中央银行已经开始印刷越来越多的钱来进行投机，美元同黄金挂钩的压力过大，每盎司黄金只等于 35 美元。因为它印制的纸币超出了其储备中的黄金，这就造成了通货膨胀。在美国脱离了金本位后，美元就与任何事物都不相干了。

毫不意外的是在这个纯粹的法定货币系统中，我们已经看到了政府开支的大量增加以及因此在经济系统产生的债务金额。随着国家福利规模的不断增长而增加的政府支出以及后来它为越战和朝鲜战争而支付的费用，美国开始走向那条危险之路。

法定货币系统也导致了金融泡沫，这是由于过度宽松的货币政策而引起的。从 1933 年到 1971 年，当时美国与黄金挂钩，没有金融泡沫。美联储在那一时期认为它的任务是控制通货膨胀——换句话说，就是当经济和金融市场过热时，阻止经济泡沫被刺穿（过分膨胀）。金本位通过限制可能出现在流通中的美元的数目来帮助它做到这一点（例如，如果政府想要疯狂地发行纸币，它将不得不增加其黄金或存款准备金来证明这一发行举措有必要）。然而在 1971 年后，美联储可以随心所欲地印制钞票。因此，在废止金本位的 38 年里，有不少于四个主要的金融泡沫，其中包括：

1. 70 年代末的商品和通货膨胀泡沫。

2. 90 年代末的股市和技术泡沫。

3. 21 世纪初的房地产和举债经营泡沫。

4. 当前的债券市场泡沫（以及即将到来的债务和第二次通货膨胀泡沫）。

在一个法定货币系统中，产生这些泡沫的原因很简单。金本位作为一个约束机制用于防止政府支出太多，防止美联储印制太多的纸币以及创建太多的信贷。当美联储可以随心所欲地印制纸币时，就造成了巨大的混乱并且因而产生大量的泡沫。

开支计划没有约束，支出就会不受约束，因而就会变得混乱。

国内政府开支+国外支出＝破产的美国

正如我们将在本章中所看到的那样，政府在国内社会项目支出和海外支出上失去了控制。这是令人担忧的，因为大多数帝国的衰落特征就是其国内和国外的过度支出。

医疗补助和医疗保险——国内支出的黑洞

政府项目就是一个货币政策遇到政治政策的完美事例。当政府能够为这些项目印制钞票并且没有对它们的消费限度问责时，支出就会失控。大多数政府项目的目的都很好。食品券资助穷人们；健康护理帮助那些无力负担的人们；救济金发给那些已经失去工作的人们——谁能反驳这些项目呢？然而，当遇到那些追求选票的政客们时，问题就进一步出现了，那些政客们没有真正的美元去资助他们，项目的实施就处于水深火热之中。

政府支出失误最好的例子就是医疗补助和医疗保险。在卫生保健成本上的巨大花费与医疗保险创建上的花费不相一致。医疗保险是一个保险计划，为老年人提供强制性保险。医疗补助是一个州政府利用政府资金为低收入的个体支付医疗保险的项目。我们应该注意到：医疗补助制度是自 60 年代以来导致州政府财政预算激增的一个原因。

据哈里·布朗在他的著作《为什么政府不工作》（Liamworks，1995）中所说：医疗保险制度建立于 1965 年，据估计，到 1990 年，工资税的成本将是 30 亿美元。经过 1990 年美元通货膨胀因素调整后，它将为 120 亿美元。其 1990 年的实际成本为 980 亿美元。2010 年估计的预算费用是 4 530 亿美元。用以帮助支付这些费用的工资税已从 60 年代中期的 0.9% 上升到今天的 4% 以上。在未来几年中，工资税将不得不进一步走高，用以弥补未来的医疗保健费用。医疗保健制度实际上会破产，除非政府不断地提高工资税来支付它。

布朗还指出，医疗补助的模式几乎是完全相同的。当国会在 1965 年通过了医疗补助法案时，那时的预算是 10 亿美元。到了 1993 年，这个数字是 760 亿美元；到 2010 年，是 2 900 亿美元。根据 www.inflationcalculator.com 网站的调查，1965 年花费 1 美元能买到的东西今天要花 6.87 美元，这 44 年间的通货膨胀率是 586.8%。然而医疗保险支出却增加了 7 500%！

战争的代价——海外支出的黑洞

战争和国防也是导致这次美国财政状况恶化的部分原因，但是不像你想象的那样多。就 2010 年来说，美国将会在军事上花费 8 950 亿美元或其国内生产总值的 6.14%，甚至大部分费用不是用于阿富汗和伊拉克战争，而是用于其武装力量，它在将近 140 个国家建有基地。

如果美国把其军费开支削减到正常水平并且停止其"世界警察"的工作，将会有助于改善这个国家的财政状况。例如，斯德哥尔摩和平研究所 2009 年年鉴指出，全球战争支出占国内生产总值的比例大约是 2.4%。如果美国削减到世界平均水平，将会为这个国家节省大约 5 500 亿美元的开支。2010 年美国的财政赤字是 1.45 万亿美元左右，这样做将会使其财政赤字削减到一年 9 000 亿美元左右。

因此，我们可以看到军事开支在当前美国的财政问题中起着很大的作用。2010 年美国养老金和医疗保健支出总额估计为 1.6 万亿美元，到 2015 年，根据 www.usgovernmentspending.com 网站估计，将会增加到 2 万亿美元（是同年 9 000

亿美元军事预算的两倍还多）。这意味着，到 2015 年，养老金和医疗保健支出将超过国内生产总值的 10%，而军费将占 5% 以下！是的，国防费用过高，但再看看，整个政府预算只有约 13.8% 是花在军费方面。这个数字在未来几年还将会缩水，政府开支的 86.2% 是用于军事以外的方面。所有导致美帝国衰落的概率都将源自于其内部。

被帝国和国内政策债务拖垮的一个最好的例子就是英国。在两次世界大战摧毁了它的金库后，英国的债务占国内生产总值的比例也从 1913 年的 30% 上涨到了 40 年代中期的 250%。在战后，为了避免破产，英国不得不从美国获得一笔 35 亿美元的援助，然后其帝国就开始分裂并且大幅削减开支。而后在 1976 年，随着通货膨胀和开支失控（财政赤字接近国民生产总值的 6%），因为它无法在公开市场上筹集到资金，英国不得不向国际货币基金组织贷款 23 亿英镑（35 亿美元）。这向我们表明了债务的双重影响力。1946 年英国的首次债务危机导致了其帝国的崩溃，因为削减债务最简单的办法就是首先削减外国支出。第二次债务危机是由过量的社会支出和通货膨胀失控引起的。这种通货膨胀导致了政府无法支付的超高政府债券收益。

政府的债务能是可持续的吗？

目前正在拯救美国的一个独特情况是低利率。不像 1976 年的英国，现在美国仍支付很低的国债利息。导致政府陷入资不抵债境地的事件之一就是债券收益率飙升。例如，如果利率增加到两倍或者三倍，就会导致利息飙升，这样会挤占政府在其他事物如军事或社会项目上面的开支。作为世界的货币储备国，美国已经从中受益。当 2008 年金融危机来袭以及 2010 年希腊危机冲击时，利率骤降，投资者纷纷购进有所谓安全避风港之称的美国国债。在某种程度上，这些利息支付将会增多。据估计，在 2010 年，美国政府将花费 3 092 亿 ~3 840 亿美元来支付利息。这大约是国内生产总值的 4.8% ~5.6%。然而，到 2015 年，政府总利息支出预计将增加一倍，利率和政府总债务将上升至 7 620 亿美元或占政府支出总额的近 8.8%。这些数据是基于政府的估计，政府几乎总是假设一些最为乐观的场景。我们必须记住这些数字是建立在总开支的基础上。当前的总开支是完全不可持续的。如果在 2015 年预算可以平衡，那个 8% 的数字可能会上升到12% ~15%，这取决于政府那时税收的数目以及政府支出总额是否削减。

我们可以确信，经济和政府税收不会像政府公布的数字那样快速增长。这就意味着更多的债务和更高的利息支付。此外，我相信美国的长期债券和利率市场总体上处于泡沫状态（在第 2 章中我们会详细讨论这一点）。我认为在未来几年中利率将会继续走高。就像刚才提到的那样，目前的低利率是唯一能使美国避免进入债务危机局面的方法。希腊从 2009 年还清债务到 2010 年经历债务危机，是因为其债券市场苏醒过来,其 10 年期债券收益率在 6 个月中从 4% 增加到了 14%。这种利息支付的增加让其余的预算破产。如果美国的利率像 2010 年的希腊或 70 年代中期的英国一样飙升,会发生什么事情呢?利率必须上升以便吸引外国投资者;那种发展将会导致预算赤字完全失控和债务危机。如果利率从当前的低水平增加一倍或者两倍,就要用消费总额的 20%、30% 甚至 40% 来支付利息。

如果这个场景发生,你将会看到与其他帝国倒台时相似的局面。在 2009 年 11 月 28 日《新闻周刊》(*Newsweek*)的一次采访中,尼尔·弗格森教授告诉我们,1788 年的法国(在大革命之前)支出其总收益的 62% 用于偿还债务;1875 年的奥斯曼帝国是用其财政预算的 50% 来偿付利息。在 20 世纪三四十年代两次世界大战之间的那些年里,英国用其预算的 44% 来支付利息。利率的飙升将会让美国也处于这种接近破产的水平。

我甚至还没有谈及由金融危机产生的负面影响和增加的支出。我没有谈到给通用汽车和克莱斯勒的所谓紧急贷款,或者国有化房利美和房地美公司,或者是 TARP 计划①,或是 7 000 亿美元的经济刺激。显而易见的是,增加的支出和恶化的国家财政状况已经发生了很多年。随着人口的老龄化,我们将看到政府需要在社会安全、医疗补助、医疗保险以及由国会所提出的新医疗保健计划方面增加支出。根据一篇发表在《今日美国》(2007 年 5 月 29 日)上的文章所言,这些无资金准备的负债成本最终可能高达 59.1 万亿美元!我们还必须记住,如果国会告诉我们正在讨论的新医保法提案在未来 10 年里将耗资 9 400 亿美元,那么它最终可能会花费 3~5 倍甚至更多,而且会进一步增加赤字。本书不是为了斥责政府的规模,也不打算宣扬为什么美国必须削减支出等等。然而,不可避免的事实是:当前美国政府债务的增长是不可持续的。

抛物曲线

当市场上的一次转变不可持续时,它会趋向于在价格上径直上涨。这被声名狼藉的抛物曲线以图表的形式反映出来。抛物曲线经常出现在泡沫破灭的末期。在图表中它有一个笔直上升的阶段,几乎接近 90 度角,完全是不可持续的。2000 年的纳斯达克股市、1989 年的日本股市、1929 年的美国股市都是资产类别的例子,都形成了抛物曲线并且都经历了崩溃。

图 1—1 显示了美国的总债务占国内生产总值的比例(或一个国家某一年生产的商品和劳务总额的比例)。这是一个重要的债务计算工具。拥有债务也不都是坏事,你可以用债务来修建公路、发动战争等等。从长远来看,只要债务增长速度慢

---

① TARP 是布什政府的"问题资产救助计划"——译者注。

于经济增长速度，债务和国内生产总值的比率就将下降并且是可持续的。如果一个政府出现的赤字大约是国内生产总值的1%~2%，并且经济的增长是在3%~4%，其债务相对于经济规模来说将会下降，这种少量的债务将不会束缚一个国家。

公共债务总额
1800财年—2010财年美国政府支出

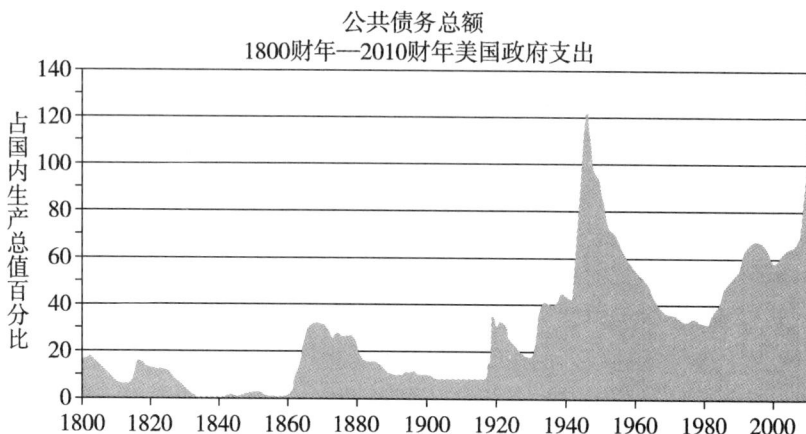

图1—1　债务占国内生产总值的百分比

注：19世纪70年代，由于内战，美国经历的是一个迷你债务泡沫；到20世纪初回落之前，美国债务攀升至略高于GDP的30%。第一个主要债务泡沫出现在20世纪40年代；我们现在正在建造的是第二个债务泡沫。

资料来源：www.usgovernmentspending.com。

但是，如果债务相对于经济的发展增长太快，它就是不可持续的，因为在流通中，税收和经济活动将无法跟上债务的增长。来看看你自己的财务状况。如果你每年增加5%的收入，但每年增加10%的债务，在某个时刻你将无法偿还你已经累积起来的债务，你就会破产。

所有的泡沫交易都是同样的方式。它们开始时缓慢增加。当泡沫滚滚向前时，其提升的速度开始加快，然后泡沫经历了狂热或者破裂期。从技术角度讲，这就是抛物曲线。抛物曲线的这个最后破裂期会导致市场利率在泡沫中短期内翻两倍或三倍。然而，利率的增长是完全不可持续的，它最终只会崩溃。

在美国200多年的历史中，这个国家只经历了一次债务泡沫。那是在20世纪40年代中叶，为了帮助其对抗战争而使债务激增。

图1—1显示了美国在20世纪早期债务的缓慢发展。债务占国内生产总值的比例从1900年的10%增长到1917年的20%，然后在20年代继续增长，在1929年股票市场顶峰时占了接近30%的幅度。然后在30年代它以更快的速度增长，因为政府开支的增加和税收的减少开始在公共财务中产生不良影响。到30年代末，债务占国内生产总值的比例将近65%。然后它在1941—1946年的五年战争期间爆发了：由于战争原因，债务占国内生产总值的比例翻了一倍还多，从54%上涨到128%。当然，像这样每五年翻一倍还多的情况完全是不可持续的。

它是债务泡沫的顶点。

当泡沫涨起来时，它们爆炸得很快。通常，泡沫的最后爆炸期会在泡沫出现后的几年内消失。到 1957 年，债务占国内生产总值的比例已经跌至 70%；到 1967 年，它甚至更进一步跌至 52.83%。你可以在图 1—1 中看到抛物曲线在这次崩溃后向上移动。然后在 1982 年，债务占 GDP 的百分比触底达到 43.53%。那就是 36 年债务下降趋势的完结。

然而，债务增加的速率是被压制的。到 2001 年，债务占国内生产总值的比例高达 73.19%。这是泡沫的开始，2001—2009 年，为了支付阿富汗和伊拉克战争的军事支出，泡沫升温。到 2009 年，债务占 GDP 的比例增加到了 89%。

我们正在进入债务泡沫破裂期。2010 年，债务同国内生产总值的比例预计将超过 110%，这标志着自二战以来债务和 GDP 的比例将首次超过 110%。据估计到 2014 年，债务将超过 GDP 的 125%。再一次，如果你我观点一致的话，你就会觉得医疗保险和医疗补助的成本比政府所说的由于人口老龄化问题引起的上升更快，而且经济增长会更逊于政府的预测（极有可能处于一个后泡沫环境中），而且这个预测数字甚至会更高。

图 1—2 进一步说明了债务泡沫。它考虑到由 CBPP（预算和政策优先中心）所做的预测，并且显示到 2050 年，如果不采取任何措施，债务占国内生产总值的比例将达到近 300%。这无疑是一个不可持续的泡沫，最终政府债务规模将会是经济规模的 3 倍。

现行政策下的债务在2050年将达到GDP的300%

1940—2050年债务占GDP的比例

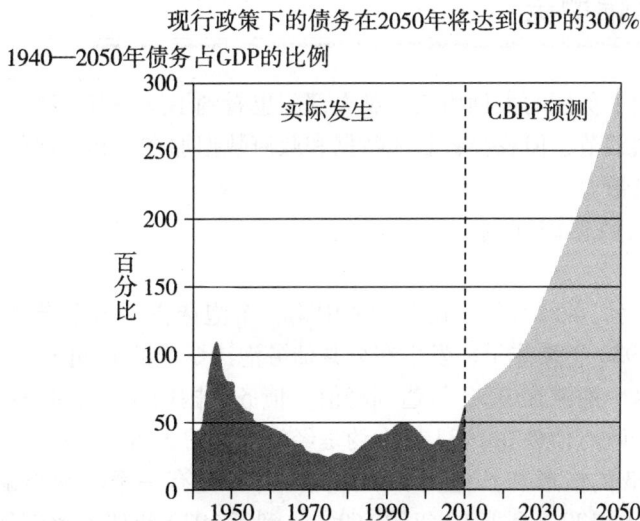

图 1—2　政府债务占国内生产总值的百分比（据估计）

注：CBPP 的预测基于政策优先中心的预测数据。

资料来源：cbpp. org。

但是，我不认为债务规模会达到那种程度。在接下来的 15 年中的某一时刻，也许更有可能是在接下来 10 年中的某一时刻，债务规模将会达到一个紧急点，债务泡沫将会失去控制然后破裂。这将是一个强制性的崩溃。政府将濒临破产，被迫削减开支。

政府低估了它的债务

我不想使你沮丧，但不仅是债务有不可持续的状况，甚至更糟的是，你还要考虑到那些无资金准备的债务和政府控制企业的巨大增长幅度。正如我在前面提到的，政府实际上低估了债务并且报告上的数字要低得多。

除了我们已经计算了的所有州、地方和联邦政府的典型债务之外，我们还必须记住，随着房利美和房地美的破产以及政府接管这些机构（这是一次股权转让，但实际上是一次收购），在联邦债务之上，政府大体上增加了 5.3 万亿美元的抵押贷款债务。让我们直面这种状况吧：如果这些抵押贷款集体违约，这些公司将不会破产，你会看到美国政府将不得不吸收这种债务。我们的确明白这 5.3 万亿美元的债务并非全部都是不好的债务，但确实，必须承担的这类债务是可怕的。

然而，为了论证起见，我们会看到房利美和房地美 5.3 万亿美元的债务会使政府总债务从 2010 年估计的 17.7 万亿美元一夜之间增加到 23 万亿美元！

私人债务的巨幅增长

不仅政府看到了负债的大额增长，私人部门也看到了这一点。我将不会讨论一般人债务的本质细节，但我会将私人数据和政府数据加在一起，向你表明情况究竟变得有多么可怕。

如果你把私人数据添加到公共数据上，你会得到另一个债务泡沫（见图 1—3）。

从图 1—3 中我们可以看到，在总债务中第一个泡沫占国内生产总值的百分比。这个泡沫在 1933 年爆炸了，发生在公共债务泡沫爆炸的 13 年前。在经济衰退时期，实际上这个泡沫在 1933 年达到峰值，债务占国内生产总值的 299.8%。这意味着总债务和政府债务在 1933 年大约是经济规模的 3 倍。

注意，图 1—3 的情形和其他大多数泡沫一样。先有一个非常小幅的增长，从 1870 年占 GDP 的 120% 到 1919 年的 160%。到了 1929 年债务比例加速上升，占到了 GDP 的 185%，然后是由于大萧条期间的经济崩溃产生的一个抛物曲线式的喷发，从 1929 年的 185% 升到了 1933 年的 299.8%。还有我们必须记住的是：这些数字也受到了经济崩溃的影响。政府债务从 1929 年到 1933 年增加了，但国内生产总值却缩水了。

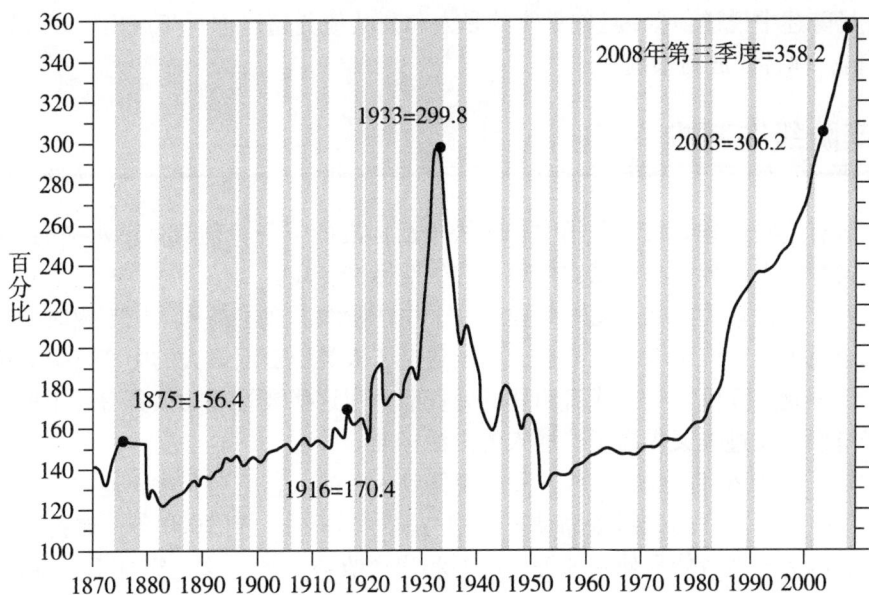

图 1—3 美国总债务占国内生产总值的百分比

注：2008 年数据通过第三季度表示。

资料来源：经济分析局；联邦储备委员会；人口普查局：美国历史数据统计，从殖民时代到 1970 年。

政府债务从 1929 年的 334.1 亿美元增至 1933 的年 416.1 亿美元，但经济却从 1929 年的 1 036 亿美元缩减至 1933 年的 564 亿美元。这一泡沫大部分是由经济活动减少引起的。再次说来，如果你的收入减少了一半，但你的债务却保持不变，那么你债务与收入的百分比就将增加。

我们可以看到这个泡沫在接下来的 20 年里破裂了。尽管政府的巨额债务运行一直持续到 1946 年，但破裂仍然发生了。这次崩溃的主要原因是由于这样一个事实：企业和个人之间大幅度减债，即在大萧条期间和 40 年代削减他们的债务。到 50 年代初，总债务占国内生产总值的百分比已经下降到仅仅超过 130%。

就在那时，下一个泡沫开始了。直到 1980 年，总债务占 GDP 的百分比慢慢增加到约 160%。然后它爆发了，到 2008 年，总债务已超过国民生产总值的358%！再一次我们可以看到，它是完全不可持续的，在某个时候必定崩溃。

我们已经目睹了私人部门就像它们在三四十年代所做的那样开始减债。然而，为了论证起见，让我们说说政府部门在减债背后的 13 年里，如 1933—1946 年间所做的事情吧，那意味着政府直到大约 2022 年都不会开始减债或削减其债务！

拥有 3.5 倍于国民生产总值的债务完全是不可持续的。我们再次引用尼尔·弗格森教授的观点，有一次在泛美中心论坛上对全球经济危机的辩论中，他在开场陈述中说道："一旦你最终的私人和公共债务超过你每年产出（GDP）的3.5倍，你将变成阿根廷！"

中产阶级在减少

所有这些债务导致了美国中产阶级生活标准的下降。随着生活水平的下降，人们又都使用这种债务，试图使他们的生活标准提高。

一个伟大社会的标志之一是建立一个中产阶级。在罗马和英国掌权时期，就有一个庞大的中产阶级。二战后，美国建造了人类历史上最大的中产阶级。这标志着抵押贷款和汽车贷款或者租赁的融资能力。这些被管理的债务有助于扩大美国经济而且反过来又提高了普通人的生活标准。

然而，在20世纪80年代，随着中低收入者的入息组别变化，他们无法维持原有的生活标准，而试图依靠债务来维持其生活标准。到2000年，储蓄率很不理想，因为消费者依靠使用债务、股票和房产收益生活。这是完全不可持续的，所以它在21世纪初破产。

例如，如果我们把国民的收入按五分位数划分，首先是收入最高的1/5（20%），其次是收入第二的1/5，紧随其后的是收入第三的1/5（中间的20%），然后是收入第四的1/5和收入最少的1/5（最低的20%），我们可以看到在过去30年中的一个真正差距。

2007年美国国会预算办公室（CBO）进行的一项研究表明，自1980年起进行以下收入调整（因通货膨胀因素而调整）：

最高的1/5＝增加了69%。

第二个1/5＝增加了29%。

第三个1/5＝增加了21%。

第四个1/5＝增加了17%。

最低的1/5＝仅仅增加了6%。

这种生活标准的下降已经导致个人的负债水平过高，因此社会中的许多人都举步维艰，已经人为地依靠债务维持其生活标准。这也意味着中产阶级赚得更少，因而付的税就更少。这就导致政府的收入减少，从而导致更大的赤字以及更多的公共债务。整个事件就是一个恶性循环，意味着政府和个人更多的债务。

超级泡沫的爆炸和破灭

乔治·索罗斯是一名对冲基金经理，因为从其量子基金获得了无与伦比的回报而名声响亮，并且这个男人在1992年打败了英格兰银行（从那一年的英镑贬值中赚取了数十亿元）。在2008年他出版了一本书，名为《金融市场新范式》

（*A New Paradigm for Financial Markets*）。这本书应对了 2008 年的信贷危机。索罗斯有一个聪明的头脑，他的主要信仰是他所谓的"反身性"理论。这个复杂的理论认为，金融市场并不总是正确的，相反它总是错误的，它出手偏离目标太远，或者太高，或者太低。

很多人不同意他的政见或政治观点。然而，我相信索罗斯已经弄清了这个巨额债务泡沫背后的原因。

索罗斯说债务泡沫是所有泡沫之母（我的话，不是他的）或是超级泡沫。超级泡沫本质上是出现在 20 世纪 80 年代初期的一个转变时期，那时市场正通过全球化和市场原教旨主义①开放。索罗斯指出，美国滥用其世界储备货币地位。基本上，美国市场在 80 年代有一个转向，通向里根所称的"市场的魔力"和更开放的全球金融。由于美国是全球金融中心，它受益于这种自由化。国际货币基金组织和全球金融市场的许多规则都制约着一些较小的、不发达的国家（例如，它们可以拥有的赤字规模等等）。然而，美国不需要遵守这些规则。那就使美国受益，并且允许巨额的资金流入美国，从而使美国得以入不敷出地生活。这就是索罗斯的理论。我同意他的大部分观点。可是，我确实还需要添加一些自己的想法。

超级泡沫

随着全球经济变得越来越自由，以及有更廉价的劳动力市场，美国的产品失去了它们的诱惑力（在 20 世纪 60 年代和 70 年代美国已经开始失去其制造业优势，输给了德国和日本）。

由于许多其他国家开始在全球经济中实施网上经济，它们有较低的劳动力成本，就变成了廉价产品的候选国。美国是世界上最大的消费经济国，其劳动力价格本身就高于那些全球制造业地区，同时，美国还是一个商品进口市场。此外，由于现在美国的货币与任何事物无关，发展廉价的外国劳务市场将允许它如其所愿，尽可能多地印制钞票，还不会产生巨额的通货膨胀。美国只要允许自己利用廉价的劳动力和那些国外市场的产品以及进口低成本国的产品，就会暂时进口通货紧缩。

因此，有巨额的资金流入美国来帮助它保持低利率和支撑超级泡沫。这使得美国人得以入不敷出地生活。这是一个有利的协议：日本人、中国人和其他国家的人可以购买美国债券。他们资助美国的经常账户赤字与贸易逆差（经常账户＝贸易差额＋国外净要素所得＋国外净单方面转移）。

外国人购买美国债券以帮助美国保持低利率和高支出。反过来，美国将购买

---

① 市场原教旨主义是指市场可以自动恢复平衡，不需政府以任何方式进行干预的观点——编辑注。

他们的商品（主要来自中国和日本）并保持这些国家的经济快速增长。此外，因为这些国家拥有大量的廉价劳动力，由于廉价的商品成本，美国将减少进口花费。尽管事实上美国在印制巨额的钞票和背负着沉重的债务，它并没有看到巨大的通货膨胀。

然而，当美国将这种关系发展到极端并且滥用它时，超级泡沫就会破裂。由于美国公民和其政府的入不敷出，经常账户赤字开始失控；到21世纪头10年的中期，美国的经常账户赤字增长到国内生产总值的6%。此外，美国不得不不断地发行国债以便为这些财政支出募集基金。在21世纪头10年，由于消费者和政府债务的不断膨胀，储蓄利率实际上一度变成负数。

美联储疯狂印制钞票，实施宽松的货币政策更是火上浇油。"9·11"事件以及由高科技泡沫爆炸引起的经济衰退使艾伦·格林斯潘惊慌失措。他将利率调低至1%以避免另一场大萧条。格林斯潘还印制了似乎源源不断的钞票，并且直到2004年才提高利率——经济脱离衰退后近3年的时间。这种宽松的货币政策导致了一场巨大的房地产市场和举债经营的繁荣以及债务泡沫。

与此同时，对美国国债的巨大需求满足了超级泡沫的要求。换句话说，外国人希望美国国债在美国保持低利率，这将保持美国消费者的购买力，再反过来购买外国商品。例如，如果利率下降，在国内美国人的权益将会提高，他们会觉得更富有；他们可能会花更多的钱来购买外国人的货物；外国人就可能注入更多的资金到美国；美国的消费者就能购买越来越多的货物！这是最大的庞氏骗局。

这种宽松的信贷扩散到次级市场。华尔街将这些垃圾投资包装好，并且以30∶1的比例来注入资金支持它们，穆迪和标准普尔把它们评为AAA级，把它们销往世界各地。次贷市场崩溃，投资银行破产，房地产泡沫破裂，美国消费者失去其国内权益，他们不能再购买那么多的外国商品，外国人注入美国经济中的资金就会减少。这是一个恶性循环，美国人自食其果。超级泡沫破裂，美国人再也不能寅吃卯粮。

这给我们带来了一个重要的未来问题：在未来几年中，美国将计划发行数万亿美元的债务来满足其所谓的履责需要，但外国人只有较少的外汇储备和金钱来购买这些国债，一次只会有较少的美元需求，而它们实际上甚至被发行得更多。

美国将如何支付所有的债务呢？它将会印制出它的出路！下一章我们将会讲述这一现象。

第 2 章　金钱打印机和未来的通货膨胀

——债券泡沫的死亡

随着 2008 年信贷危机的爆发，在通货膨胀与通货紧缩之间有许多争论。一个简单的问题是：这两个恶魔哪一个将会从金融市场焚烧的灰烬中升起呢？我总认为系统的最终崩溃将会导致通货膨胀。通货膨胀是一段时间内一个经济体中总体商品和服务价格水平的上升。

我相信通货膨胀在未来几年里将飙升的部分原因是，和 20 世纪 20 年代不同，那时的经济危机主要是由于私人部门负债过多，而这场危机最终会以政府的违约而结束，因为政府过度刺激经济发展以及保持福利国家的运转。我们已经从受欧洲债务危机影响的国家如希腊、葡萄牙和西班牙身上看到了这场危机的开始。当政府破产时，它们会有两个选择：

1. 不付款。
2. 简单地通过印制钞票来全额支付以便履行其义务。

我们必须记住，在 1929 年，当经济危机和萧条开始时，政府债务占国内生产总值的比例是 32.25%。即使在大萧条期间，到 30 年代末时，它也仅仅占国内生产总值的 65%。

这一次，美国政府债务占国内生产总值的比例在 2007 年危机开始之前是 83%。因此，在这场危机之前，政府债务占经济产出的比例比大萧条之后更高。

此外，许多评论员似乎不明白通货紧缩到底是什么。通货紧缩的技术性定义是货币供应的减少。随着美联储在整个金融危机期间疯狂地印制钞票，我们没有看到这种现象。当一台计算机或计算器的价格下降时，这不是通货紧缩，这是一次科技进步，是将一个消费产品生产得更加便宜，是由于改进而引起的价格下降。此外，股票市场的估价和房地产市场价格下降也不是通货紧缩，那只是股票市场和房地产市场一如既往的价格波动。所有的方式我们确实未曾见过，我们也将不会看到，在未来几年中的大幅度通货紧缩。

我们不会看到通货紧缩的主要原因是，历史教育我们：走出这场危机唯一现实的方式就是印制钞票。在本章中，我分析通货膨胀与通货紧缩的论点并且向你展示与之最为相似的是什么危机。结果可能会让你大吃一惊。这个比较将会揭示，当一切所说和所做的完成后，为什么我们应该看到的是巨大的通货膨胀而非通货紧缩。

通货紧缩论点——信贷受到破坏

通货紧缩的论点很简单。通缩主义者认为，我们正面临因为债务人拖欠贷款而引起的一场美元灾难。当他们拖欠贷款时，因为贷款失效，这笔钱从本质上就消失了。通缩主义者认为，随着次级贷款和优质抵押贷款被拖欠，被包装发行的抵押贷款支持的证券将会消失在杠杆债务工具的大山之下。这反过来将会导致投资银行萎缩，我们将会经历信贷紧缩。信贷紧缩就是试图减少或限制目前提供给消费者的信贷金额。信贷紧缩的使用通常是渴望减缓美国总体经济中的通货膨胀率。通过创建一种经济衰退的状态，信贷紧缩在一段时间内有助于减缓甚至可能终止一些通货膨胀的增长。随着信贷变得无法获得，反过来这将会造成更多的失业，人们可花的钱更少了。鉴于信贷的破坏导致了更少的支出，这最终意味着商品价格必须下降，因为在流通中人们只有更少的货币去购买商品。对技术爱好者们而言，专家们声称这是一个"不可持续的负储蓄率"时代。随着消费者们出于必要抑制他们的消费习惯，他们将开始省钱，结果会导致需求和价格的下降。

他们认为我们最后一次看到这种信用破坏是在1929—1932年，那时的投资者们购买股票的利润率是95%，结果他们被一网打尽，金融界彻底崩溃。为了应对这场危机，美联储让货币供应发生内爆，允许银行破产。而资金供给内爆，意味着流通中的货币更少，也意味着更小的购买力和更低的价格。通缩主义者告诉我们股票价格会像30年代初那样土崩瓦解，最安全的办法就是购买长期国债，因为它们至少会在价格下降时还有一些支付余地。他们还认为美元价格将会反弹，因为美元的崩溃将导致流通中的美元更少。

简而言之，这就是通缩主义者的观点。

为什么通缩主义者是错误的?

在我看来，通缩主义者的论点是大错特错的，其原因将在本节概述。

原因一：负债经营，不是通货紧缩

2008年金融危机期间我们所看到的不是通货紧缩，而是负债经营。负债经营旨在减少债务。一个公司（或个人）负债经营的最佳方式就是立即丢掉资产负债表上的任何未清偿债务。如果不能做到这一点，该公司（或个人）将会有重要的违约风险。正如我们在第1章中看到的那样，自20世纪80年代初以来，随着超级泡沫的出现和美国滥用其世界储备货币地位，其经济入不敷出，举债行为和债务逐渐增加了。不仅消费者生活入不敷出而且过多的债务也渗透到金融市场。

　　许多对冲基金和金融机构在经济繁荣时期大量举债。它们的举债率高达30∶1或40∶1。当然，30∶1的举债率导致的问题是哪怕你的投资仅仅失去其价值的3%，你就将失去所有的股票。如果它失去其价值的50%，你就会亏损大约为最初资本价值18倍的资金。为了更好地说明我的观点，让我们看一个例子。假设你有300万美元，控制着价值1亿美元的资产，你就有33.3∶1的负债。假设你失去价值1亿美元资产的50%，突然之间，你就已损失了5 000万美元。你的300万美元没有了，但不仅如此，你的总债务仍还是9 700万美元。你可以出售的只有5 000万美元，而不得不再拿出4 700万美元的短缺资金来彻底支付余款，你完蛋了！

　　有着所有这些缺点，为什么投资者还要举债呢？很简单，如果他们赌对了，他们就可以赚取大量的钱。假设你的1亿美元投资攀升了3%至1.03亿美元。你卖掉你的1.03亿美元投资，你偿还了9 700万美元贷款后，你还有600万资本，只有3%的回报率，你就已经把你的钱翻了一番！

　　在2008年雷曼兄弟倒闭时，泰德价差飙升到超过400个基点（它通常在25个基点左右！）。泰德价差是什么，为什么它很重要？泰德价差是银行间贷款利率（LIBOR）和短期美国政府债务（国库券，T-bills）利率之差。TED 是 T-bills和 ED（欧洲美元期货合同的股票代号）两个词的缩写，也是3个月期国库券利率与3个月期银行间贷款利率之差。简而言之，400个基点的价差（远远超出正常的25个基点价差）意味着银行之间不再相互信任，不再彼此或向其他金融机构如对冲基金等贷款。

　　突然之间，人们和机构之间不能进行贷款往来。如果你从投资银行或对冲基金以5∶1或10∶1或20∶1的杠杆率借了债务，那么你就不得不减债——你不得不卖掉投资来偿还债务。另外，如果你运营的是对冲基金，投资者要求大规模赎回，那么你就不得不清仓来偿还你的投资者。

　　结果，一切都会在价格上崩溃：商品、黄金、股票、新兴市场等等。因此我再一次说，这不是通货紧缩，而是一个大规模的减债。在我的时事通讯——《沉迷于利润》中，我称之为"所有追加保证金之母"。这是因为投资者们都负担了他们曾经负担的最多债务，他们都立即得到了一笔追加保证金来偿还这些债务。

原因二：对金融危机的反应已经不同于1929年的崩盘

　　对于大萧条为什么会发生以及为何能持续这么长时间并且出现毁灭性的银行挤兑和多年的通货紧缩，人们有许多观点。一些人认为这是过度的信贷繁荣和萧条周期导致的。这意味着两件事：

1. 美联储通过印刷和发行货币导致了过度繁荣。

2. 然后美联储允许货币流通崩溃，导致了破产，让价格呈螺旋状连续下行，下跌失控。

人们没注意到的是，1921 年经济衰退时的通货紧缩实际上更糟！

货币主义者如米尔顿·弗里德曼认为，银行缺乏资金供给是通货紧缩和经济大萧条时期银行倒闭的一个主要原因。弗里德曼在他最早出版于 1963 年的著名作品——《美国货币史》（*A Monetary History of the United States*）（平装本：普林斯顿大学出版社，1971 年）（他和他妻子安娜·施瓦茨合著）一书中认为，1929 年银行所拥有的 3 美元，到 1933 年就只剩下 2 美元。他指责美联储处理经济低迷的拙劣手段。弗里德曼本人的声明如下：

一直以来，尽管此次经济萧条可能相当严重，但它只是一次普通的经济衰退，对于其最终转变为一场大灾难，美联储应负主要责任，它没有用权力来消除经济衰退，而是在 1929—1933 年间，主导货币数量下降了三分之一……自由企业制度无法阻止经济衰退，这是一个悲剧性的政府的失败。

——米尔顿·弗里德曼，《两个幸运的人》（*Two Lucky People*），233 页

货币主义者如弗里德曼相信，在 1930 年，美联储不是帮助银行，借钱给它们，而是坐视不理，允许银行破产。弗里德曼认为如果美联储向银行提供了流动资金，稳定了的银行应该会站稳脚跟，不会破产。而随着银行破产，货币供应减少，这导致了通货紧缩的循环。

通货紧缩呈螺旋式上升意味着美国人挣得更少了，而随着美国人收入的减少，他们的进口额少了，购买力也小了。同样，英国人也经历了巨大的经济衰退和经济活动的减少过程。这部分是因为它对美国的出口下降。来自英国的黄金被卖到了美国。英国实行金本位制，所以它不能印制钞票。因此，当黄金从英国运到美国后，英国就失去了流动资金。这些转移的黄金是注入美国的资金，本应该增加美国的流动资金，当库存黄金的价值增加时，美联储就应该增加其货币供应。然而，美联储却没有如此行动。相反，它囤积黄金，在增加了储备资金之后却没有印制货币去保持银行的正常运行。

1931 年，英国脱离金本位。

本·伯南克本人是弗里德曼的一个学生。在现代每个人都害怕进入另一场大萧条时期，都会做任何事情来避免这样的螺旋性通货紧缩。因此，人们的反应已经与以前完全相反。2007 年 8 月第一次信贷恐慌期间，当我们看到泰德价差飙升和股票市场下滑时，美联储削减了联邦基金利率（联邦基金利率是私人储蓄机构——主要是银行的利率）。2007—2008 年中期，美联储甚至在雷曼兄弟崩溃前无数次削减联邦基金利率，从超过 5% 降到 3% 以下，并且印制了大量的钱币。

然后，在 2008 年末金融危机爆发后，美联储大大地扩大了其资产负债表。图 2—1 显示了美联储在这段时间提供了多少钱。注意，用来弥补资产负债表扩

张的短期货币供应剧增（美联储基本上把国库券转换成了有毒的银行债务）。它在流通中增加了数千亿美元的流动资金。

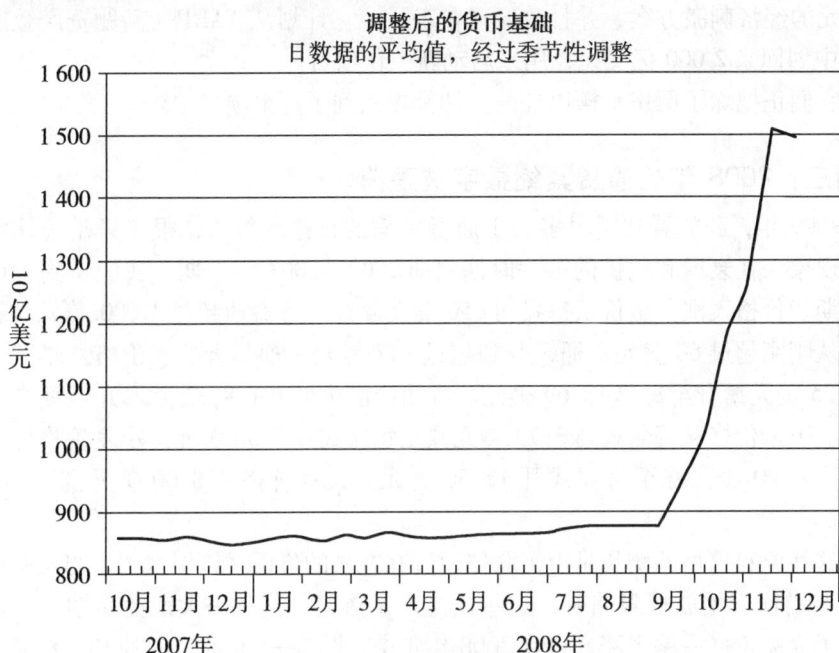

调整后的货币基础
日数据的平均值，经过季节性调整

图2—1　联邦储备的货币基础

资料来源：联邦储备银行（investinblog. com）。

关于这点是否正确，还需商榷。安娜·施瓦茨，米尔顿·弗里德曼的妻子和其著作的合作者，在2008年10月18日《华尔街日报》上刊登的一次采访内容中表示，伯南克是在做错误的事情。货币主义者们坚信美联储应该向有偿还能力的机构提供流动资金以防止银行挤兑。但是，他们应该允许差的机构倒闭。

我在这里不是想捍卫美联储做过什么，或辩论它做得究竟是对还是错。本文的基本观点是，和20世纪30年代早期不同，那时美联储作壁上观，让银行倒闭，让货币供应崩溃，而当前的美联储所做的正好相反。它竭尽全力来阻止银行倒闭，并且印制了大量的钞票。所以通缩主义者是错误的。这不是30年代，我们没有看到货币紧缩。此外，钞票的印制总是会导致通货膨胀。

从财政的角度来看，政府的反应比我们在大萧条期间见到的更加积极。再一次，所有的当局者都惧怕重现30年代的情形。即使是在1933年，即罗斯福当选总统的那一年，政府总赤字占国内生产总值的比例是3.27%，在1934年它是3.11%。

1933—1936年，罗斯福实施新政，加大力度使经济走出萧条，政府的最大赤字曾经超过了国内生产总值的4.76%。在1940年，罗斯福加大支出，使经济走出了30年代末的衰退时期，那一年的政府赤字只是国内生产总值的3.02%。

相比之下，2009 年的财政赤字是国内生产总值的 11.02%，2010 年据估计将达到国内生产总值的 8.54%，远高于 30 年代末的支出。我们曾有一个 7 000 亿美元的经济刺激方案，并且政府现在表示，它计划从 TARP（问题资产救助计划）中划回来 2 000 亿美元，用来启动新工作项目。

它们正把除了厨房水槽以外的一切都投入到了这个项目中。

原因三：2008 年的通货紧缩数字被歪曲

2009 年，我们看到了很多关于通货紧缩的言论。然而，很多只是统计上的异常现象。在衰退和危机的第一时期，即 2007—2008 年中期，我们看到了许多商品期货价格飞涨。金价从每盎司 650 美元攀升到每盎司超过 1 000 美元。石油价格从刚刚超过 60 美元一桶飙升到超过 147 美元一桶。天然气价格从略高于每单 5.25 美元攀升至每单 13.69 美元。汽油价格从每单 1.80 美元攀升至每单 3.63 美元。玉米价格从每蒲式耳 3.75 美元涨至每蒲式耳 7.50 美元。小麦价格也从每蒲式耳 4.00 美元涨至每蒲式耳 12.50 美元。大豆价格从 8.00 美元涨至 16.00 美元。

这些原料价格的增长是由美联储通过其宽松的货币政策引发的。当美联储在 2007 年首次开始放松限制时，这些钱流入了热门部门——大宗商品期货，从而推动了商品价格一路飞涨，直到 2008 年年中。图 2—2 是路透社的 CCI 商品期货指数图。我们可以看到这个指数从 2007 年夏天的 400 上涨了 50%，到 2008 年夏天高峰期时超过了 615。

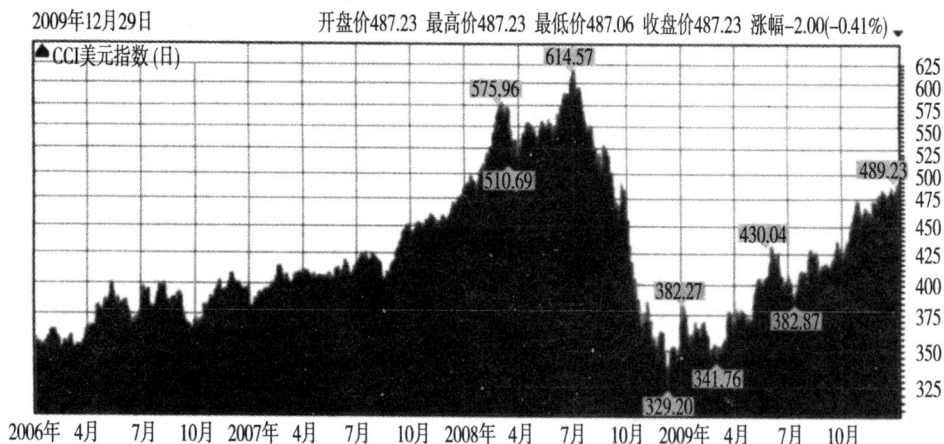

图 2—2　路透社的 CCI 商品期货指数图

资料来源：Courtesy of StockCharts.com（http：//stockcharts.com）。

然后大宗商品期货与其他市场相冲突了，因为缺乏流动资金的机构和热门部门不得不在 2008 年末减债，如其他所有债券一样出售商品期货。这就形成了

2008—2009 年通货膨胀率的一个非常有利的比较。石油，在 2008 年夏天每桶价格是 147 美元，到 2009 年年初交易价格每桶将近 35 美元，到 2009 年 7 月每桶约 70 美元。这使得 2009 年的年度通货膨胀率非常容易计算出来。由于商品价格构成了居民消费价格指数（CPI），我们很容易得到通货膨胀数据，甚至从 2008 年年末至 2009 年中期的一些负面通货膨胀数据。然而，截至 2009 年年底，这个异常现象结束了。同 2009 年的商品低价格相比，2010 年我们将看到通货膨胀的再次上升。除非有某种重大变故（我们并不希望能有），使 2009 年的通货紧缩看起来好像是 2008 年减债所产生的暂时现象。

原因四：没有美元短缺——2008 年和 2010 年的美元强度只是暂时的

在 2008 年的金融危机和 2010 年的欧元债务危机中，美元非常坚挺。人们都说美元仍然是终极的安全港湾。当时人们担心全球经济，投资者们仍然涌向美元来把自己从金融末日中拯救出来，就再次强调了这一点。

关于事情是如何展开的，并没有事实来证实这些观点。此前，我们谈论了超级泡沫和巨大的负债累积。当美联储在 2001—2003 年把利息降到接近零并且通过印制钞票来避免泡沫诱发经济萎靡时，它增加的负债泡沫甚至更多。艾伦·格林斯潘甚至就所有这些金融创新而产生的伟大新世界发表了多次演讲。

随着举债率的增加，贸易变成支借美元、做空美元和买进高风险资产。世界各地的对冲基金买进大宗商品期货，新兴市场、欧洲市场甚至美国股市的股票等等。然而，我们先前提到的这一切随着雷曼兄弟的崩溃导致的一笔巨大的追加保证金而结束了。因此，当雷曼兄弟不得不因为这笔追加保证金而卖掉股票和商品期货时，他们也不得不扭转他们的美元空头交易。此外，当人们卖掉资产以及不得不偿还赎回投资时，大部分的赎回都是用美元交易的。所以，如果你不得不卖掉你在印度股市的投资来偿还给你对冲基金的投资者，你就必须卖掉这些以卢比为主导的投资并且购买美元，然后再支付给你的投资者们。

美元反弹并非真的是由于安全度上升。相反，它完全是我们所看到的 2008 年和 2010 年欧元恐惧贸易中大规模减债贸易的一部分。然而，尽管 2008 年和 2010 年出现反弹，美元，由于其多年的货币印制和财政赤字，实际上是呈一个长期跌势。

因此，美元不是将要崩溃，它已经开始爆发下跌趋势。早在 1982 年观看美元指数（美元指数是一个美元对主要外币的指数）时，我们就能看到美元指数已从 1985 年的顶峰期超过 160 下跌到我写这本书时的 80。同世界上其他主要货币相比，损失了 50%。

我期望它能下降得更多。当英镑是世界储备货币时，要花 5 美元才能买 1 英镑。而在 80 年代初，英镑下跌到接近票面价值。这意味着，在过去的 20 世纪，英镑与美元的兑换率下跌近 80%。我预计美元与其他世界主要货币之间的兑换率也有一个类似的下降。如果以 1985 年美元指数最高点的 160 来计算，按照 75% ~ 80% 的下降率，这意味着美元底价将跌至约 35% ~ 40%。从目前水平来说，还有一个进一步的 50% ~ 60% 的下跌率。

实　证

正如我们可以在前面的例子看到的那样，虽然 2007—2009 年和 1929 年都有信贷紧缩，但关键是它们结束时期的相似性。1929 年，美联储任由货币供给紧缩，导致银行破产。政府没有积极采取措施应对大萧条。此外，1929 年政府债务问题并不像今天这样令人担忧或害怕。而且，1929 年全球经济远不发达。在 1929 年，国际金融和经济增长主要是围绕着美国和大英帝国进行的。现在中国、印度以及亚洲的大部分国家经济都在快速增长。虽然最初这些地区都遭受到了信贷危机的袭击，它们当中大多数经济都已强力反弹。中国经济已经恢复到接近 9% 的增长率，印度公布其 2009 年第三季度的经济增长率超出了预期的 8%，并且在 2010 可能还会以那个速度增长。

2008 年的危机导致了债务减持和债务危机，但它不是一个通货紧缩性萧条。此外，政府对这场危机的回应是印制更多的货币。这将导致通货膨胀。

即将到来的通货膨胀

同最近的这次危机最相似的不是 20 世纪 30 年代的那次危机。相反，我们必须去世界的不同地方看看过去发生过的最类似的信贷危机。我们必须去南美的香蕉共和国看看。

南美洲 70 年代的信贷繁荣和 80 年代的恶性通货膨胀

20 世纪 70 年代通常与负面含义的经济术语相关：滞胀、高失业率、石油危机等等。尽管你可能认为，多数拉丁美洲国家在 70 年代经历了一个巨大的繁荣。在巴西，一些人把 70 年代初称为"神奇的经济发展期"。例如，1970—1974 年，巴西经济的年增长率近 10%。

在 70 年代，南美国家借贷了巨额资金用于实施工业化和发展基础设施。大部分资金来自中东的石油国。随着 70 年代油价的飙升，它们拥有丰富的资金并且寻求投资。

根据专家们对于南美债务危机的研究，从 1975 年到 1982 年，南美银行贷款平均年增长率为 20.4%。这导致拉丁美洲的外债从 1975 年的 750 亿美元增至 1982 年的 3 150 亿美元，增长到 4 倍还多。

然而，在拉丁美洲走向超级繁荣的路上，有趣的事情发生了。保罗·沃尔克，美国联邦储备委员会的负责人，决心要帮助遏制 80 年代初期的通货膨胀。他抬高利率，减少货币供应，从而导致利率上升，美元价格上涨，商品期货价格下跌，美国经济暂时进入一个严重的收缩期。原油价格从 1980 年的每桶 40 美元降至 1986 年的每桶 6 美元。汽油美元枯竭。此外，利率的上升使南美国家和银行越来越难以偿还它们所承受的巨额贷款。南美洲贷款的生命线枯竭了。南美洲经济停止发展。大多数南美国家进入了一个大规模的信贷紧缩期。

1980—1985 年，南美洲的人均收入平均下降了 9%。根据拉丁美洲研究所题为"拉丁美洲的债务危机"的研究论文显示，这一地区的总体经济增长（虽然世界其他地区的经济繁荣是从 1982 年开始）只有 2.3%。1982 年夏天，墨西哥人差不多都承认他们将无法偿还债务。

然而，南美洲没有因为贷款失控而进入螺旋式通货紧缩中；相反，他们采取印制钞票的方式来摆脱当时的经济危机和偿还贷款。

图 2—3 显示了墨西哥在 20 世纪 80 年代的通货膨胀率。注意当你研究这个图中的数字时，就会发现它们都是基于年度平均水平。在南美洲通货膨胀泡沫巅峰时期的任何一个既定时刻，年内数字所产生的利率都要比 80 年代中期到末期的利率高得多（通常是数千或数万百分比）。

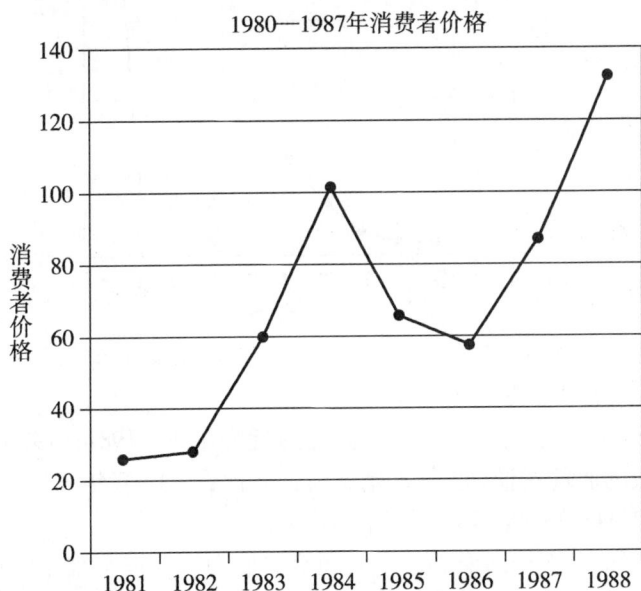

图 2—3　墨西哥：20 世纪 80 年代的通货膨胀率

资料来源：国际货币基金组织（数据）。

1982—1983 年，国际货币基金组织的资料显示，墨西哥所经历的通货膨胀率为 110.90% 和 72.92%。1984—1985 年价格稳定后，1986—1987 年墨西哥又经历了第二波通货膨胀。墨西哥所经历的通货膨胀率为 49.33% 和 52.87%。累计算来，墨西哥的消费者价格指数在 1980 年是 26.47，到 1987 年就超过了131.82，同比增长了 500%。

图 2—4 显示了 20 世纪 80 年代阿根廷的通货膨胀率。阿根廷从 1981—1983年经历的通货膨胀率为 57.72%、108.64% 和 82.30%。然后在 80 年代经历了第二轮通货膨胀，通货膨胀率达到 45.78%、161.13% 和 1989 年的 797.92%！据估计最大的通货膨胀率在 1990 年年初超过了 4 000%。阿根廷的消费者价格指数，在 1980 年是 100.79，10 年后达到 3 079.45，整个 20 世纪 80 年代合计增加了 3 000% 的价格！

1980—1987年消费者价格

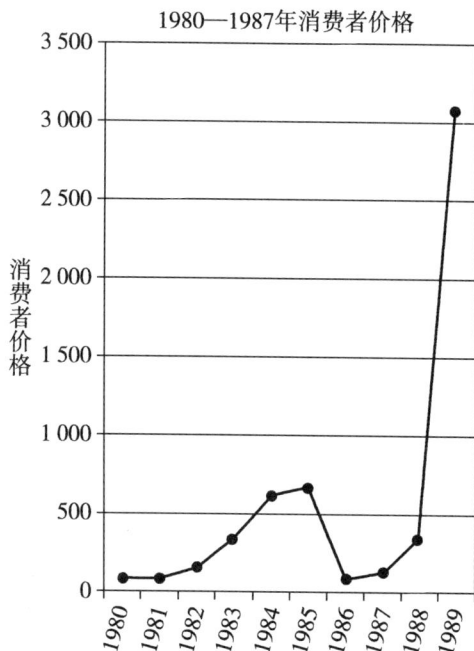

图 2—4　阿根廷：20 世纪 80 年代的通货膨胀率
资料来源：国际货币基金组织（数据）。

巴西在 80 年代也同样经历了巨大的通货膨胀——1981—1993 年的 13 年间经历了两位数的通货膨胀。巴西的消费者价格指数，1980 年开始时是 90.34，到1990 年达到 2 947.33，在 10 年里增长超过了 3 200%！

正如你在图 2—5 中所看到的，就通货膨胀而言，玻利维亚也许是受灾最严重的。1980—1985 年，玻利维亚的 CPI 上涨水平从 47.05% 升到 11 749.63%，上涨超过了 24 971%。玻利维亚经历的年增长率从 364.96% 涨到了 816.97%。在 1985 年高峰期，玻利维亚经历的通货膨胀率约为 20 000%（需要注意的是，在研究玻利维亚经济时，我找到了官方关于通货膨胀率大量的不同的数字以至于找到真正的数字成为不可能的、荒谬的任务）。一些人说最高的通货膨胀率是15 000%，一些人说它高达 50 000% 或 60 000%。

1981—1986年消费者价格

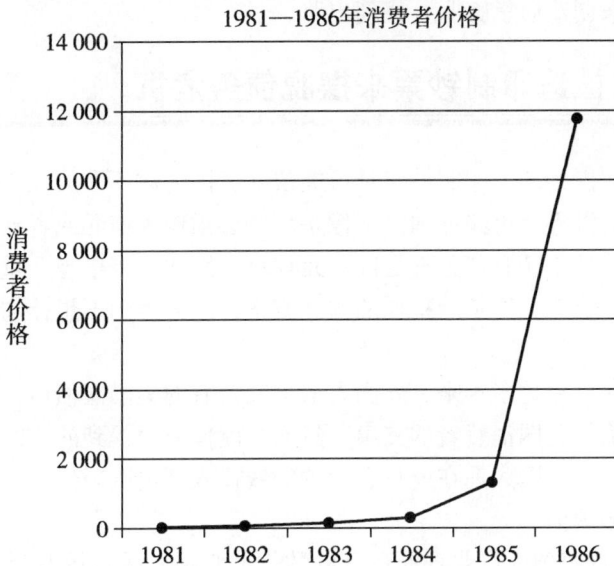

图2—5 玻利维亚：1981—1986 年的通货膨胀率

资料来源：国际货币基金组织（数据）。

所有这些数字的问题是它们是如此之高，如此失控，以至于很难知道 20 世纪 80 年代南美通货膨胀率的确切数目。然而，我们确实知道，它很高——非常高！

美国的情况更像是南美洲而不是 20 世纪 30 年代

美国目前的情况更类似于 20 世纪 80 年代时南美洲的通货膨胀而不是 30 年代的大萧条时期或是 90 年代的日本经济衰退时期。原因之一就是 70 年代的信贷泡沫导致了 80 年代的南美洲通货膨胀泡沫。我相信过去 20 年美国的信贷泡沫将导致未来 10 年的通货膨胀泡沫。

另一个原因与整个国家情况相关。30 年代的美国和 80 年代的日本都是巨大的债权国。这两个国家都拥有巨大的外汇储备。在大萧条期间，正如我们前面提到的，黄金从英国流入美国。1946 年，即使有战争期间的支出，美国也能够给英国紧急贷款以使英国维持下去。

美国是一个债权国。美国在 30 年代像日本一样有着高储蓄率。当政府和公民都拥有巨额储蓄时，就没理由印制钞票，去创造巨大的通货膨胀。原因十分简单，引入通货膨胀，就消耗掉了政府和公民的储蓄。

但是，如果是像 21 世纪初的美国或者 80 年代时的南美洲一样，政府负债累累，最简单的解决方案就是印制钞票，摆脱债务。谁能责怪他们呢？美国的储蓄率很低（目前大约是 4%，多年来一直是零），许多美国人都有房屋负资产。正如我们在前面指出的，总债务占国内生产总值的比例超过 350%。政府有一个非常强大的动机来创造通货膨胀，找到出路。

美国政府将被迫印制钞票来摆脱债务危机

正如我上面提到的，印制钞票是可能留给美国为数不多的几个选项之一。美国得益于它仍是世界货币储备国。不像是那些必须借入美元或者外币的发展中国家，美国拥有的几乎所有债务都是以美元计算。因此，当事态严重时，它就可以印制美元还债。当然，这是最糟糕的预计方案，因为美国不想让它的外国投资者们担心。

在超级泡沫形成的多年来，外国人增进其持有的美国国债量，使得美国保持低利率，以及确保美国消费者的支出。然而，就像前面提到的，既然美国正在减少购买外国产品，外国人现在就只有较少的钱投入到美国国债中，而美国政府却不得不发行更多国债。

表2—1来自美国人口普查局自己的数据，它显示了美国与世界其他国家的贸易赤字，就说明了这一点。

表2—1　　　　　　　　　　　　　**美国贸易赤字**

2007 年贸易赤字：–2 585 亿美元
2008 年贸易赤字：–2 680 亿美元
2009 年贸易赤字：–1 885 亿美元（据估计）

从表2—1中可以注意到，美国的贸易赤字已经从2007年和2008年的2 500多亿美元降到2009年经济衰退期间的2 000亿美元以下。这意味着，随着贸易赤字的缩小，中国的贸易盈余下降，中国投回到美国国债中的美元更少。基本的供求规律是美国正在一次发行更多的国债，但只有更少的外国资金来购买这些国债。因此，供应不能满足需求。债券价格将继续下降，利率将会上升。

许多国家现在都转向远离美元。2009年11月，印度央行阐明他们正从国际货币基金组织购进200吨黄金，从而震惊了货币世界。中国，在过去一年里的多次声明中，都表达了对美国金融状况的担心。巴西和中国，在最近的一份贸易协议中，达成协议使用多种货币，其中包括中国的人民币。当财政部长蒂姆·盖特纳2009年6月1日在中国的一次演讲中表示，中国人持有的美国国债是安全的时候，人群中爆发出阵阵笑声。当世界上最强大国家的财政部长因为称赞美国钱币的权宜之计而沦为一个笑柄时，这真是悲哀的一天。

这不仅仅是一个故事或者一件好玩的事。外国人会把钱花在他们喜欢的地方。表2—2显示了外国人持有美国国债的情况。

表 2—2　　　　一段时期内主要债券国的控债状况表（以 10 亿美元计）

国家	2010年5月	2010年4月	2010年3月	2010年2月	2010年1月	2009年12月	2009年11月	2009年10月	2009年9月	2009年8月	2009年7月	新5系列 2009年6月	旧5系列 2009年6月	2009年5月
中国大陆	867.7	900.2	895.2	877.5	889.0	894.8	929.0	938.3	938.3	936.5	939.9	915.8	776.4	801.5
日本	786.7	795.5	784.9	768.5	765.4	765.7	754.3	742.9	747.9	727.5	720.9	708.2	711.2	677.2
英国	350.0	321.2	279.0	233.5	208.3	180.3	155.5	108.1	126.8	104.3	97.1	90.8	213.6	163.9
石油出口国	235.1	239.3	229.5	218.8	218.4	207.4	208.3	209.0	205.9	209.8	209.9	211.8	191.2	192.9
加勒比海金融中心	165.5	153.2	148.3	144.5	143.7	128.4	123.4	114.3	116.7	125.2	138.7	135.3	191.9	195.2
巴西	161.4	164.3	164.4	170.8	169.1	169.3	165.8	164.9	153.6	146.0	146.8	148.5	139.8	127.1
中国香港	145.7	151.8	150.9	152.4	146.6	148.7	142.1	137.8	128.0	120.5	111.1	95.7	99.8	93.2
俄罗斯	126.8	113.1	120.1	120.2	124.2	141.8	151.4	145.9	145.1	144.9	141.3	143.3	119.9	124.5
中国台湾	126.2	126.9	124.8	121.4	119.6	116.5	115.4	115.6	115.1	112.9	114.4	114.0	77.0	75.7
加拿大	85.0	82.1	77.0	67.1	54.7	52.8	50.7	44.8	42.3	30.2	24.1	23.0	18.4	11.0
瑞士	84.4	0.0	78.8	81.8	84.4	89.7	89.6	85.3	82.7	82.0	81.9	85.7	72.0	63.7
卢森堡	76.3	77.6	84.6	77.9	79.1	88.4	80.2	79.5	87.5	83.0	80.8	92.9	104.3	96.2
德国	55.4	54.3	53.7	49.9	49.0	47.8	48.7	47.9	48.8	50.1	51.2	48.9	53.8	55.1
爱尔兰	48.0	45.7	43.3	38.7	39.2	43.6	43.1	42.6	37.0	40.8	42.9	50.6	46.3	50.6
泰国	46.3	46.9	43.5	42.1	33.3	33.3	29.6	28.0	27.9	31.4	29.3	27.5	29.7	26.8
新加坡	40.6	42.4	45.5	42.6	41.3	39.2	37.5	36.3	39.4	43.1	43.4	41.9	40.9	39.7
韩国	37.8	38.7	40.1	39.8	39.7	40.3	40.2	43.3	39.9	39.8	38.7	37.4	36.3	37.4
法国	36.4	38.8	38.7	32.5	35.9	30.5	30.4	29.1	25.6	17.5	18.9	26.0	25.9
墨西哥	34.1	33.1	36.1	33.9	34.4	36.8	31.9	26.5	27.8	33.2	33.4	35.2	29.5	31.5
印度	29.3	31.0	32.0	31.6	32.7	32.5	34.5	35.8	38.8	41.5	41.8	42.2	39.9	38.8
埃及	28.0	21.1	21.4	21.7	19.4	18.9	19.4	14.3	14.9	14.5	12.7	11.5	17.3	18.6
土耳其	27.6	27.9	28.7	27.3	27.5	28.1	29.4	30.3	28.1	28.5	27.1	27.3	26.9	28.3
波兰	23.4	24.6	23.4	22.6	22.3	22.9	21.9	21.9	21.5	21.3	20.9	20.5	5.6	5.0
意大利	20.8	20.3	20.5	20.9	21.3	21.1	21.6	21.6	20.0	19.3	19.8	19.1	16.7	16.7
以色列	20.1	19.9	22.0	18.9	16.8	13.8	15.1	15.1	16.9	16.2	15.5	16.6	18.1	19.0
比利时	17.6	18.5	17.1	17.0	17.4	17.3	17.4	16.9	17.2	17.7	17.8	17.9	15.7	15.7
荷兰	17.6	19.6	19.2	20.4	20.7	20.4	21.0	20.5	22.0	22.0	22.2	19.6	18.9	16.4
哥伦比亚	15.7	15.7	16.2	16.0	16.0	17.3	17.2	18.3	18.3	17.9	16.4	13.3	11.9	12.1
挪威	15.2	15.0	14.6	13.6	12.3	12.1	8.5	7.3	7.6	7.1	11.3	11.1	28.7	28.3
菲律宾	14.4	15.0	14.6	12.5	11.3	11.7	11.4	11.4	10.9	11.2	11.6	11.8
澳大利亚	14.1	17.9	14.4	14.4	15.4	16.3	13.7	12.8	12.5	12.1	12.2	9.9	9.0
瑞典	13.4	15.3	16.3	16.0	15.7	15.2	15.5	15.3	14.4	12.6	12.5	12.5	16.4	13.0
丹麦	12.8	9.7	9.6	9.8	8.9	8.5	7.8	7.7	7.1	5.3	5.5	5.3	5.5	5.4
智利	12.0	12.0	11.9	12.3	12.5	12.4	12.1	12.4	12.8	12.9	13.4	14.2	14.3	14.7
西班牙	11.6	13.0	13.5	13.4	13.7	13.7	13.1	13.1	12.3	12.8	11.6	11.1	5.5	4.7
马来西亚	10.5	10.9	11.0	10.9	11.0	11.7	11.8	11.7	11.7	11.9	12.5	12.4	11.7	12.3
其他国家	150.1	145.4	140.3	138.9	138.5	142.2	146.1	150.3	152.2	155.7	158.2	157.2	130.9	133.6
总额	3 963.6	3 957.8	3 885.0	3 752.2	3 708.6	3 691.5	3 674.9	3 575.9	3 575.3	3 531.0	3 505.7	3 460.3	3 383.3	3 292.5
其中：属于官方	2 697.2	2 721.6	2 709.4	2 677.1	2 681.1	2 706.3	2 734.3	2 714.5	2 699.2	2 689.8	2 675.9	2 625.5	2 295.3	2 287.1
国库券	473.4	505.0	507.3	503.4	508.5	534.3	586.6	598.0	597.7	607.3	606.6	571.9	571.9	586.2
美国长期公债	2 223.8	2 216.6	2 202.0	2 173.8	2 172.6	2 172.0	2 147.7	2 116.5	2 101.5	2 082.5	2 069.3	2 053.6	1 723.4	1 700.9

资料来源：美国财政部（www. ustreas. gov/tic/mfh. txt）。

看看表2—2中的这些数据，从表面上看它们很好，但再深一点儿看，它就不是那么妥当了。

- 2008年10月，在深陷金融恐慌时，外国人持有2.06万亿美元的美国国债。截至2009年10月，他们拥有2.38万亿美元，增加了约3 220亿美元。这看起来像是强劲买盘。

- 然而，当你仔细研究这些数字时，你会发现它不是一幅美丽的画面。我们必须记住同一时期美国联邦政府赤字为1.42万亿美元。这意味着外国债务持有额的增长占发行总量的比例仅仅略高于22.6%。

- 截至2008年10月，外国人仅持有超过3 600亿美元的短期债券和1.7万亿美元的长期国债。数学告诉我们外国人大约以一个4∶1的保证金持有长期与短期国债。在过去的一年中，尽管外国人购买债券的性质发生了很大的变化，他们把其长期国债持有量从1.7万亿美元增到1.78万亿美元，只是小小地增加了800亿美元。然而，他们把短期债券控股从3 600亿美元增加到5 980亿美元，大概增加了2 380亿美元。因此，在过去的一年中，他们已经改变了投资路线和方式，大约以一个3∶1的比例持有短期和长期国债。

- 这意味着外国人不像以前那样投资于美国债务了。当他们购买时，他们更多购买短期国债。实际上，他们只是"放置"他们的钱而不是投资它。在他们看到能在何处投资之前，他们只是短期持有债券。它还显示了人们缺乏购买长期债券的欲望，其购买比率在4%以下。

- 最有意思的是我注意到中国持有人的本质。中国是美国国债最大的持有者，拥有价值超过8 950亿美元的美国国债。这个数字是从2008年的684.1美元涨上来的。然而，从2009年7月以来，中国人已经成为美国国债的净卖家。2009年7月，他们拥有近9 400亿美元，到2010年3月，这个数字下降到8 950亿美元。这是在美国已发行数千亿美元的额外债务时被逐一完成的。

- 这说明外国人购买美国国债的速度跟不上美国债券发行的速度。

图2—6显示了自从20世纪80年代中期以来外国人持有总债务的百分比。正如你可以看到的，外国人自20世纪80年代以来购买了越来越多的美国债务，因而维持了国债的低利率。然而，现在随着超级泡沫的破裂，他们再也不能保持这样的购买率了。

在我看来，这意味着美国唯一现实的、能够满足其负债义务的途径就是通过印制钞票来购买债务。这就是所谓的债务货币化。这是极度的通货膨胀。应该指出的是，美联储已经在2009年开始了这一项目，它买下了一些长期国库券。

另一个主要的问题不仅仅是债务而是债务的构成方式。大多数国家，当它们发行国债时，都试图发行较长期的债券。为什么呢？因为如果它们遇到财务问题并且被迫简单地印制钞票来还债时，它们能够在数年里慢慢地削弱它们的货币供应而不会一下子引起全面崩溃。

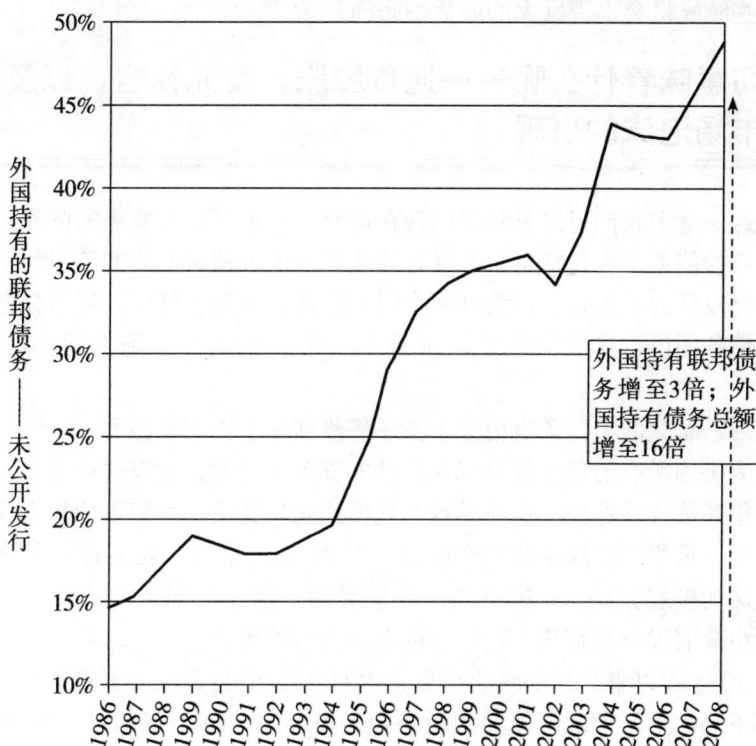

图2—6　联邦政府的外币储备

注：短期国库券和债券债务（"公众"持有）＝总额的49%。外国持有债务在1992年12月为0.5万亿元，1986年12月为0.2万亿元，2008年增至3.1万亿元（中国＝22%；日本＝19%）。

资料来源：祖父经济报告（www. mwhodges. home. att. net）。

数据来源：财政部。

　　许多经历了违约（如19世纪的西班牙和法国）或恶性通货膨胀（如德国）的欧洲国家都从这些错误中得到了教训。尼尔·弗格森在他的书《现金联结》（*The Cash Nexus*）的171页中列举的来自艾森格林和韦普洛斯的统计数据表明，德国只有约3.9%的债券是短期票据，英国只有29.6%，荷兰只有4.9%，法国有42.4%（所有数据大约都是90年代中期的数据，短期债券是到期时间不到5年的债券）。

　　根据弗格森的观点，美国约有1/3的债务到期时间不到1年，72%的债务期限不到5年！金融危机期间，当美国不得不发行数万亿美元的新债务时，它所发行的大多数都是短期债券。在某种程度上，美国将无法再偿还债务。美国将会重新发行并且将不得不印制钞票来支付债务。因为大多数的债务都需在5年内还清，美联储将在短时间内印制大量的货币来偿还债务并支付利息。这意味着在美国的某些时候将会出现巨大的通货膨胀飙升。

这一切意味着什么呢——通货膨胀，美元死亡，以及长期债券市场泡沫的出现

从这一章中我们可以看到美国现在拥有一个不可持续数额的债务，它既包括目前已有的债务，也包括将来要发行的债务。由于超级泡沫的破裂和不愿意再支持美国财政部的不负责任行为这两个因素结合在一起，外国人将不会再购买这种债券。债务的供给量大但缺乏需求将在未来几年里给美国上调利率带来许多压力。

此外，恶化的美国政府信誉本身还将给利率上调带来压力。

因为美国所有的债务都是用它自己的货币发行的，它有这种奢侈条件用印制钞票来偿还债务。然而，这将导致大规模的通货膨胀，将很可能抬高利率。

结果，最终的金融泡沫将会破裂。在 21 世纪早期，我们看到了纳斯达克和科技泡沫的破裂。2006—2009 年，我们看到了房地产泡沫的破裂。现在我们将会看到由政府发行长期债券而导致的金融泡沫的破裂。

自 1981 年以来，长期政府债券已经处于一个明显的上升循环中了（记住：当利率下降时，长期政府债券的价格会上升）。在 1981 年 9 月，30 年期的国债利息达到 14% 以上，债券牛市开始了，一直持续到 2008 年 12 月，那时收益率降到了 2.52% 的低点。自那以后到我写本书时，这个收益率已经反弹到了 4.67%。图 2—7 显示了 USB，即美国 30 年期的债券价格走势。注意，2008 年 12 月债务剧增。这类似于我们曾在其他金融泡沫中看到的另一个最后崩盘之前的反弹。

然而，我们只是处于债券长期跌势的中期，并且利率还在上升。把 1981 探底时的债券图颠倒过来正是现在我们所处的状态。当美国继续积欠债务以及随后被迫印制钞票来支付这些债务时，利率就将会飙升。

这让我们又想起米尔顿·弗里德曼。弗里德曼著名的论断是："通货膨胀是永远和处处存在的一种货币现象。"可就是说，印制钞票＝最终的通货膨胀。

尼尔·弗格森在《金钱的赞同》（*The Ascent of Money*）一书中更进一步深化了这种论断，他认为：通货膨胀也是一种政治现象。可译成：印制钞票＋政府支出＝通货膨胀。正如我们已经讨论的，在当下两种情况都存在。

在弗里德曼的书《金钱恶作剧》（*Money Mischief*）（Mariner Books 公司 1994 年出版）一书中，他做了如下陈述：

货币增长的变化起初会在同一个方向上影响利率但之后会发生在相反的方向。更多货币的快速增长开始会导致较低的利率，但后来，由此产生的加速支出以及后期仍然存在的通货膨胀会产生贷款需求，这往往会提高利率。此外，更高

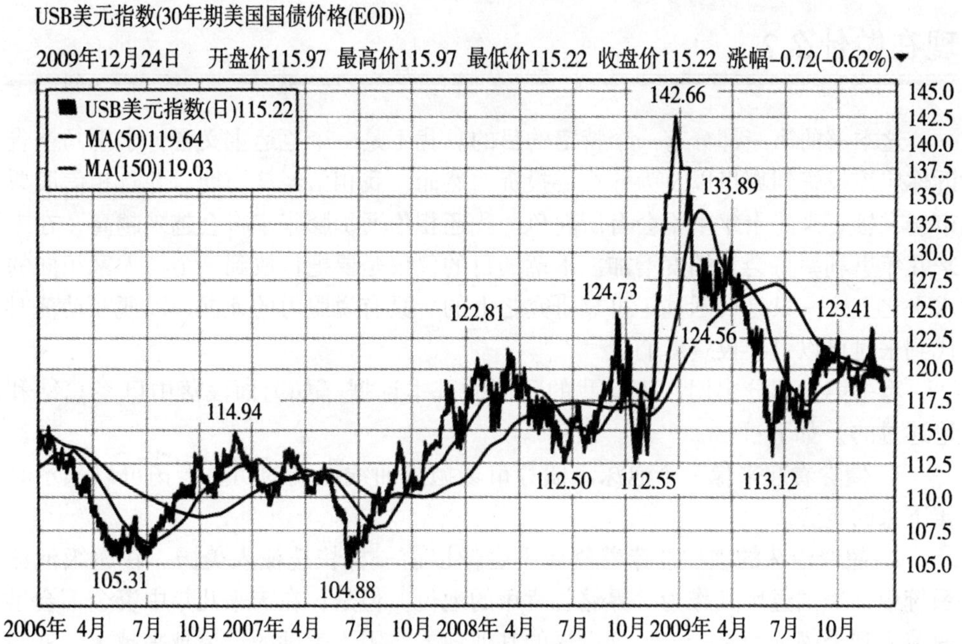

USB美元指数(30年期美国国债价格(EOD))

2009年12月24日　开盘价115.97　最高价115.97　最低价115.22　收盘价115.22　涨幅-0.72(-0.62%)▼

图 2—7　长期国债价格

资料来源：http：//stockcharts.com。

的通货膨胀抬高了实际利率和名义利率。由于贷方与借方开始预测到通货膨胀，贷方要求，并且借方愿意提供更高的名义利率来抵消预期的通货膨胀。这就是为什么在那些金钱数量和价格快速增长的国家如巴西、阿根廷、智利、以色列、韩国，利率会更高。

　　这非常完美地向我们说明了当前的危机。当美联储在 2008 年末真的开始大量印钞时，利率下降，投资者们由于担心流传的金融崩盘而纷纷把过剩的流动资金转向债券。然而，如果弗里德曼的话是正确的，我们会看到随着整个经济中印制钞票行为的渗透以及借钱给美国的贷方由于预期的通货膨胀开始要求更高的回报率而导致通货膨胀激增。

　　此外，随着美国印制越来越多的钞票，美元的价值将越来越低。在接下来几年里的某个时间，美元将不再成为世界的储备货币，美国将继续陷入大规模通货膨胀来偿还其债务。

　　这将会导致大债券泡沫破裂。对于那些有兴趣保护自己免受债券泡沫破裂影响的人们来说，他们可以购买 TBT（Proshares 集团发行的 20 年以上短期债券基金）或 HTP（30 年短期基金）。它们在多伦多交易，都具有双重杠杆效应，这意味着它们应该以两倍于债券下滑的速度上涨。

现在做什么？

这本书的第一部分有一个特定的目的。我不是一个厄运主义者，宁愿马上告诉你应该投资到哪里以及为什么要投资。然而，我相信经济周期，并且相信股票市场在接下来的十年中不会有所起色。我还相信通货膨胀率将会越来越高，在未来几年里利率将会大幅度增加。本章的目的仅仅是要把你放到一个与大家相同的水平之上——只是展示基于可靠研究之上的、具有说服力的证据，以便在动荡时代到来时可以引导投资者们。

本书第一部分中用以支持我的预测的基本论据（如前面段落中已经总结和论述过的）如下：

1. **债券看起来像一个泡沫**。债券市场抛物曲线尾端的明显上扬可以预示其接下来的走势。

2. **超级泡沫的破裂意味着资金不会像以前一样快速流入美国**。在超级泡沫系统中，美国滥用其作为世界储备货币的地位。但是，在未来几年中资金不会迅速流入到美国，而是会流入到世界的其他地方。因为美国的负债越来越多，外国人会回避美国国债。美国将不得不印制钞票来购买这些债务。这将会让美元贬值并引发通货膨胀。

3. **因为债务构成，美国将不得不印制钞票**。债务构成对美国的负面影响非常大。大部分债务都是短期性质的（5年或更少），这意味着美国将不得不在短时期内疯狂印钱以便还债。

4. **利率将会飙升，美国债券泡沫将会破裂**。随着通货膨胀飙升和美元贬值，位于曲线长末端上的利率将会上升以反映这些趋势。27年的债券牛市可能在2008年结束，而且还未曾进入到一个大熊市。这意味着利率将会继续上扬。供求规律表明随着供给大于需求，投资者们将要求更高的利率来维持他们投资美国债券的欲望。

这四个方面反映和支持了我的观点：最终通货膨胀将会上升，美元价格将会下跌。在接下来的章节中，我们将会讨论你能怎么做：

- 在这些发展变化中保护你的投资。
- 从未来的通货膨胀中获得财富。
- 在这些情况下，了解哪些投资将不会表现良好。

第二部分

摆脱世俗和
周期性浪潮

第 **3** 章　你无法抗拒周期的力量

——从长期趋势中获利

在写此书之前，我仔细审视了上百年的历史，发现了一个简单而又强大的趋势，那就是时代变迁的过程类似于百川终入海的规律。令人惊讶的是，这种不可违背的趋势被大多数的投资书籍以相同的方式忽略掉了。它们认为伏流暗涌于我们的脚下，不会为我们所察觉。因此，本书就是以这个简单却又无法抗拒的发现为主题：在资金市场上，市场周期是所有影响因素中最有力的一个。对任何投资者而言，透彻理解市场周期是贸易成功和在资金市场上赚钱的重要工具。市场周期就像地心引力一样，虽然你看不见它，但它可以轻而易举地束缚你的命运。

趋势是你的朋友

华尔街有则古训："趋势是你的朋友。"这正是对"要顺应趋势"的另一种表达，要求你跟住现如今的流行趋势。就像生活在巴哈马群岛的我一样，常常去海边游泳或在沙滩上漫步。每每此时，我总会看着潮汐涌起。

当你游泳时，你会很容易地体会到顺水而行比逆流勇进要容易得多。投资亦如是，需要你顺势而为。如果你不这样做，无异于逆水行舟。我的朋友，这样做是很艰难的。然而，有些时候潮汐是会转向的。作为一个好的游泳者或投资者不仅应该只是顺潮流而动，还应该具有判断潮流转向的能力。如果你正顺着一个方向而行，就在这时潮汐发生了转向正与你的方向相对，你将会被冲回岸上。

在本章之中，你将学会如何从潮流中获利，并且能够识别流向的转变。

但在此之前，我们先要解决一些术语问题。

● 长期趋势。长期趋势是股市或其他市场中的一种长期趋势。它会持续5～30 年不等，但一般会持续在 10～20 年的范围内。

● 周期运动。周期运动是市场中的一种短期运动。它发生在长期趋势的过程之中（例如，在长期趋势发生的过程中）并且它通常会在某个地方持续几个月或者几年的时间。

例如，1966—1982 年，股市处于长期熊市，而其中 1973—1974 年的熊市则是长期熊市中的一个循环熊市，1974—1976 年的牛市则是长期熊市中的一个循环牛市。本章中的大部分内容旨在探讨市场上的长期趋势。第 4 章则是探讨周期运动。

长期周期的长度

那么你是如何判定长期趋势是否已经到达了沸点呢？无论你相信与否，你所要做的就是去你最喜爱的书店。不用购买或阅读任何书籍，你只需瞥一眼畅销书名单即可。

你不相信我？好吧，在 20 世纪 90 年代后期和 2000 年，所有在畅销书排行榜上的书籍都是关于长期持有股票、日间交易、技术股、道琼斯指数突破 40 000 点以及与之类似的东西。任何关于上涨主题的书籍都热卖了。到 1980 年，当时的道琼斯指数低于 1 000 点，任何描写股票、黄金及恶性通货膨胀负面影响的书籍都热销。正是在 1966—1982 年大熊市接近尾声的阶段，《新闻周刊》于 1979 年刊载了令其臭名昭著的名为"股市之死"的封面。

所有在 80 年代早期热销的书籍都是对股票价格下跌的描述。然而，真正的问题在于，时至 1982 年，经历了过去 16 年通货膨胀的调整，道琼斯指数跌落 800 点，下降了将近 75%。那么在未来的 16 年中，道琼斯指数还会继续下跌 75% 吗？正如吉姆·罗杰斯所言，关于投资你要问自己的一个最重要的问题是："它还能跌多少？"1982 年时股票可下跌的幅度很小，而 2000 年股票可下跌的幅度很大。从心理上讲，很讽刺的事情是，每当人们都感觉良好时，就是该抛售股票的时候了。当每个人都在抛售时，就该购进时了。正如古训所言：黎明前总是最黑暗的！

长期周期的时间长度彼此之间都十分相似。正如我们从上面的例子中所看到的一样，标准普尔 500 指数和道琼斯工业平均指数都经历了许多大周期，其中出现了估价收缩和估价扩张。长期上涨和下跌之间所需经历的时间大约是 15 年。自 1900 年起，股市上曾经出现过四次特定的熊市周期（假设我们正处在第四次熊市中），这四次熊市持续了 15 ~ 20 年之久。另外，还有三次牛市，持续了 8 ~ 18 年。表 3—1 对这些周期中的道琼斯工业平均指数进行了概括。道琼斯指数问世于 1896 年，因此，在此之前股市的所有表现都是基于其问世后股市的具体表现而推定的。

表 3—1　　　　牛市与熊市周期下的道琼斯工业平均指数

年份	年平均收益/年平均损失（％）	长度（年）
牛市周期		
1815—1835	10. 0	20
1843—1853	13. 7	10

续表

年份	年平均收益/年平均损失（%）	长度（年）
1861—1881	12.0	20
1897—1906	25.2	9
1921—1929	14.0	8
1949—1966	14.9	17
1982—1999	14.6	14.4
熊市周期		
1835—1843	−0.6	8
1853—1861	−3.0	8
1881—1897	3.9	16
1906—1921	−1.1	15
1929—1949	0.8	20
1966—1982	−1.4	16
2000—????	?	?
平均值	−1.4	13.9

恐惧与贪婪驱动着周期

市场充满了恐惧与贪婪。市场先生不是你的朋友。他所期望的是你在贸易过程中尽可能多地损耗资金。周期就是达成这一目的的一种方式。牛市是令人欣喜的，它们把人们吸引入股市，使股民认为他们可以获得超出自己最疯狂梦想的财富。熊市是恐怖的，使人们恐慌并抛售股票。

一个主要问题在于，所有的投资者正在滤除投资媒介所发出的声音。公司新闻、投资专家和媒体炒作所散布出来的数以百万、亿万的投资资讯，对于判断未来股市的长期走向而言收效甚微。实际上这些资讯对于引导投资者渡过市场上不可避免的而且破坏性强劲的市场转向危机来讲也毫无意义。随着互联网和其他各种通讯媒介的资讯爆发，现在这一问题变得越来越糟糕。

在牛市期间，所有被报道的新闻都是好的。经济繁荣发展，失业率低，通货膨胀程度低，并且所有的一切看起来能有多好就有多好。作为一个投资者，你也愿意在这些宏观影响下购买股票，因为你所听到的是，一切都是利好，以及别人正在股市中如何地赚钱。

在熊市期间，一切恰恰相反，新闻是可怕的。通货膨胀率和利率飙升，失业率高。金融体系是一个烂摊子，银行面临破产，经济衰退。

具有讽刺意味的是，这些时候你必须逆自己的冲动情绪而行——在心情愉悦畅快时抛售，在悲观愁苦时买进。约翰·坦普尔顿因说了那句"在最悲观的时点购进"而闻名于世。与其相反，你可以说"在极度乐观时抛售"。

一旦你了解了这个周期的逻辑，在长期周期中进行交易并从中获取利润就要比你想象的简单得多。

在门前仔细思量

长期周期是心理的一种反应。在熊市周期即将开始和牛市即将结束时，每个人都看好股票，尽管事实上股票还是极其昂贵。反之亦然，当长期熊市结束，牛市开始时，也是如此。在那个最悲观的时点，没有人需要股票。由于一些众所周知的原因——通货膨胀率高、企业利润微薄、经济不景气，实际上那些年股票也没什么可做的。2000 年我看好黄金的时候，人们都给我指出在过去 20 年的时间里黄金的回报率很低，并且告诉我在过去 20 年中投资黄金都很糟糕的选择。我的反应是"正是因为这样，我才要购买黄金"。

每次在大牛市要结束时，另一种情形就会出现。新闻报道利好，经济繁荣，有人在讨论这是经济发展的新纪元，是金发女孩经济，估值偏高。股票多年来一直上涨。例如，道琼斯工业平均指数在 2000 年时为 11 700，这比 1982 年时的 777 增长了很多。市场在 18 年内上涨了 1 400%。时至 2000 年，你真的认为在接下来的 18 年里市场继续增长 1 400% 会成为现实吗？

关于这些周期，最令人惊奇的是它们有一定的目的。从心理学的角度来讲，我认为市场想要尽可能多的人犯尽可能多的错。只有当事情看起来似乎不能变得更糟糕时，股市周期才会出现转向并且开始出现大牛市。当股市前景看起来一片光明时，市场就会长期位于高点，然后在未来的 15 ~ 20 年下跌。

股市似乎只有在看起来完美的时候才出现"错误"。只有当经济的长期大趋势将要上扬时，股价才出现极其低廉的价格（参见 1982 年的数据）。或者，当长期大趋势将要下滑时（参见 2000 年第一季度的数据），股价才会出现极其昂贵的价格。基本上讲，只有在错误的时间，股市才会达到极端水平。

对这种转向发生最好的解释就是乔治·索罗斯的反射理论。简而言之，索罗斯认为股市并不总是正确的（就像那些鼓吹或者相信有效市场理论的人所相信的那样）。在索罗斯看来一切刚好相反：股市总是错的。股市是一种反射，由于股市不能精确地反射出未来或当前的经济前景，才会出现向相反方向的转向。（我发现这着实令人惊奇，当今时代最伟大的投机者竟是通过购买和依赖金融市场的错误和缺陷来赚钱的！）

长期趋势出现的真正原因——估值！

长期趋势是受心理影响的。从根本上讲，它们与一件事情切实相关：价值，或者更确切些讲是与股票的市盈率相关。市盈率用于衡量股票价格与企业年度净收入或每股收益的比率。这是衡量股票价值的常用工具。每当价值在一个方向上被推得太远时，我们就看到了市场长期大趋势的反射或者变化。

标准普尔 500 指数市盈率（价格/收入比率）的中间估值大约是 15。（在历史上，市盈率小于 12 被视为便宜，市盈率超过 20 被视为昂贵。）我们必须记住有些东西有中间值的原因在于：它有一半的时候是高于这个价格成交的，有一半的时候是低于这个价格成交的。

1929 年股票估价达到最高值，标准普尔 500 指数的市盈率在超过 30 时成交。直到 1949 年，在超过 20 年的时间里，标准普尔 500 指数没有什么变化，实际上与其 1929 年达到极值时的 380 多相比，是下跌了 50% 多（在这 20 年的通货膨胀调节过程中，损失了近 75%）。1949 年，处于长期市场周期的谷底，标准普尔 500 指数的市盈率低于 10。这开启了为期 16 年的大牛市。至 1929 年止，标准普尔 500 指数爬升了 6 倍。

这种现象发生的根本原因还要从心理学上谈起，在时机好的时候，人们纷纷投身股市，推动股价走高。这时会充满巨大的幸福感。任何人或者说每个人都在市场上投资。市场的价格堪称完美，而且"每个人"都投身股市。实际上并不是某个人把股价推高的。然而，股票从股价过高到股价过低并不是一夜之间的事。这需要很长一段时间。

市场估值过低引发长期大牛市

例如，图 3—1 中以每 10 年的业绩为基础，显示了标准普尔 500 指数的市盈率，即用标准普尔 500 指数的现价除以此前 10 年的平均收益。图 3—1 的顶端是标准普尔 500 指数基于通货膨胀调整基础上的价格，而图 3—1 的底端则是标准普尔 500 指数市盈率的 10 年平均运行路线。

只要股票的 10 年平均市盈率达到 10 以下，就会使股票估值过低，并且一般在接下来几年中股市都会发展良好。例如，1921 年标准普尔指数的 10 年平均市盈率为 4.8。在接下来的 8 年时间里，股票平均每年增长 17.90%，一直到 1929 年达到峰值。

1949 年，在经历了 20 年的无所作为之后，在经过通货紧缩、通货膨胀、经济萧条和世界战争之后，标准普尔 500 指数的 10 年平均市盈率为 9.1。股价被低估帮助投资者形成了 1949—1966 年的大牛市。1949—1966 年，标准普尔 500 指数每年平均收益 11.40%。

通货膨胀调整后的标准普尔500指数10年平均市盈率 ——— 标准普尔综合指数 2009年12月
指数回归趋势线 ——— 10年平均市盈率

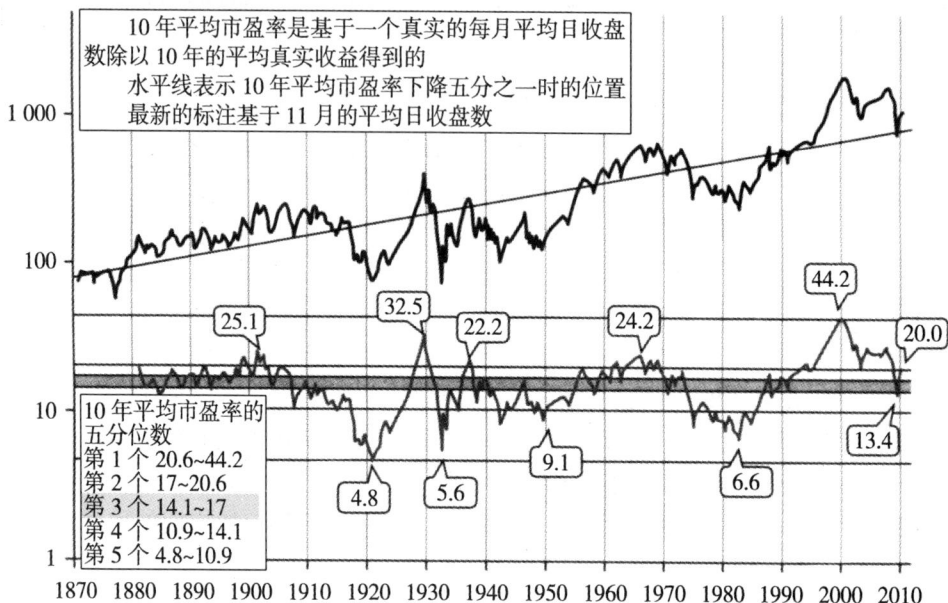

图3—1 标准普尔综合指数：1871年至今

资料来源：www.dshort.com。

1982年，标准普尔500指数的10年平均市盈率为6.6。在接下来的18年里，标准普尔500指数每年平均收益为14.96%，直到2000年达到其峰值。

从上述例子中，我们可以看到20世纪的3个大牛市都是从标准普尔500指数10年平均市盈率低于10时开始进行交易的。

市场估值过高导致长期熊市

当股票估值过高时，它们不会在之后长期表现良好。更具体点讲，当标准普尔500指数10年平均市盈率高于20时，在接下来的几年里，市场就不会表现很好。

1929年股票被过高估值，标准普尔500指数10年平均市盈率爬升至32.5。1932年股市破产，股票亏损了其原有价值的89%，并且该交易时段一直持续到1949年。在该时期，名义上看股票是亏损了其原有价值的50%，但在通货膨胀调节影响下，亏损约达到原有价值的75%。

20世纪60年代中期，股票再一次被过高估值。到1966年，标准普尔500指数10年平均市盈率爬升至24。股市进入了为期16年的交易期，1966—1982年，经通货膨胀调整后，股票实际亏损了其原有价值的74%。

2000年，我们又看到标准普尔500指数如以往一样被过高估值。标准普

500 指数 10 年平均市盈率爬升至 44。出现这种现象的部分原因在于：在 20 世纪 90 年代末科技泡沫时期，科技股被引入标准普尔 500 指数。由于许多科技股使标准普尔 500 指数的市盈率膨胀，其股票以市盈率 1 000 倍的水平进行交易，或者根本就没有盈利。暂将科技股放置一边不说，大部分大盘蓝筹股在那时都以市盈率 30 倍的水平进行交易。在这次过高估值之后，我们经历了 2000—2002 年的熊市，然后到 2007—2009 年时破产，股价又开始回落到它们的长期平均估值水平。

经通货膨胀调整后的下降

当你从表面上来看这些变化时，你并不会觉得很糟糕。道琼斯指数在 1966 年时是 1 000 点，在 1982 年时为 800 点。1982 年的标准普尔 500 指数与 1966 年的水平相同。然而，当我们为了抑制通货膨胀而对这些变化进行调节时，一切就变得很糟糕了。很明显，通货膨胀调整对于盈利或亏损而言是至关重要的。在那 16 年里，如果你的收入没有见长，那么我敢肯定你一定不会很开心。

图 3—2 是追溯到 1990 年通货膨胀调节时期的道琼斯指数走势图。我们可以看到，1929—1949 年和 1966—1982 年都是大幅走低趋势。然而，我们依然能够发现向前发展的好消息。尽管我们能够看到目前媒体的大肆宣传以便得到更多资金之类的行为，但自 2000 年起市场就已呈现出通货膨胀调节后长期大幅的下降趋势。

更有趣的是图 3—3。这是通货膨胀时期的道琼斯指数图，是 shadowstats. com 网站根据消费者物价指数（CPI）绘制的。shadowstats. com 网站是由约翰·威廉姆斯（不是音乐作曲家！）经营的一个很棒的网站。威廉姆斯表示：消费者物价指数多年来都低估了通货膨胀。

20 世纪 90 年代初期，消费价格指数的计算方式发生了变化。质量提高也被考虑到计算方式之中。比如，今年的玉米价格增长了 100%，但是政府认为今年玉米的质量也比前一年提高了 100%。这就意味着没有价格的增长。长期而言，这种调整是为了降低通货膨胀的指数。

从政府的立场来看，通货膨胀有时可能是有益的。在七八十年代，美国仍是一个人口年轻化的国家。回顾那时，通货膨胀对于政府的益处是不是要大于害处呢？如果通货膨胀继续下去的话，收入也将继续增长，七八十年代将有更多的人会投资于诸如社会保险等类似的政府项目。因此，如果 70 年代的通货膨胀率持续走高，那么政府收入的资金数目将会远多于政府支出的资金数目。然而到了 20 世纪 90 年代和 21 世纪初，美国人口开始老龄化，越来越多的人成为这些项目的受益者。在这种情况下，你将希望价格涨得越慢越好，因此政府就不得不支付越来越多的支出。

对数比例   2009年3月

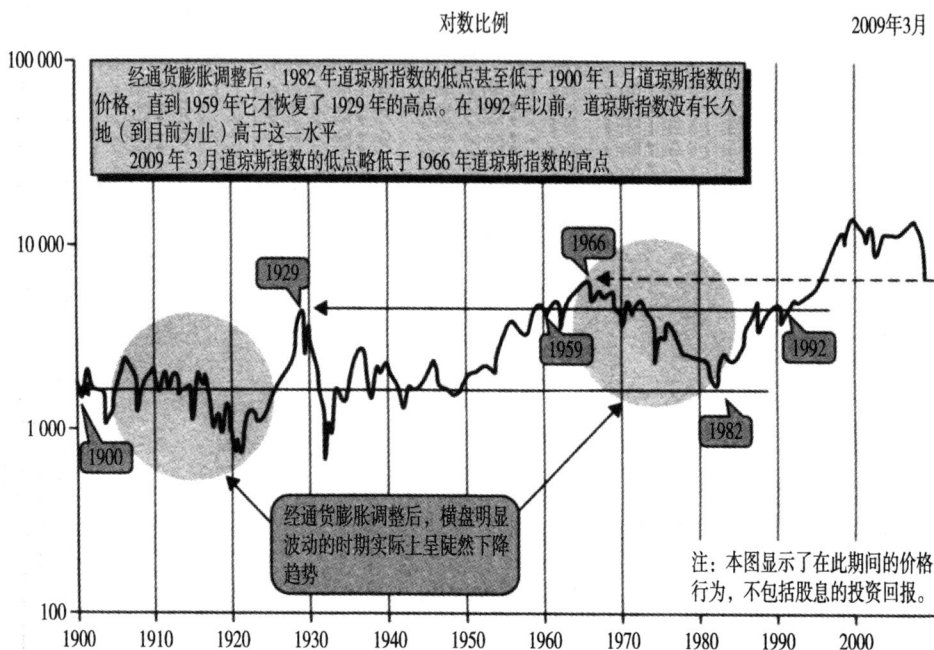

经通货膨胀调整后，1982 年道琼斯指数的低点甚至低于 1900 年 1 月道琼斯指数的价格，直到 1959 年它才恢复了 1929 年的高点。在 1992 年以前，道琼斯指数没有长久地（到目前为止）高于这一水平

2009 年 3 月道琼斯指数的低点略低于 1966 年道琼斯指数的高点

经通货膨胀调整后，横盘明显波动的时期实际上呈陡然下降趋势

注：本图显示了在此期间的价格行为，不包括股息的投资回报。

图3—2 自 1990 年以来的道琼斯实时指数价格（通货膨胀调节）

资料来源：www.dshort.com。

图3—3 显示如果我们使用传统方法来报告通货膨胀的话，1929—1949 年和 1966—1982 年的最后两个长期熊市会使股票损失将近 3/4（75%）的市场价值，这种方法则更为精准而且不会低估通货膨胀率。运用这种方法，在 2009 年 3 月的市场低谷期，可以看见市场从其 2000 年通货膨胀调节时的高点下跌了约 66%！

这意味着就通货膨胀调节的百分比跌幅而言，大多数的破产早在 2010 年年初本书撰写时就已经出现。由于 2000—2009 年的市场下跌和使价值削弱的通货膨胀，股票价格受到了巨大冲击。甚至在 2009 年股价上涨后，标准普尔指数和道琼斯指数仍然低于其 2000 年通货膨胀调节后长期股市高点的 50%。然而就百分比而言，大多数的破产已经发生，就时间而言，我们仍然还有一段路要走。

周期贸易之间也互相重复操作的方式

我们可以注意到，2000—2009 年这个周期里发生了一次股价暴跌。从那 9 年的下跌过程中，实际上我们已经注意到了在股价长期下跌周期中发生的一次次下跌大多数都是可以预料到的（通过历史先例）。然而，如前所述，就时间而言，我们仍旧还有一段路要走。如果我们遵循 1966—1982 年或 1949—1966 年或 1901—1921 年的模式的话，这个长期熊市将会有 16～20 年那么久的时间。然而截止到 2010 年，我们进入到这个长期下跌过程只有大约 10 年的时间。所以，我们距离股票价

图 3—3 道琼斯工业平均指数（通货膨胀调节），使用影子政府统计网的数据

资料来源：周期循环分析（www.cycleprooutlook.com），更新于 2008 年 10 月，[©]Steven J. Williams 2001–2008。

格在通货膨胀调节的基础上下跌，可能还有另一个 5 ~ 10 年的时间。

关于长期熊市还有另外一个有意思的事实：不仅仅是熊市持续的时间相似，而且其构成长期下降趋势的前半部分和后半部分也是惊人的相似。

在长期牛市的前半部分中，你会看到破产。在熊市之前，太多的人对股市抱有积极心态，从而使得市场估价过高。那些毫无交易经验的人进入到交易市场中，就形成了傻瓜资金。这些人很容易被市场淘汰出局。

在 1901—1921 年前半部分的长期熊市中，1906—1907 年的股价暴跌使得道琼斯平均指数损失了近 49% 的价值，被人们称为"1907 大恐慌"。

在 1929—1949 年前半部分的熊市中，出现了两次大下滑：1929—1932 年股价暴跌了 89%，以及 1937—1938 年 49% 的崩盘。

在 1966—1982 年前半部分的熊市中，1970 年市场出现了 36% 的下滑，而 1973—1974 年的臭名昭著的熊市使市场价值损失了 45%。

在所有这些熊市之后，市场出现了反弹（这其中有虚假的反弹，在下一章中将进行详细讨论）。反弹之后紧随而来的是一个长期的交易范围。在所有这些长期熊市的后半部分，市场停止了波动。到了 40 年代以及 70 年代后期，熊市中的波动没有超过 35%。

在长期熊市的前半部分中，你所经历的破产状况就像洗手一样简单，资产被一洗而空。然后在后半部分中，你会看到一个受到了高通货膨胀影响的长期交易范围。

在20年代末、40年代末以及70年代末，我们看到极高的通货膨胀搅乱了市场。70年代的通货膨胀是弥补政府开支导致的最后一次通货膨胀，这些开支包括朝鲜战争和越南战争以及政府福利项目的扩张。20年代末和40年代末的通货膨胀是政府为支付第一次世界大战和第二次世界大战的成本而大肆印钞的结果。

图3—4显示了美国在过去100年中的年度通货膨胀率。请注意在20年代末和40年代末的通货膨胀中出现的巨大峰值。

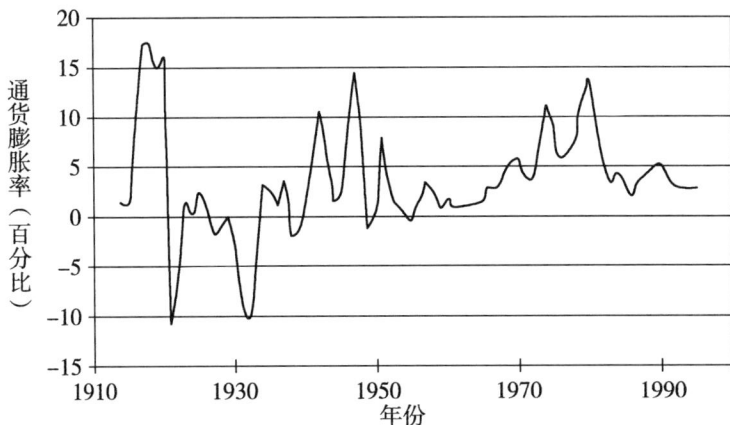

图3—4　每年的通货膨胀率

资料来源：Thomas J. Chester，使用美国联邦储备局的数据。

因此，如果历史重演的话，在21世纪头十年我们将不会看见股价暴跌。然而，随着通货膨胀日益加剧，市场将进行横盘整理。就通货膨胀而言，股票将会亏损，但是就名义价值计算，股市将会进行横盘整理。就像T. S. 艾略特所说的那样："这就是世界完结的方式——不是'砰'的一声垮掉，而是轻轻地啜泣着消亡。"看吧，长期熊市也莫过如此。

长期熊市不会以恐慌或暴跌的形式结束，它只有在市场荒废多年和投资者不再操盘的时候才会终结，它不会是砰的一声垮掉，而是轻轻地啜泣着消亡。此外，以高通货膨胀结束的长期熊市趋势证实了我们在第1章和第2章中提出的观点，即美国在未来几年中将会经历大幅度的通货膨胀。

再看一遍图3—3，我们就会发现这几年的长期趋势。这个图由Cycle Pro网站的史蒂芬·J. 威廉姆斯编辑。值得一提的是，他将股市中的上下波动总结为17.6年一周期。他表示，如果你把每个大波动的时间长度划分为17.6年的话，你将会看到下一个大波动的开始！

道琼斯指数的最后一次牛市周期的长期高点出现在2000年1月份，而标准普尔指数则出现在2000年3月份。如果我们在这个年份之上加上17.6年的话，我们将会发现下一个大牛市将从2018年的夏末或暮秋开始。

唯一一个你需要永远使用的图表

几乎在我的每一次演讲中，我都会用到图 3—5，原因很简单，它用简单易懂的方式阐明了市场的位置。它只用一幅图就表明了长期趋势。

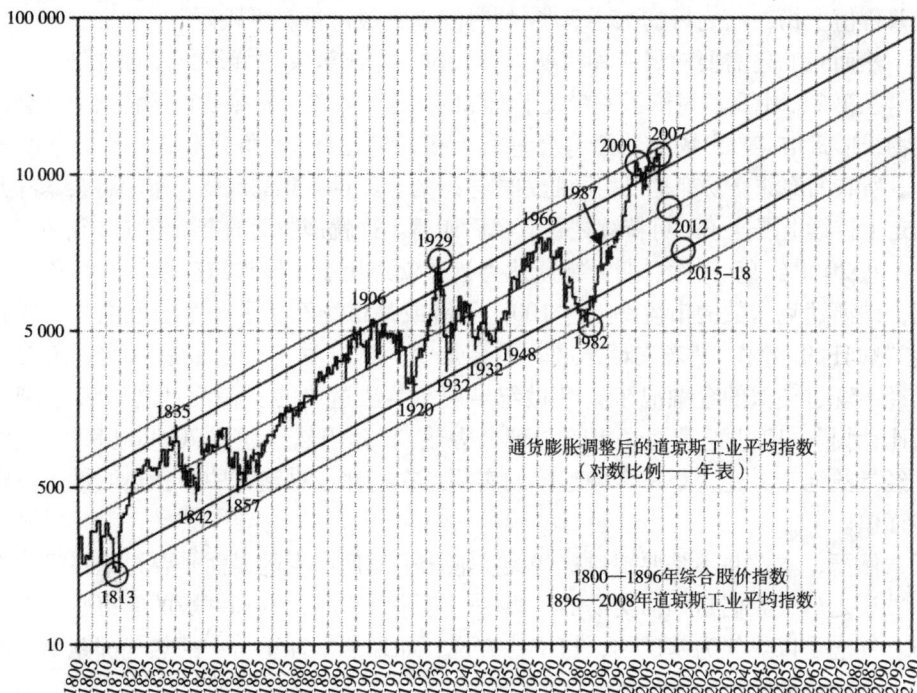

图 3—5　210 年中美国股市通货膨胀调节图

资料来源：周期循环分析（www.cycleprooutlook.com），更新于 2008 年 10 月，© Steven J. Williams，2001–2008。

图 3—5 是追溯到 1800 年的道琼斯指数通货膨胀调节表（正如之前我所提到的，道琼斯指数发明于 1896，所以在那儿之前的所有事情都是默认的）。它显示：时间和通货膨胀调节下降，均表明我们正在朝着股票的通货膨胀调节的最终低点前进。正如图 3—1 和图 3—4 所预测的那样，我们在这个长期熊市之中仍将会有 5 ~ 10 年的时间。

值得注意的是：在过去的 200 多年中道琼斯指数已经在图 3—5 所示的上升通道中进行了交易。上升通道是一种股票或指数的交易形态。当指数到达通道底部时，市场开始反弹；当它到达通道顶部时，市场则开始下跌。无论什么时候，在通货膨胀调整的基础上，当道琼斯指数已经到达通道的顶部时，一个长期大熊市就已经开始了。这些顶峰时期发生在 1906 年、1929 年、1966 年和 2000 年。而在 1921 年、1949 年和 1982 年，在通道的低端时，一个大波动的高涨时期开始了。这更加证明了我们应该经历另一个 5～10 年的、市场在通货膨胀调节基础上的下降过程。

纳斯达克与后泡沫时期股市下跌

如我在前文中所提的那样，股市周期的长度通常是 15～20 年。在此周期中，股票价值上扬，而之后的 15～20 年的时间里，股市将会下跌。

然而我们还需要对另一种周期进行探讨：泡沫繁荣与萧条交替的周期。

在第 2 章中我们讨论了一些关于泡沫的问题。在第 1 章中我们了解到泡沫会以抛物线形式结束。市场交易额将会笔直上扬，呈几近 90° 角的形式，然后下跌崩盘。所有的泡沫交易都是以相同的方式进行的。经过多年的涨幅，市场将会暴涨并且走上持续上涨这条不可持续之路，随后崩溃。这就是所谓的金融泡沫或狂热。

在 20 世纪 90 年代后期，纳斯达克指数就经历了一段泡沫时期。在其顶峰时期，纳斯达克指数的市盈率超过 100。经济或是市场经历了一个金融泡沫，或者给"疯狂的人们"带来灾难，这既不会是第一次，也不会是最后一次。历史上已经出现过类似的金融泡沫。18 世纪早期，英法遭遇的"南海计划"和"密西西比计划"，17 世纪荷兰经历的"郁金香热潮"，当然，还有 20 世纪 80 年代的日经指数泡沫，这些都是金融泡沫的实例。在这些金融泡沫中，狂热取代了逻辑和谨慎。

然而，本章并不是要探讨这些经济泡沫是如何产生的，而是要讨论在经济泡沫破灭之后，人们是如何交易的。当一个泡沫膨胀时，它和一般的熊市并不太一样。气泡是以热气为基础的，打个比方说，如果热气球里所有的热气都跑出去的话，它就只会剩下一张外皮。

当泡沫破灭时，不仅仅会导致 30%～40% 的下跌，还会使股票市场大幅跌落 60%、70%、80% 或者更多。"密西西比计划"崩溃使股市跌到了冰点，1929 年之后的道琼斯指数下跌了 89%，直到 1932 年才有所回升。1990—1992 年日经指数下跌了 65%，到 2008 年最低点时下跌超过了 83%。2000—2002 年纳斯达克指数下跌了将近 78%。经济泡沫缩水的速度比老虎伍兹的性丑闻曝光后其赞助商撤销赞助的速度还快。

当这些金融泡沫破裂之后，一段长期的交易区间随之而来。日经指数在 20 年里的交易区间为 7 000～24 000 点，随后在 1989 年达到其交易高峰——大约 39 000 点。1932—1949 年的大部分时间里，道琼斯指数的交易区间都是 100～200 点（其最高点在 1929 年，超过 380 点）。黄金价格，继 1980 年的最高交易价格——每盎司超过 850 美元之后，1989—2000 年，一直徘徊在每盎司 250～550 美元。

图 3—6 显示的是 1980 年至今的日经指数。通过观察这张图，你可以看见继 1990—1992 年的经济危机之后，股市有一个大幅的上涨，你也能看见长期左右摇摆后又呈下降走势的交易模式。

日经指数（东京股市日经平均指数）

2009年12月30日　　　开盘价10 707.51 最高价10 707.51 最低价10 546.44 收盘价10 546.44 涨幅-91.62(-0.85%) ▼

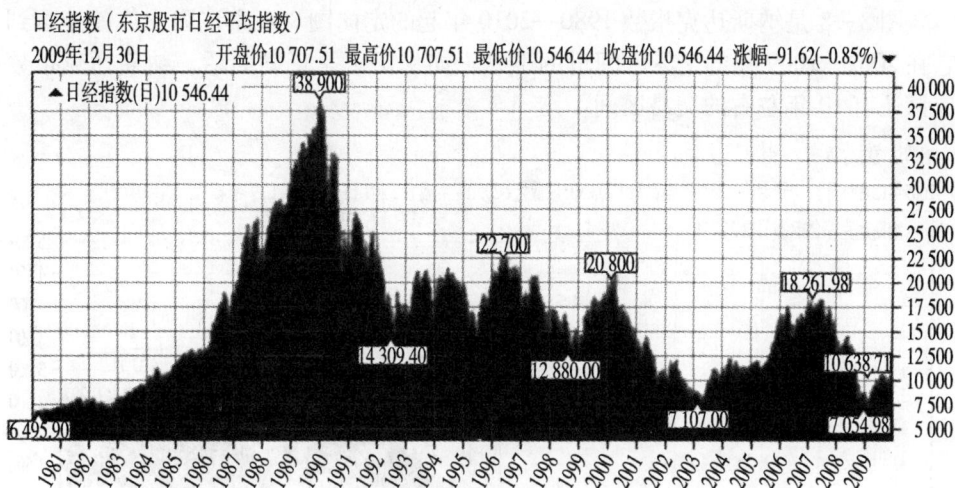

图3—6　1980—2001 年的日经指数

资料来源：StockCharts. com（http：//stockcharts. com）。

　　图 3—7 显示的是 19 世纪 30—40 年代的道琼斯指数。同样，你能看见在 1929 年经济危机时，道琼斯指数急剧下降之后，随之而来的是 19 世纪 30 年代和 40 年代道琼斯指数的起起落落。

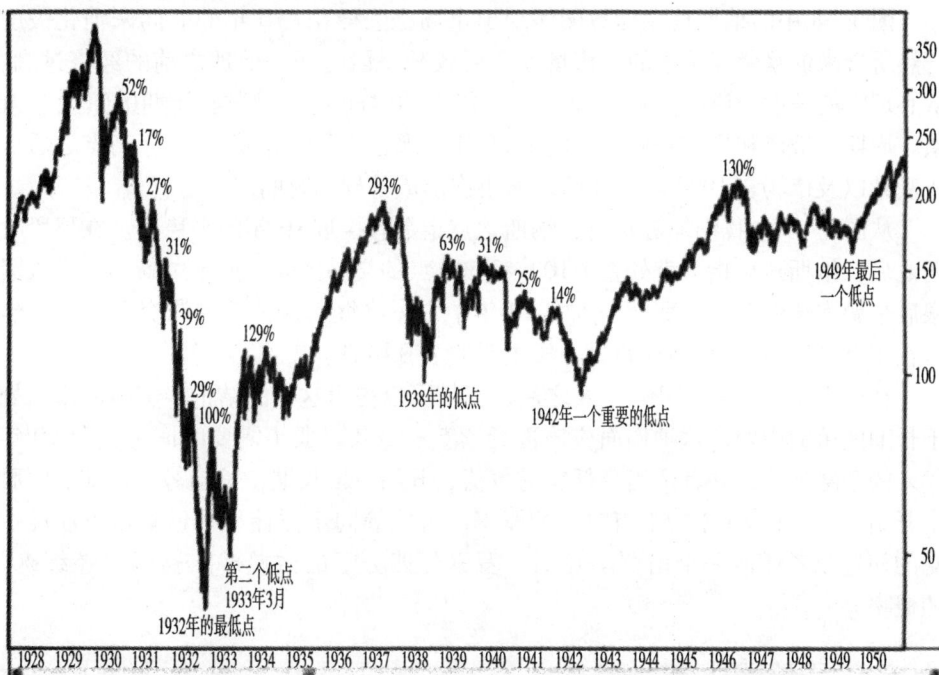

图3—7　1929—1949 年长期熊市期间的道琼斯工业指数

资料来源：戴维·查普曼联合证券。

图3—8是纳斯达克指数1980—2010年起的走向图。观察该图，你就能看到它在2002—2009年的交易区间里的下跌。如果历史是正确的话，纳斯达克指数应该还有10年左右的交易区间。

纳斯达克综合指数

2009年12月31日　开盘价2 202.02 最高价2 203.50 最低价2 209.11 收盘价2 209.15 成交量-1.29 涨幅-22.13(-0.07%)　▼

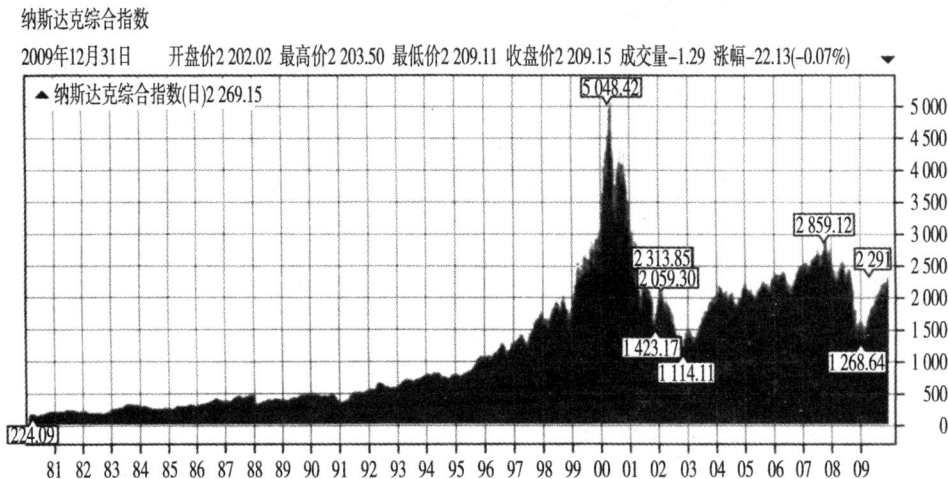

图3—8　1980—2010年的纳斯达克指数

资料来源：StockCharts.com（http://stockcharts.com）。

图3—8中的纳斯达克指数图体现出市场是怎样花费几年的时间来消化极度狂热所带来的繁荣与萧条的。市场还需要较长一段时间去处理之前的经济过剩。从心理学的角度来讲，大概需要将近一代人的时间来忘记先前周期的繁荣与萧条。周期的破产和形成基础大约需要20年。那也是黄金在其1980年高点之后形成基础以及市场在1929年大崩溃之后再次形成基础的时间。

从图3—8中我们能够看出：纳斯达克指数有接近10年的平稳期。在那段时期之后，纳斯达克指数就处在1 100～2 500点的交易区间。如果纳斯达克指数紧跟后金融泡沫的趋势，那么在未来10年中它还将继续这种后泡沫交易区间，然后在2020年左右，它会开始另一段主要的上升趋势。

在研究了图3—6至图3—8之后，我们可以得出这样的结论：美国股市正处于长期熊市的中期，这种局面应该再延续5～10年。股市需要时间去消化90年代末的金融泡沫，并且适当降低交易价值，开始一段长期增长趋势。目前美国股市开始一段长达20年的牛市时期的概率，可能等同于拉什·林堡赢得下届民主党的初选或者任何一个由贾马克斯·罗素任四分卫的橄榄球队赢得"超级碗"的概率。

大宗商品长期牛市

正如股市一样，大宗商品市场也会按照其主要的长期趋势进行交易。这些趋势会与股市的主要趋势背道而驰。当市场已经预见到其长期牛市时，大宗商品通常是处于长期熊市时期。从逻辑上讲这也是可行的。大宗商品不像货币，它会在长期股票熊市期间消失。它只是把货币转移到了不同的区域——特别是在我们位于法定货币体系之后。在这一体系中，政府可以按其所需印制更多的货币。

有益的通货膨胀与有害的通货膨胀

与股市相反，大宗商品大多用于买卖。在20世纪70年代，当货币流入到大宗商品市场时，股市的交易却表现平平。在20世纪80—90年代，道琼斯指数从800点以下飙升至11 000点，而商品研究局（CRB）指数（商品研究局指数是显示包括金、银、石油、汽油等20种商品交易状况的指数）则显示商品交易表现平平。很多人认为八九十年代不存在通货膨胀，然而在那段时间里人们看到的是资产通货膨胀。资产通货膨胀发生在如债券、房地产、股市等金融资产领域。但是，这是大多数人都愿意见到的、有益的通货膨胀，当大多数人都持有的指数基金或互惠基金或房产增值时，他们就会感觉很棒。

另一种通货膨胀是有害的通货膨胀。这种通货膨胀发生在40年代或70年代。这段时期的通货膨胀表现为石油价格、天然气价格和食品价格上涨。这些是每个人都要花钱购买的东西。当资产价值走低、油气和食品等价格上涨时，人们对于这种传统形式通货膨胀的担忧加剧，因此会对人们的预期购买力造成双重打击。

当人们在股市或房地产中赚到钱时，就没有人抱怨通货膨胀问题。但是当油气价格上涨时，许多政客和其他人就会抱怨操控者或投机商。然而，这恰恰就是周期交易方式。

大约在一个特定周期的鼎盛时期，总会有一些投机商和不道德的人利用这一周期看涨的人气进行交易。在1980年商品市场的鼎盛时期，亨特兄弟试图垄断白银市场，将银价抬升至每盎司50美元。在股市周期鼎盛时期，我们经历了桑德福和麦道夫的庞氏骗局，更不必说2000年的长期鼎盛时期了。周期打破了牛市而牛市滋长了贪婪——这是没有办法去解决的。

即使你痛恨油气价格上涨的事实，也并不意味着你不能从中获利。图3—9是商品研究局指数（CRB）。

商品研究局指数可追溯到1933—1951年，图3—10是1947年至今的商品研究局指数。在此前的80年里（这是我们能追溯到的最远的时间），大宗商品市场曾有两次大牛市。1933—1951年，商品研究局指数呈上涨趋势。这基本上与1929—1949年股市的向下周期一致。

第二次大宗商品牛市是在1963年，那时可见商品研究局指数的最低点，在大约8年的时间里它起伏不定，之后在1971—1980年间呈上涨趋势。在这个牛市中，商品研究局指数涨幅超过200%。图3—9和图3—10以图解形式具体展

图 3—9　1933—1951 年的商品研究局指数

资料来源：由商品研究局的史提夫·萨维尔提供。

商品研究局现货指数(1967=100)
(月线收盘价)1947年1月—2009年1月

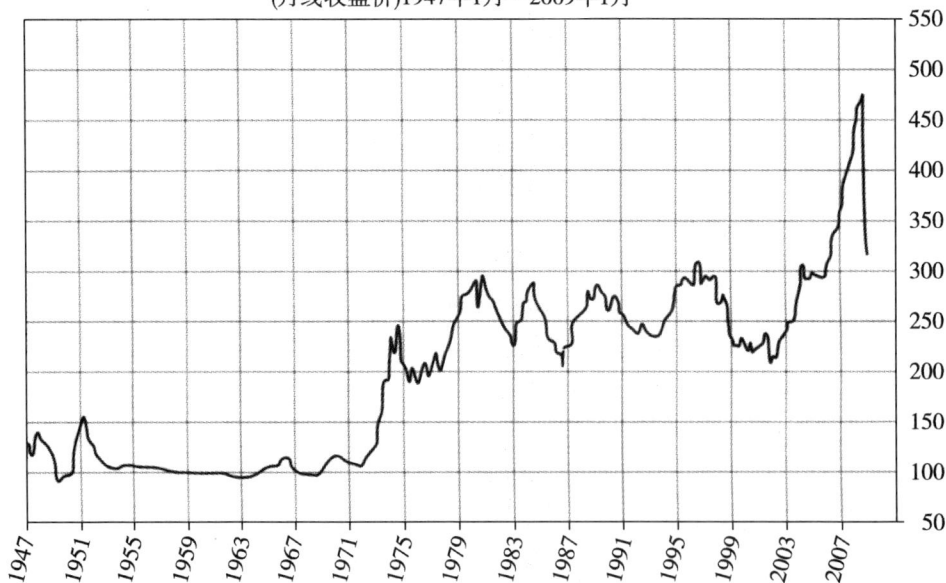

图 3—10　1947 年至今的商品研究局指数

资料来源：由商品研究局的史提夫·萨维尔提供。

示了牛市状况。

　　因此，我们能够发现，在过去一个世纪的两大长期熊市中，大宗商品处于巨大的牛市。

　　股市的长期牛市也是如此。当道琼斯指数大幅增长的时候，商品研究局指数起伏不定。从 1951 年到 1963 年及 1971 年的这段时间里，股市暴涨超过 600%，但是商品研究局指数却没有太大变化。1971—1980 年，商品研究局指数步入大规模牛市，而同时道琼斯指数的实际价值崩盘。在 1980 年达到顶峰之后，商品研究局指数在 1982 年暴跌，之后又在同一年上下起伏。图 3—11 显示了自 1982年以来商品研究局指数的市场交易行为。

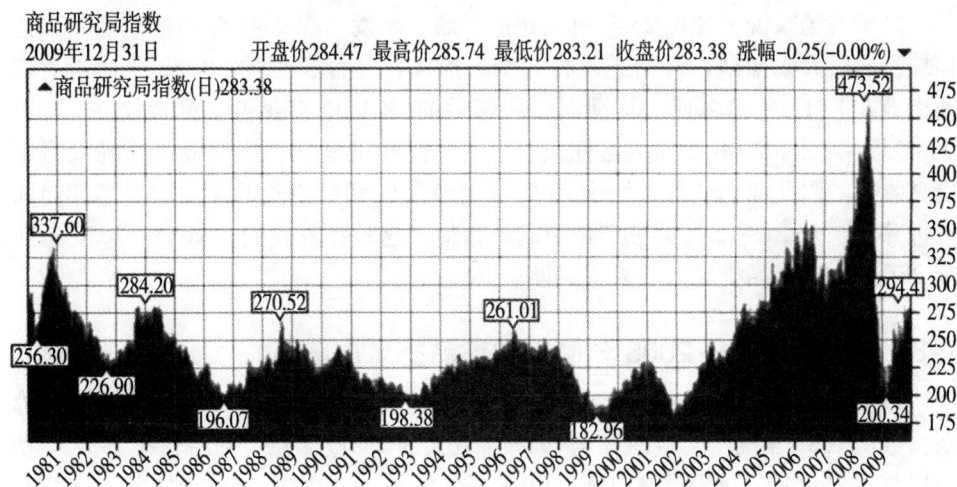

图 3—11　自 1980 年以来的商品研究局指数

资料来源：Courtesy of StockCharts.com（http://stockcharts.com）。

　　商品研究局指数的市场交易行为澄清了股市的重要误区。其中最大的误区之一（我喜欢把它称为彻头彻尾的谎言）就是：我们听说的经济和市场的关系是在经济繁荣时期会产生通货膨胀，经济萧条时期会产生通货紧缩。然而，正如我们可以在图 3—9 至图 3—11 中所见，在过去的一个世纪里，无论什么时候，只要股票市场出现长期熊市和相对应的经济繁荣，大宗商品就会呈现长期熊市。如果经济萧条时间延长，就会出现通货膨胀和更高的物价。因此，通货膨胀通常发生在经济萧条时期。（只要问问任何一个 20 世纪 80 年代生活在阿根廷和玻利维亚的人，或者问问任何一个 20 世纪 20 年代生活在魏玛共和国时期的德国的人，他们都会确信地告诉你经济萧条和高通货膨胀可以同时发生。）

　　现在让我们更详细地看一下图 3—11，请注意 1980—2001 年的长期波动模式。从中我们能发现在 1998 年和 2001 年这两个时期出现了"双重底"。然后，我们能看见商品研究局指数又猛增，突破了以往高度，在 2008 年达到了顶峰，并且在同一年因为投资者减债而暴跌。这一点我们已在第 2 章探讨过。当资金面对追加保证金的要求，并且不得不减债时，投资者不得不抛售其所持有的商品及其他投资产品。

建造基底的时间越长，其创造的空间越大

在技术领域中有这样一条古老的谚语："建造基底的时间越长，其创造的空间越大。"这也意味着对于市场、大宗商品或股市来说，它们波动的时间越长，能建造的基底就越大，随之而来的爆发也就越强大。1980—2005 年，商品研究局指数建立了 25 年的基底。在 2005 年，商品研究局指数最终开始大幅上升，不过随后，在 2008 年又开始下降。

对于市场来说，花费 25 年时间建造基底，爆发，在 2～3 年之间上涨，到达顶峰，然后大幅暴跌，开始进入另一个大熊市，是很少见的。1982 年，当道琼斯指数在其 16 年的基底上崩溃时，在随后的 18 年中它获得了更高收益。1971 年，当大宗商品 20 年的贸易区间破裂时，在随后的 9 年，大宗商品交易获得了更高收益。因此我们认为，始于 2005 年的商品研究局指数的爆发应当继续向前迈进并在未来 10～15 年间创造出更高的价值。这意味着我们在 2015—2020 年期间会看到大宗商品交易处于鼎盛时期。

1987 年的股市等于 2008 年的大宗商品交易市场吗？

1982 年，道琼斯指数和标准普尔 500 指数见证了大规模牛市的开始。道琼斯指数从 1982 年的 777 点飙升至 1987 年夏天的 2 700 多点。随后，在 1987 年秋天暴跌了 35% 后，又跌到 1 700 点以下。在 90 年代的大牛市出现之前，市场几乎用 1988 年一整年的时间来搭建基底。最终，在 2000 年，道琼斯指数攀升至 11 000 多点。

在我看来，2008 年的大宗商品交易崩盘等同于 1987 年的股市崩盘。2001—2008 年，大宗商品交易价格开始大幅上涨。从股权上来看，这 7 年的繁荣与 1982—1987 年这 5 年的繁荣相类似。但是，在 1987 年，股票价格上升的价值远大于股票本身的价值，在长期大趋势的背景下，股票价格出现大幅回落。我们必须再一次记住，市场不是你的朋友，市场想让你失去金钱。在长期熊市期间，被人为设计好的小幅回升让你误认为习惯性的跌落已经结束。这些小幅度回升会吸引人们把资金全部投入市场直到熊市吞噬掉他们所有的钱财。在牛市时，也会有惶恐和大幅修正以及下跌；这会吓坏人们，使他们在牛市再一次飙升之前淡出市场。在 1987 年抛售股票的人都是傻瓜。如果你在市场最低价时抛售，到 2000 年你会错失将近 7 倍的收益。2008 年，那些对大宗商品市场持消极态度或者出售所有商品的人，我觉得他们也会因损失惨重而觉得自己愚蠢。

2009 年的大宗商品市场和 1988 年的股市很相似，也是用 1 年的时间形成基底。我们应该注意的是：直到 1991 年，道琼斯指数和标准普尔 500 指数才完全

突破 1987 年的高度。因此，大宗商品市场要巩固其在 2008 年的大量所得仍需花费几年时间。从基本原理和货币主义者的角度来讲，这种说法言之有理。如果弗里德曼是对的，并且要花几年时间来慢慢缓解通货膨胀的话，2011—2012 年，我们就会看见通货膨胀大幅上升。这一时期将会是大宗商品交易真正开始腾飞的时期。

大宗商品的长期大规模牛市是伴随着我们的基本信仰，即美元会大幅走跌、通货膨胀率很高而产生的。如果真是这样的话，大宗商品市场就会反弹。对于市场周期力量来讲，这点非常重要。你甚至不需要知道任何基本原则，只需要看看电子图表。目前股市正处于长期性熊市。而每当此时，大宗商品市场就会进入一个长期牛市！如果我们的周期分析是正确的，基本上你仍然会在未来 5 ~ 10 年继续持有大宗商品，到那时，你会因周期结束而卖掉商品，把你的钱转移到传统的股市当中。

你可以通过交易所买卖基金追踪商品本身来应对商品市场的牛市。主要需关注的商品是黄金、白银、石油和汽油等等。黄金和白银会在货币通货膨胀和美元贬值中获益。不仅石油和汽油能够作为一种对冲手段防范美元不断贬值，它们也能从供求中获得收益。在关于黄金和其他商品那章，我们向你解释了你需要了解这些项目的基本原因。另外，就如何在牛市中进行商品交易和商品转换，我们也会提供一些想法。在本章中，我们只需要知道大宗商品交易在未来的几年中会做得更好，并且是处于一个长期上升的趋势。

新兴市场

2010 年我看到了另一个发展非常好的趋势：新兴市场。在 20 世纪 70 年代，尽管美国在全球经济中占有重要的地位，并在那 10 年中不断地努力挣扎，世界上许多其他国家经济也在繁荣发展。即使是处于一个债务泡沫中，南美洲大部分国家还是在飞速发展。日本经济继 20 世纪 50 年代和 60 年代开始迅速发展后，其经济仍在持续发展。在 70 年代迅速壮大的不仅仅是通货膨胀，还有一些新兴市场。

正是在那段时期，约翰·坦普尔顿在世上有所建树，成为世界上第一个跨国投资商。坦普尔顿能够从美国六七十年代的主要指数中获利的原因之一就是他那时又把大把的资金投在了正在迅速繁荣的日本股市中。

随着超级泡沫的爆炸，我们将会发现越来越多的资金流入到新兴市场。在第 8 ~ 10 章，我们会单独讲解新兴市场及它们的基本原则。但在本章中，我们只探讨目前的周期是如何运作的。

目前，中国和印度正在经历它们的经济增长变革，这和 18 世纪的英国、19 世纪美国的工业革命，以及 20 世纪日本的经济变革颇为相似。有意思的是，在

19 世纪，美国经历了其最长时期的牛市。在美国 1853—1901 年这 48 年的大部分时间里，股票价格一直在增长，甚至是在 19 世纪 70 年代的经济萧条期，股票价格也在增长。

60 年代中期，日本经济也经历了萧条期，但在 1950—1989 年的大部分时间里，日本的股票价格也在持续增长。这一时期持续了近 40 年。

1979 年，中国经济开始对外开放，并在 90 年代初期真正开始大面积改革。1991 年印度实行经济开放政策，在 90 年代后期开始全面发展。因此，如果我们能看到中国和印度的大规模长期经济发展，与 19 世纪、20 世纪美国和日本的经历颇为相似，那么在 2020—2030 年这段时间里，我们就能看见新兴市场更大的发展。

此外，就像你将在第 8 章和第 9 章读到的那样，随着这些新兴市场将要扩大它们的消费者基数，以及仍将其居民生活标准控制在较低的水平，这些国家的股市将率先进入繁荣期。

在此期间会有破产情况发生。在 2008 年金融危机期间，孟买股票交易所（见图 3—12）和上海证券交易所（见图 3—13）都曾遭遇大约 70% 的跌幅。但从长远来看，我们会看到这些指标走势更好。正如你在这两个图中看到的一样，在 2000—2001 年和 2008 年这两个熊市中，这两家交易所指数都大幅跌落。但是我们应该注意的是，尽管遭遇了大幅跌落，在这 10 年期间，它们各自的股票市场指数都有很大幅度提高。

孟买股票交易所敏感指数
2009年12月31日　　　开盘价17 305.30 最高价17 530.94 最低价17 305.30 收盘价17 404.81 涨幅+120.00(+0.70%) ▲

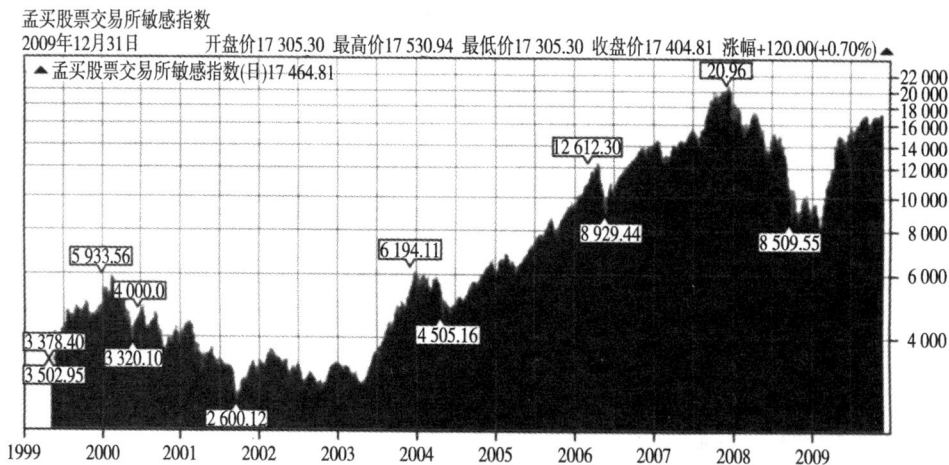

图 3—12　1999—2009 年孟买股票交易所交易情况

资料来源：StockCharts.com（http：//stockcharts.com）。

还应该注意的是，这两个国家的股市都有同美国股市跌至谷底之前类似的经历。中国和印度股市都在 2001 年跌至谷底，而美国股市则在 2002 年走势更低。中国和印度在 2008 年 8 月股票价格跌至谷底，而美国股市在 2009 年春天走势更低。

上海证券交易所综合指数
2009年12月31日　　　　开盘价3 254.00 最高价3 282.21 最低价3 250.02 收盘价3 277.13 涨幅+14.53(+0.45%) ▲

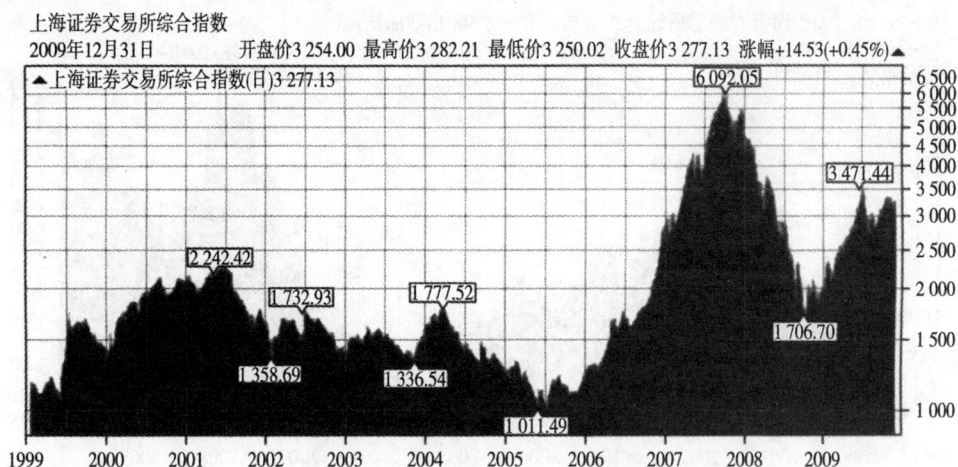

图3—13　上海证券交易所交易情况

资料来源：StockCharts. com（http：//stockcharts. com）。

图 3—14 和图 3—15 是过去 10 年里，孟买证券交易所和上海证券交易所的指数除以标准普尔 500 指数后的数值。2000 年，孟买证券交易指数是标准普尔 500 指数的 2.51 倍。而今天，如图 3—14 显示，则是 16 倍。这意味着，在过去 10 年中，印度股市指数上涨超过美国股市指数的 6 倍。我期望这种优势在未来 10 年间能继续保持。

孟买股票交易所敏感指数与标准普尔500指数的比值
2009年12月31日　　　　开盘价15.57 最高价15.72 最低价15.57 收盘价15.00 涨幅−0.26(+1.72%)▲

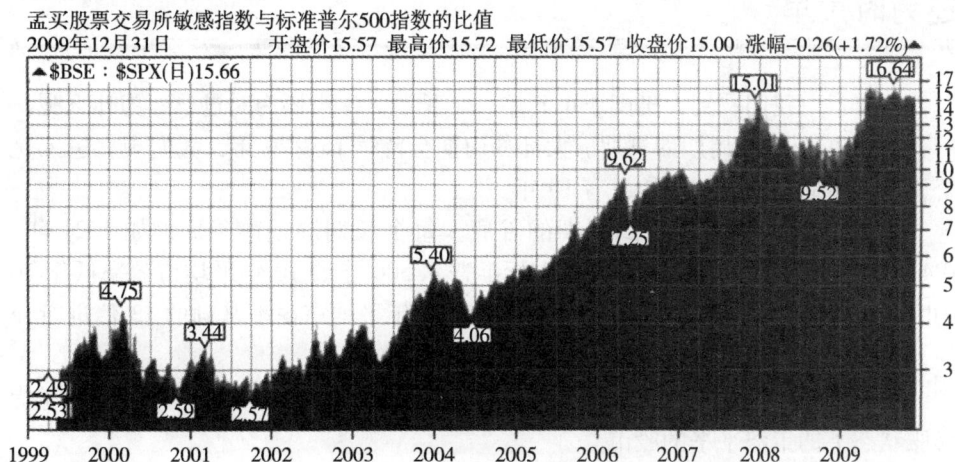

图3—14　孟买股票交易指数和标准普尔 500 指数对比

资料来源：StockCharts. com（http：//stockcharts. com）。

我们可以发现，在 21 世纪的头 10 年，上海证券交易所的指数和标准普尔 500 指数大致相同。现在它是标准普尔 500 指数的 2.8 倍。这意味着在 21 世纪的头 10 年里，中国股市指数的上涨超过美国股市指数的 180%（如图 3—15 所示）。同样的，我认为这种趋势也会继续下去。第 8 章和第 9 章将向我们讲述在

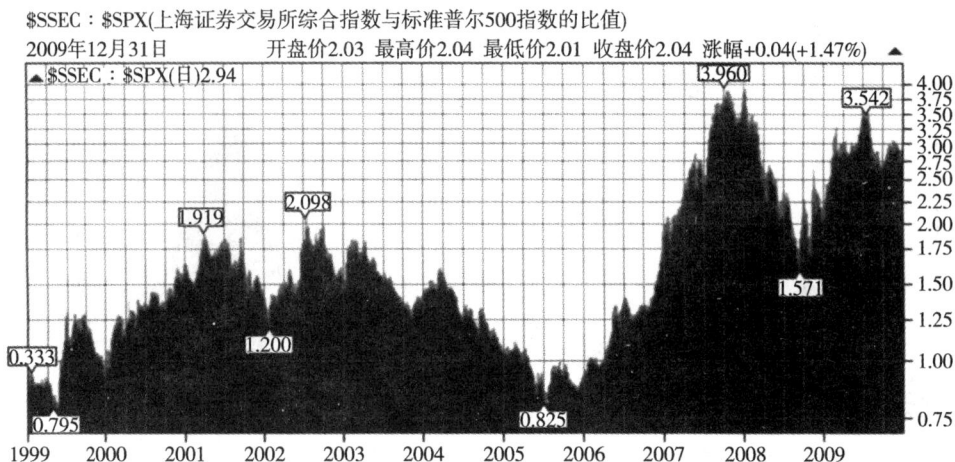

$SSEC：$SPX(上海证券交易所综合指数与标准普尔500指数的比值)
2009年12月31日　　　　开盘价2.03 最高价2.04 最低价2.01 收盘价2.04 涨幅+0.04(+1.47%)

图3—15　上海证券交易指数和标准普尔 500 指数的对比

资料来源：StockCharts. com（http：//stockcharts. com）。

未来同一时期内预期趋势持续下去的基本原因。

因此，在强劲的大宗商品价格顶端，随着资金流向全世界（并不是像超级泡沫时期那样资金只流向美国），我们也能看见资金流入新兴市场。我期望这是我们能看见的另一个向前发展的大趋势。

还为时过早

在本章中我们看到，美国股市开始一个长期大牛市还为时过早。为什么呢？

● 我们还处于周期的早期。大部分周期会持续 15～20 年，我们现在进入这个长期熊市周期的时间大约只有 10 年。

● 股票价值还没有达到周期的谷底。每个长期周期的谷底，如 1921 年、1949 年、1966 年和 1982 年都发生在标准普尔 500 指数 10 年平均市盈率低于 10 的时候。2009 年的熊市谷底，我们以接近 10 年平均市盈率基础的 13 倍进行交易，但即便这样还是处于 10 以下。

我们现在应该是正在接近长期熊市周期的后半部分，这应该产生一个高通货膨胀状态下的走势平平的股市。

大宗商品市场跟股票市场的运行周期相反。因此，我们可以预期到 2008 年的大宗商品价格修正是一个短期的修正，大宗商品价格应该继续走高，直到 2015—2020 年。

最后，印度和中国等新兴市场在过去的 10 年中已经形成了繁荣景象。可以预见，这种景象未来仍将继续。它们将会有巨大的调整，这些调整将用于增加市场中的头寸。

第 **4** 章 虚假牛市

——从周期趋势中获利

在第3章中我们谈论了市场周期以及股市是如何从其第一个15～20年周期向下一个15～20年周期发展的。我们也讨论了这些周期。我们注意到：在周期的早期，我们能在股市上看到大规模的破产，随后在周期中我们能看到股市萧条和较高的通货膨胀。

从表面上看这些周期很容易被识别出来。看起来好像是你在股票便宜时购买了它们，在长期趋势下持有它们10～20年后，在股票变贵时卖掉它们。然而，股市有办法把人们驱逐出去。在长期大牛市时，会有短期的、大幅度的修正，是非常可怕的。现在回想起来，在1982—2000年的牛市中，1987年的股市崩盘看起来像是昙花一现。然而，1987年的股市崩盘，在当时是非常可怕的，被媒体和许多人比作"经济大萧条"时期，被认为是另一个大萧条时期的开始。

萧条并没有发生。市场经过几个月触底后在80年代、90年代持续走高。在牛市时期，市场修正为期短暂、幅度很大。1987年的崩盘持续了55天。1998年的调整持续了45天。1990年的熊市仅仅只有86天。牛市的调整尽管短暂而细微，但它是强大的。它把一部分人清理出去并且使他们无法介入牛市的发展，直到他们最后屈服，在峰值时期买入。正如那句老话所言："牛市是顺着焦虑的墙往上爬的。"

熊市则完全相反。长期熊市在初期的表现是市场下滑，通常会有几次大的下滑调整。但是，市场在下滑过程中会有短期的小幅震荡反弹。这正和长期牛市中的略微下滑调整相反。然而这些小幅反弹会使更多的人陷入其中而不是出局。在反弹期间，人们认为最糟糕的时候已经结束。经济新闻认为市场有所回升。让人感到欣慰的是市场在极短时间内上升了40%、50%、60%，有时甚至100%。

在本章中，我们将分析为什么在2009—2010年熊市中的几次反弹都不会成为另一个牛市周期的开始。我们将会把通常在真正牛市来临时所包含的因素单独列出来。我们将会证明往常开启牛市的主要因素并没有在现在出现。

牛市的历史

表4—1、表4—2和表4—3说明了这个世纪中，在长期熊市期间道琼斯平

均指数、标准普尔指数和纳斯达克指数的牛市历史。

从技术角度来区分，牛市是指其股票收益上涨了 20% 或者更多，而熊市是指其收益下降了 20% 或者更多。表 4—1、表 4—2 和表 4—3（除去 1947 年）的上浮都至少是 20%，并且都在下滑 20% 或者更多时止步。

表 4—1　　　　　　　在长期熊市过程中的道琼斯指数反弹

触底日期	峰值日期	反弹持续时间（天）	获利百分比
1901—1921 道琼斯工业平均指数熊市的反弹			
11/9/1901	1/19/1906	802	144.3
11/15/1907	11/19/1909	735	89.6
9/25/1911	9/30/1912	371	29.1
7/30/1914	11/21/1916	845	110.5
12/19/1917	11/3/1919	684	81.4
1929—1949 道琼斯工业平均指数的熊市反弹			
11/23/1929	4/17/1930	155	48.0
7/8/1932	9/7/1932	61	93.9
2/27/1933	2/5/1934	343	120.8
7/26/1933	3/10/1937	958	127.3
3/31/1938	11/12/1938	226	60.1
4/8/1939	9/12/1939	157	28.4
4/28/1942	5/29/1946	1 492	128.7
5/17/1947	6/15/1948	395	18.4
1966—1982 道琼斯工业平均指数的熊市反弹			
10/7/1966	12/3/1968	788	32.4
5/26/1970	4/28/1971	337	50.6
11/23/1971	1/22/1973	415	31.8
12/6/1974	9/21/1976	655	75.7
2/28/1978	9/8/1978	192	22.8
4/21/1980	4/27/1981	371	34.9
2000—2009 道琼斯工业平均指数的熊市反弹			
9/21/2001	3/19/2002	179	29.1
10/9/2002	10/09/2007	1 826	94.4
3/6/2009	至今		

资料来源：除 2002—2007 年的反弹是我编写以外，其余数字均来自于联交所交易年鉴（the Stock Trader's Almanac），由 Ned Davis Research 公司提供数字。

表4—2	长期熊市中标准普尔500指数的反弹		
触底日期	峰值日期	反弹持续时间（天）	获利百分比
1929—1949 标准普尔500指数的熊市反弹			
11/13/1929	4/10/1930	148	46.8
6/1/1932	9/7/1932	98	111.6
2/27/1933	2/6/1934	344	113.7
3/14/1935	3/6/1937	723	106.9
3/31/1938	11/9/1938	223	62.2
4/8/1939	10/25/1939	200	29.8
4/28/1942	5/29/1946	1 492	157.7
5/17/1947	6/15/1948	395	24.4
1966—1982 标准普尔500指数的熊市反弹			
10/7/1966	11/29/1968	784	48.0
5/26/1970	4/28/1971	337	51.2
11/23/1971	1/11/1973	415	33.4
10/3/1974	9/21/1976	719	73.1
3/6/1978	9/12/1978	190	23.1
3/27/1980	11/28/1980	246	43.1
2000—2009 标准普尔500指数的熊市反弹			
9/21/2001	1/4/2002	105	21.4
10/9/2002	10/9/2007	1 826	101.5
3/6/2009	已公布		

资料来源：除2002—2007年的反弹是我编写以外，其余数字均来自于联交所交易年鉴（the Stock Trader's Almanac），由Ned Davis Research公司提供数字。

表4—3	长期熊市中纳斯达克指数的反弹		
触底日期	峰值日期	反弹持续时间（天）	获利百分比
1966—1982 纳斯达克指数的熊市反弹			
11/23/1971	1/11/1973	415	36.4
10/3/1974	7/15/1975	285	60.4
9/16/1975	9/12/1978	1 093	88.7
11/14/1978	2/8/1980	451	49.0
3/28/1980	5/29/1980	428	80.1
2000—2010 纳斯达克指数的熊市反弹			
9/21/2001	1/4/2002	105	44.7
10/9/2002	10/10/2007	1 827	152.4
3/6/2009	至今		

资料来源：除2002—2007年的反弹是我编写以外，其余数字均来自于联交所交易年鉴（the Stock Trader's Almanac），由Ned Davis Research公司提供数字。

如我们所见，长期熊市中的牛市不只是些小亮点。从 1991 年至今，在熊市的背景下，这些周期性的牛市持续了 61 ~ 1 827 天，并且我们可以看到市场价值上涨了 18.4% ~ 157.7% 不等。

此外，我们还可以看出：如果熊市的时期持续长而且下跌幅度大，随之而来的往往是更猛烈的反弹走势。例如，我们可以看到，在 1932 年的股市探底之后，市场下跌了 89%，在其探底之后的两个月里，标准普尔 500 指数上涨超过了 111%！

我们还可以看到：2002—2007 年的反弹是最强劲的纪录之一，道琼斯指数上涨了 92.4%，标准普尔指数上涨了 101.3%，纳斯达克指数上涨了 152.4%。

我们也可以看到：在一个长期的熊市过程中会有很多次这样的反弹。1901—1921 年的熊市期间，道琼斯指数就经历了 5 次这样的反弹；1929—1949 年的熊市期间，道琼斯指数和标准普尔指数有 7 次这样的反弹；1966—1982 年的熊市期间，这样的反弹有 6 次。

在目前的熊市中，我们已经看到了 3 次这样的反弹：

1. 2001—2002 年年初的反弹。

2. 2002—2007 年的反弹。

3. 2009 年的反弹。

平均而言，自 1900 年以来的 3 次长期大熊市中，市场已经经历了 6 次这样的反弹。单从这一点而论，就很有理由推测，在长期熊市结束之前还会有 3 个或 3 个以上这样的反弹。当然，如果长期投资者们经历了 3 个或者更多的反弹，这些投资者们就很可能会感到由长期大熊市所造成的痛苦。

如第 3 章指出，在 1901—1921 年、1929—1949 年和 1966—1982 年的长期熊市期间，都有大约 7 年时间的大幅下跌。可以用数字来揭示这种痛苦：1906—1907 年，市场下跌了 49%；1938—1939 年，市场下跌了 49%；1973—1974 年，市场下跌了 48.2%。（请注意：1929 年以前的所有数字都是道琼斯指数，之后，是由标准普尔 500 指数来反映。1929 年后使用标准普尔 500 指数有 2 个原因：（1）标准普尔指数直到 1923 年才出现。（2）我们觉得它能更好地衡量市场，因为它更加多样化。因此，在它出现后，我们将用它来衡量市场。）市场的主要反弹（例如，1907—1909 年 89.6% 的涨幅，1938 年 62.2% 的涨幅，1974—1976 年 73.1% 的涨幅）都是在市场下跌之后发生的。

我觉得我们现在所处的正是这样的周期。我们正是处在当前熊市周期的中间时期，经过了一次非常强的下跌之后（2007—2009 年 53% 的下跌是第二糟糕的熊市记录，仅好于 1929—1932 年的大熊市！），我们正在经历着一次非常强劲的反弹。如果历史是正确的话，那么这将意味着市场会在 2010 年达到顶峰，并且相继而来的则是我所说的"空洞的交易期"，在未来 10 年中市场将会小幅震荡起伏并且逐渐下滑。

我同样需要指出：如果市场在 2010 年或 2011 年到达峰值，并且看到另外一个熊市，那么它将很可能是名义上自然微调。1909—1911 年的熊市下跌了 27.4%，1938—1939 年的熊市下跌了 26.2%，并且 1976—1978 年的熊市见证了标准普尔 500 指数下跌 19.4%（这甚至不是一个标准的熊市），同时道琼斯指数下跌 26.4%。这些损失相对较小，背后的原因之一是这样一个显而易见的事实：人们已在之前的市场下滑中被清扫出局，因此下一个熊市就不会有销售压力。

在接下来的年份里，你观察到的牛市和熊市都将是错误的。牛市将会宣称这是大牛市的开始。在当前的市场反弹中，我们已经听到许多这样的论调，声称市场又重新回到了 1982 年时的状况。牛市告诉我们市场刚刚开始上涨，并且还将会持续几年的牛市。然而，熊市将会告诉我们市场将会再次垮掉，而且道琼斯指数将会回跌倒 3 000 点，标准普尔 500 指数将会跌至 400 点。但是，历史告诉我们：我们将会看到，市场价值会在通货膨胀调整的基础上经历多个震荡起伏期后流失，而不会是仅仅一个暴跌就导致其破产。

2009—2010 年的反弹不会是一个长期牛市开始的原因

人们会感到纳闷：2009 年的市场这么强势，为什么不是另一个长期牛市的开端呢？下面的 5 个原因将会给出答案：

1. **估值**。在第 3 章我们指出了这些长期周期的潜在目的是估值的再调整。在一个长期熊市中，股票由过高估值到过低估值，而在牛市中则会经历相反的过程。2000 年，因为股市长期处于顶峰，估值就有一个较好的结果。但是这离股票的真实价值还差很远。2009 年 3 月底，标准普尔指数是其 10 年平均收益率的 13 倍。而在本书出版时，达到了 20 倍。长期牛市通常会在股票指数低于 10 倍 10 年平均收益率的时候出现。因此，我们能够预计在进入一个长期牛市之前，我们仍需将估值调低。

2. **心理因素**。这或许有些奇怪，因为在 2008 年和 2009 年，市场几乎要垮塌。但是，我不相信人们的心理能够长期看跌。例如，《时代》杂志在 2009 年 12 月的主题是 "10 年回顾"。这 10 年被称作 "来自地狱的 10 年"。但是，这篇文章同时也解释了为什么在下一个 10 年会变得更好。股票和经济在长期熊市中触底时，需要极端的负面情绪。一个很好的例子就是 1979 年在《新闻周刊》上发表的一篇名为 "股票的死亡" 的文章，这正好发生在股市和经济的一个巨大的长期牛市出现之前的几年。

当然，投资者们不会像他们在 90 年代时那么活跃，但是他们仍然认为形势会有转机。只有当他们丧失了这个希望时，我们才会看到一个长期强势的反弹。例如，在 1949 年，实际上没人期待金融市场会有一个巨幅的长期上扬。然而，这反而成为了一个强势牛市的开端。在开始一个长期牛市之前，我们需要更消极的、长期的负面情感（看看投资者对当今下滑了 20 年的日本市场作何感想）。

3. 政府政策不会允许市场自动清理。 市场的发展和下滑是有目的性的。破产的主要目的是市场系统的自身清理。衰退是市场清理不利因素的方式。所有不能在市场下滑中生存的低效公司都将被清理出去。所有不能控制股票下滑局势的公司都会被抛售。公司会破产，出售其资产，并且这些资产将会转移到更强大的公司手中，这些公司会将资产合并，并且会变得更为强大。

但是，我们没有看到政府让市场进行自我整顿。我们身处这个混乱时期的部分原因是之前每次当我们遇到危机时，如 1998 年的资本运营危机，或是 1994 年的比索经济危机，政府就会选择阻止市场下滑，而不是让它完全释放出来。这使得市场错位，并且经济泡沫越来越大，而不是让市场来自行清理。这一切都在 2008 年的金融危机中出现端倪，然而，政府选择介入，把钱给了银行而不是让市场系统重新进行自我构建。政府在美国银行和花旗银行创造了僵尸银行①。尽管公司业绩下滑，美国政府仍然让通用和克莱斯勒公司生存下来。这些援助最糟糕的部分就是：很明显，纳税人将要自己来背这个黑锅。

我认为当我们看到政府自身走向破产并且被迫印刷钞票，发生恶性通货膨胀时，就应该是净化市场的时候了。这个发展将迫使政府净化自身并且缩小规模。当这种情况发生时，我们就准备去面对一个股市多年、长期的繁荣。

例如，在 1933 年和 1938 年，罗斯福加大了政府开支来使经济走出 30 年代初和 1937—1938 年的经济萧条时期。

罗斯福的解决措施是扩大政府规模和开支来使经济走出彼时的危机和萧条。从 1932—1936 年，联邦政府的开支从 43 亿美元增加到 92 亿美元。

1937 年，财政支出又下降到了 84 亿美元。但是，当经济在 1938 年又跌回到萧条期时，罗斯福又加大了支出；到 1940 年，政府支出回升到 101 亿美元。信息资源网站的数据表明：1940 年失业率仍是 14.6%。另外，到 1942 年时，道琼斯指数降到了 100 点以下。

可以说，新经济政策引起了经济在 1933—1937 年和 1939—1940 的小规模扩张。然而，这没有引发一段长期的经济繁荣或就业的扩大化。

即使罗斯福的财政部长，亨利·摩根索，也承认新经济政策在同时促进经济发展和扩大就业上是失败的。他是这样说的：

我们尝试了扩大财政支出。我们比之前任何时候花钱都要多，但是经济没有起色。并且，我只有一个兴趣，那就是如果我错了⋯⋯别人也可以接任我的工作。我想看到这个国家的繁荣。我想看到人们找到工作。我想看到人们填饱肚子。我们从来没能把我们的诺言实现好⋯⋯这个政策实施 8 年后的失业率还是和我们刚开始实行它时一样⋯⋯并且我们还有了巨额的债务。

           ——亨利·摩根索，罗斯福时期的财政部长，1939 年 5 月 9 日

---

① 指那些即使严重资不抵债仍在维持运营的金融机构——编辑注。

　　为了打赢二战，政府的财政支出使得失业率跌到了 1.2%。但是，我们应该注意到：在 1944 年时，大多数在战时产生的工作都是薪水低廉的工作。战争是一个调整时期，而不是一个繁荣涌动的时期。另外，战后经济会重现萧条，并且股市也重新下跌。

　　然而，奥巴马政府有着完全不同的看法。2009 年，奥巴马政府宣布了 7 000 亿美元的救市计划。同年晚些时候，TARP 计划中的 2 000 亿美元已经偿还。政府宣布这些钱将会用来增加就业而不是填补财政赤字。当然，如果政府支出创造财富是经济繁荣的关键的话，那么古巴将会是世界上最富有的国家。

　　在 2009 年 12 月 8 日的那个周二，奥巴马在布鲁金斯学会上发表了有关经济的演讲。他说这个国家必须继续"靠财政支出来度过经济萧条的难关"。这或许促进了 2010 年短期的经济反弹。但是，其造成的国家债务增长的长期影响也将会导致要靠提高利率来吸引投资者这样的结果。提高的国债回报率将会蚕食政府的收入并且会造成长期的恶劣影响。

　　正如我们之前在有关超级泡沫和债务泡沫的章节中指出的那样，过去 30 年中，美国的问题在于有太多的债务和太多的政府支出。你不能再靠更多的债务或更多的政府支出来解决这个问题了。这就像是醉鬼一样。当你已经宿醉，再来一杯威士忌或者啤酒，或许可以再让你度过一天，但是不久就会摧毁你的肝脏和健康。

　　著名的投资人吉姆·罗杰斯 2009 年 12 月 10 日接受财经频道采访时开玩笑说：

　　财政部长告诉我们将以更大的债务和消费来解决目前庞大债务和支出问题。那就是说告诉老虎伍兹再去找个女朋友吧，那样才能解决你的问题或者再找 5 个女朋友才能解决你的问题。

　　目前政府的经济政策并不利于在股票或市场中开启一个可持续的长期牛市。

　　4. 长期熊市会呜咽着结束，而不是"砰"的一声结束。长期熊市通常不会以大幅的跌落或者市场崩塌而结束；相反它们经常会以一个驯服的熊市市场，伴随着股票几年内都没什么起色而结束。在 1921 年、1949 年和 1982 年，股票市场在 16 ~ 20 年内都没什么变化。不是投资者们人心惶惶或者一切都在崩溃，而是投资者们就是放弃了金融和股票市场。这就像一种无声的绝望，是一种对市场的不信任。这种不信任就是怀疑为什么股价会那么低廉。这些负面的心理因素就为股票和金融市场的崛起奠定了基调。

　　5. 利率将会上涨。利率和股票经常是交织在一起的。当利率下降时，会促进市场。消费者和公司贷款会更便宜。但是，随着美国巨额财政支出和债务的大幅增长，美国的利率将会很快上涨，以便吸引投资者来购买更多已发行的国债。这些高利率国债将会使美国经济窒息，也会使未来 10 年的股票收益窒息。

我们如何知道股票市场将会在何时真正反弹？

如果 2009—2010 年的反弹和任何的经济回暖都比莱恩·利夫①的四分卫生涯告吹得更快，那我们如何知道真正的反弹将会何时开始？我们已经了解长期的牛市和熊市周期以及估值周期。但是，国家政策通常占有很重要的位置。国家政策通常会被你所处的周期阶段所影响。例如，在 30 年代初，当周期处于初期阶段时，政府是紧缩开支的。相反，在此后股市中的几个重要经济繁荣期和上升期中，我们看到了政策发生转变去促进经济发展。所有的这些经济繁荣期和上升期都会遵循以下 3 个类似的政策转变：

1. **利率将会上涨以便扼杀通货膨胀。**在 20 世纪的头 10 年末，通货膨胀作为第一次世界大战的后续结果而爆发。1920 年，美联储把贴现率从 4.25% 调整到 6% 以上。这使得通货膨胀下降，并且促进了 20 年代的经济繁荣。

二战后，40 年代末，通货膨胀也是一个问题。美联储实际上在二战后就慢慢地提高利率。1946—1953 年，最优惠利率慢慢地从 1946 年的 0.5 个百分点增加到 1953 的 2 个百分点，以及到 1960 年的 4 个百分点。

这听起来似乎不是很多，但是你必须记住：这是 20 世纪 20 年代以来利率首次以如此明显的方式上涨。

70 年代末，通货膨胀肆虐着美国经济。美联储主席保罗·沃克尔上台后无数次上调利率，将联邦基金利率从 1976 年的 5% 上调到 1980 年的 19%。通货膨胀率下降了，经济反弹并引发了其后 20 年的牛市。

2. **政府支出应当削减而不是增长。**1919 年，由于第一次世界大战，政府支出大幅上涨。联邦政府支出从 1918 年仅占国内生产总值的 2.75% 上升到 1919 年的 24.13%。但是，随着战争结束，政府随后削减了支出。到 1922 年，美国联邦政府的支出只占国内生产总值的 5.13%，而到 1923 年，仅仅只占 4.35%。政府支出的减少使得个人投资领域得以扩张，也为接下来 20 年的经济繁荣做好了准备。

1946 年，同样的一幕上演。联邦政府财政支出扩大到 GDP 的 29.93%。联邦政府在战后削减了它的规模，到 1950 年其支出仅占国内生产总值的 15.25%；至 1951 年，其支出仅占国内生产总值的 14.42%。

在 1980 年罗纳德·里根上台时，联邦政府的支出占国内生产总值的 21.18%，到 1988 年他离任时，联邦政府支出已经减少至国内生产总值的 20.86%。80 年代美国的国内生产总值是增长的，所以数字的减少并不代表实际

---

① 莱恩·利夫是 20 世纪末期一位身价过高、有负盛名的美国橄榄球联盟（NFL）四分卫——编辑注。

支出的削减，但是与经济的发展相比较，里根确实减缓了政府支出的增长率。林登·约翰逊在1964年上台后，政府支出占国内生产总值的比例从1964的17.86%增加到1980年的20.86%，里根扭转了政府支出相对于经济总量的增长趋势。

3. **税收减少。**在20世纪头10年末，为供给第一次世界大战的支出，所得税比率飙升到最高点。所得税始于1913年，其税率从最低收入额的1%到最高收入额的7%不等。为了满足战争需求，这一税率增长到最低收入额的6%到最高收入额的77%不等。1918年至20世纪20年代中期，所得税税率削减至最低收入额的1.5%到最高收入额的25%不等。

受到罗斯福新政和二战的影响，30年代所得税税率有所升高。40年代，所得税税率飙升至最低收入额的23%到最高收入额的94%不等。到50年代中期，该税率有所削减，最低收入额为20%～23%，最高收入额为91%～94%。

里根执政后，大幅度削减了所得税税率。最低收入额，由80年代初时的14%降低到1988年的11%。最高收入额，在1980年时仍然超过70%，到1988年里根的第二任期结束时被降到了28%。

因此，过去100年间的三个主要牛市和经济繁荣期有着同样的开端：

1. 利率的增长消除了通货膨胀。
2. 政府支出减少，或慢于经济总量增长的速度。
3. 所得税被削减。

也许是为了刺激经济发展，如今我们几乎将利率削减至零。政府花在刺激经济计划、紧急财政融资、卫生保健和防止经济衰退方面的支出在快速增长。

所得税并未增加，却也存在着许多关于布什政府减税政策要终止的说法，这将使个人所得税税率提升到最高。此外，还有关于增加附加税来偿付新的卫生保健支出的说法（这确实是一种加税方式），更何况还有增加增值税的可能性等等。因此，我们可以看到税收无疑是接近增长的。

目前的政策与过去经济繁荣期中的政策是完全相反的。这就是为什么2009年的反弹只是一次反弹，这是一个虚假的牛市，将会在2010年或2011年演变成一次下跌的熊市。

预测——熊市将持续下去

从本章的分析中，我们不难看出：目前的环境不利于推动形成新的大牛市周期。目前股市估价走高，消极心理还没有达到最强烈的时刻，利率不能下跌，大多数人的绝望和不信任还没有压倒性地占有市场。消除通货膨胀的必要措施——政府支出以及税收还处于一般的水平。我们对于历史趋势的分析明确地指出，这是一个还将在未来数年中持续的熊市（这完全是一个熊市中的反弹）。

第三部分

从通货膨胀中获利的
投资策略

第**5**章 黄金和白银

—— 仍然是一个好的投资机会

在最近的 10 年——21 世纪头 10 年里——投资黄金的效果看来似乎是显而易见的。我们有纳斯达克泡沫、巨大的政府赤字、房地产泡沫、两次世界大战等等。然而 1998 年却并非如此。

在我于 1998 年出版的第一本书《股票市场恐慌!》（*Stock Market Panic!*）中，我花费了大量的心血进行研究，我看好黄金牛市，而大家都讨厌黄金。当时，黄金在投资界被看做是一个有目的的、野蛮的投资行为。金价在 18 年里没有任何起色。然而，在那本书中，我指出了购买黄金的时机已经成熟。由于股票市场正在接近一个重要的长期走势的顶点（在本书出版后的一年多时间里它就到达了顶点）和即将到来的通货膨胀期，我们将会看到黄金价格的一个巨大攀升。当时，金价是在每盎司 300 美元左右盘桓。

在本章中，我阐述了为什么黄金应该是你投资策略的一个主要部分。我会向你展示如何购买黄金，还会告诉你为什么应该投资黄金的姊妹——白银。

为什么是黄金?

许多主流投资者们不理解为什么黄金会是经济不景气时期的投资选择。黄金是有价值的，因为其内在的、科学的构造。黄金是最具可塑性、延展性的金属。据估计 1 盎司黄金可以被压成一片 300 平方英尺的薄层。

在看到了黄金令人难以置信的多功能性之后，你所需要做的就是观看历史频道的系列节目——《人类之后的生活》，其中讨论了各种关于人类结束后会发生什么事情的话题。这个节目表明：在人类离开地球之后的几年中，道路、建筑、桥梁和纪念碑都将开始塌陷。甚至有些东西在几年之内就会分解掉，大多数人造遗迹在一百年内会消失。在其中一集里，这个节目讨论了纽约联邦储备银行地下金条的命运：如果人类离开地球，大多数人造建筑都将会在几百年内消失。然而，保存在美联储地下室中价值 2 000 亿美元的黄金却仍将保持不变。

这个戏剧性的插曲强调了黄金独特的结构以及它为什么是有价值的。你无法像印制一美元纸币那样印制一盎司黄金。没有必要去试图缩小这种可以存在数亿年的资产——这个事实本身就说明了黄金的真正价值。这就是它有价值的原因。

实际上黄金是几乎不可能被摧毁的。

从人类一开始有货币活动时起，人们就使用黄金进行交易。部分原因是由于前面所讨论的黄金延展性。你可以使用小剂量黄金进行大额交易，如石油交易。假设你在 2009 年购买了一辆二手车，你以 11 000 美元买了这辆车，假设你不想用纸币而希望以黄金支付。在 2009 年，10 盎司黄金价值约为 11 000 美元，而它的价值等同于大约 140 桶石油的价值。所以对出售给你汽车的卖方就更容易算出：是给它 10 枚一盎司的金币还是给它 140 桶石油（将近 600 加仑，重近 5 000 磅）？卖方将选取哪种方案？答案很可能是黄金。

这就是为什么黄金已经被作为货币使用了几个世纪的原因。它很罕见、有价值、便于携带和使用。最重要的是，政府不能印制出它的价值。比如，我们仍然使用罗马或希腊的硬币进行交易吗？没有。但是我们仍然使用黄金作为一种交换手段。黄金是终极的交换手段，每当纸币贬值时，投资者总是把黄金看做是他们的安全港。想象一下，如果你在恶性通胀时期住在津巴布韦或南美，如果你有几盎司黄金，黄金还是会买到相同数量的食品和物资。然而，与此同时，你的纸币会什么也买不到。由此可见，黄金是金融世界的稳牌。

例如，图 5—1 就是自美国联邦储备委员会于 1913 年成立以来美元的联邦储备券的美元价值。注意，1913 年的 1 美元现在只能购买到 0.05 美元的商品或者服务。金价在 1913 年是 20 美元，由于我们不停地发行纸钞，它现在的价格已接近 1 200 美元。自 1913 年以来，黄金的价格已经增加了 550%，而美元的价值却下跌了 95%。

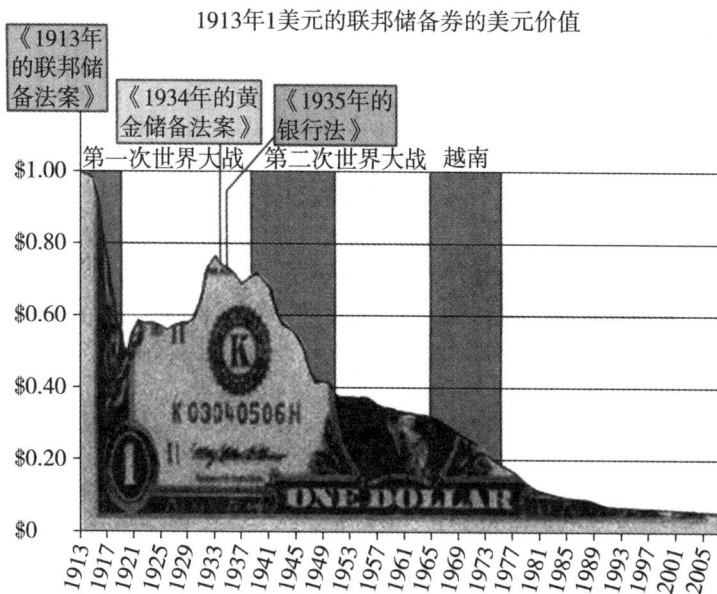

图 5—1 联邦储备委员会是如何控制通胀的

资料来源：美国劳工统计局。

黄金牛市的原因

我不想在本书中去谈论黄金或黄金矿业的历史。我想做的是帮你做个快速回顾，了解为什么黄金是一种防范手段，以及为什么在未来几年里你仍会想拥有黄金。黄金将会在长期内持有其价值，就像股票长期（我们指的是数百年）持有其价值一样。然而，黄金也像其他一切事物一样，呈周期性交易。我仍然认为黄金是处在它的上升周期中，希望你能从中获利。

让我们澄清一个关于黄金的神话。黄金是地球上为数不多的，不是单纯由珠宝业或商业的供需驱动的大宗商品之一。例如，印度由于巨大的珠宝需求，是全球最大的黄金消费国，最近就看到黄金消费的一个巨大下滑。在 2009 年，根据相关网站（bulllionvault. com）的调查，印度当年的黄金需求量下降到 336 吨，这是 18 年来的低位，是由于每盎司黄金超过 1 000 美元的高价造成的。继印度的黄金需求下降了如此多之后，在 2009 年，中国取代印度成为了最大的黄金消费国。20 世纪 80—90 年代，全球经济繁荣，新兴国家开始浮现。全球各地的消费者对黄金的需求都已增加。1982—2000 年之间，一盎司金价被困于 250～550 美元之间的范围。尽管全球需求不断增长，黄金价格一直没有提升。为什么呢？因为在这段时间内，全球经济稳定，并且大部分时间内美元的价格趋于稳定（在90 年代末价格坚挺），所以投资者没有恐惧因素进入黄金市场，尽管消费需求增加，但金价仍未上涨。

此外，由于全球经济疲软，2009 年世界各地的珠宝需求都在下降，不过黄金价格已经上涨起来了。

如果消费者的供求因素不能驱动黄金价格的话，那会是什么原因呢？主要有以下 5 个因素：

1. **货币政策和通货膨胀**。激进的货币政策或者印制过多的纸币会引发通胀并引起黄金价格的上涨。正如第 1 章和第 2 章中讨论的，美国政府正在疯狂地印钱和花钱。

2. **市场周期**。黄金价格同股票市场的交易呈反周期性。在股市熊市期间，如在 20 世纪 70 年代和 30 年代期间，黄金价格稳定而股价却不断下滑。黄金价格也有一个周期——但其价格上扬期正是股价下跌期。由于股价的下跌周期还未结束，金价应该继续走高。

3. **美元下跌**。金价也跟美元价格呈反周期性：当美元下跌时，金价就会上涨。这并非巧合，自 2001 年以来，美元指数已经失去了 33% 的价值，而在同一时间内，黄金已经升值了 300%。如果第 1 章和第 2 章已经让你相信美国政府正在实施不可持续发展的开支政策，美元将继续下跌，美元可能会失去其作为世界储备货币的支撑地位，那么在该期间，金价应该会表现良好。

4. 新兴市场国家央行的购买行为。这个黄金热潮应该发生在当美元失去其作为世界储备货币支撑地位的这段时期里。例如，在 2009 年 11 月，印度央行宣布它从国际货币基金组织购进了 200 吨黄金。人们会认为印度央行这样做的目的是一种分散美元和介入黄金的手段。表 5—1 说明了发达国家黄金储备数量及占外汇储备的百分比。表 5—2 显示了发展中国家黄金储备数量及占外汇储备的百分比。然后我把世界上那些外国黄金储备最大数量居前 50 位的国家找出来，并把它们分列到这两个表格中，即西方发达国家拥有的黄金储备和发展中新兴市场国家拥有的黄金储备数量。

表 5—1　　　　　　　　**发达国家黄金储备数量及占外汇储备的百分比**

国家或地区	黄金储备数量（吨）	占外汇储备的百分比（%）
美国	8 133.5	68.7
德国	3 407.6	64.6
意大利	3 451.8	63.4
法国	2 435.4	64.2
瑞士	1 040.1	28.8
日本	765.2	2.4
荷兰	612.5	51.7
欧洲中央银行	501.4	19.6
葡萄牙	382.5	83.8
英国	310.3	15.2
西班牙	281.6	34.6
奥地利	280.0	52.7
比利时	227.5	31.8
希腊	112.4	71.5
澳大利亚	79.9	6.0
芬兰	49.1	15.1
瑞典	125.7	8.6
总额	21 440.0	36.43

资料来源：国际货币基金组织。

表 5—2	发展中国家黄金储备数量及占外汇储备的百分比	
国家或地区	黄金储备数量（吨）	占外汇储备的百分比（%）
中国	1 054.0	1.5
俄罗斯	607.7	4.7
印度	557.7	6.4
中国台湾	423.6	4.1
委内瑞拉	356.4	35.7
黎巴嫩	286.8	26.5
阿尔及利亚	173.6	3.8
菲律宾	154.7	12.1
利比亚	143.8	4.6
沙特阿拉伯	143.0	10.2
新加坡	127.4	2.3
南非	124.8	10.5
土耳其	116.1	5.2
罗马尼亚	103.7	7.4
波兰	102.9	4.4
泰国	84.0	2.1
科威特	79.0	11.4
埃及	75.6	7.4
哈萨克斯坦	74.5	12.0
印度尼西亚	73.1	3.9
巴基斯坦	65.4	15.8
阿根廷	54.7	3.7
保加利亚	39.9	7.1
西非经济和货币联盟	36.5	9.9
马来群岛	36.4	1.3
秘鲁	34.7	3.6
巴西	33.6	0.5
斯洛伐克	31.8	60.3
玻利维亚	28.3	11.0
白俄罗斯	28.3	23.1
乌克兰	26.9	3.2
厄瓜多尔	26.3	19.1
总额	5 305.2	10.4

资料来源：国际货币基金组织。

世界上外汇储备数量最多的 50 个国家中，有 17 个是西方发达国家，33

个是新兴国家。发达国家的黄金总储量大约是发展中国家黄金总储量的 4 倍。我们从这项研究中可见，西方国家有大约 36.43% 的外汇储备是黄金，而新兴国家只有约 10.4% 的外汇储备是黄金。这意味着如果发展中国家要将它们持有的黄金提升到发达国家的标准，它们将必须增加 3 倍多的黄金储备。此外，由于其中许多发展中国家迅速成长，常识告诉我们它们的外汇储备将迅速增长，这意味着它们将不得不购进更多的黄金。最近由印度中央银行购买的 200 吨黄金就告诉我们它们的胃口所在。发展中国家央行的购买行为是金价将会上扬的另一个原因。

5. **黄金是不稳定时期的一种对冲手段**。相似的事实是投资者在年景好时购买股票，而在年景差时购买黄金。难怪黄金牛市发生的时期是在 19 世纪 70 年代、20 世纪 30 年代、20 世纪 70 年代和 21 世纪初，当时是由于经济疲软，投资者开始担心。应该指出的是：在这些经济不稳定时期，一个长期黄金牛市的投资需求回升常常能弥补投资者在商业上的经济损失。例如，根据黄金矿业服务公司的调查，全球黄金需求从 2000 年的刚刚超过 50 吨增加到了 2009 年预计的 1 500 吨！

现在的问题是：到我写这本书时，黄金价格已接近每盎司 1 000 美元，这还算是一种值得的投资吗？答案是肯定的——黄金就像是股票市场，也有交易周期（就像是长期的股市熊市周期）。在我看来，在本书出版时，黄金正是处于其当前周期的中途。因此，黄金牛市只是进行了一半。然而，因为目前股市正处于长期熊市状态，因此黄金目前是处于一个长期牛市状态。所以如果迄今为止你已经错过了黄金牛市，那么你还有时间继续你的投资。

黄金不是非常便宜，但它仍很便宜

1998 年，黄金是非常便宜的。那时你可将金价与任何事情相比——一套西装、一片面包、一只股票、一张债券等等——所以说它很便宜。它的交易价格接近历史最低点。图 5—2 是经通胀调整后的黄金价格。注意 2000 年经通胀调整后的黄金低价格几乎缩回了 20 世纪 70 年代牛市时所有的收益。黄金价格回到了 1971 年的较低水平。考虑一下你买到的任何东西：玉米淀粉、汉堡和汽车，有任何商品在 1998 年的价格还和 1971 年持一样的水平吗？由此可见黄金是多么廉价。

正如我们在图 5—2 所见，在通货膨胀期间，金价已经有了一个不错的上涨。到 2000 年，金价已经上涨了大约 3 倍。然而请注意：这个图使用的数字是消费者物价指数，正如我们在第 2 章和第 3 章中所讲到的，政府隐瞒了消费者价格指数，这可能意味着黄金调整后的历史高位会更高。

为了方便讨论，我们以黄金收益为例：未来同样比例的黄金，在 70 年代时

美国黄金价格
（由CPI所有项目导致的通胀调节）

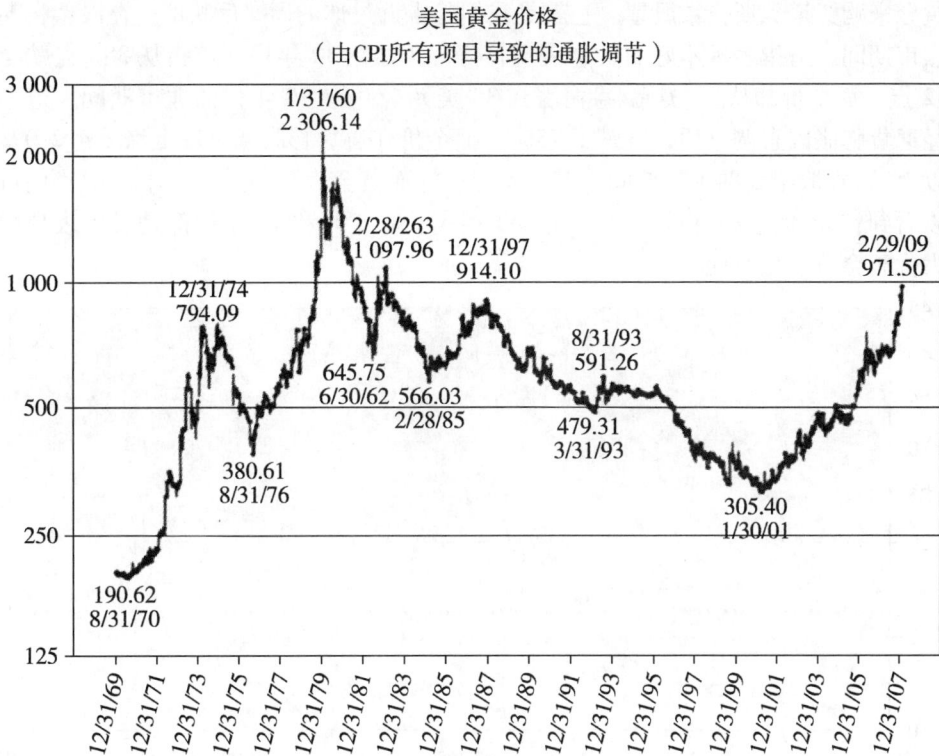

图 5—2　经通胀调整后的黄金价格

资料来源：www. thechartstore. com。

它从每盎司 35 美元增加到每盎司 850 多美元或者约 2 300% 的涨幅。如果你在 2001 年以低于每盎司 250 美元的价格购进黄金，且它有一个类似的增长百分比，你将会得到的黄金价格是接近每盎司 6 000 美元。

我们还要注意在 20 世纪 70 年代，黄金有一个经通胀调整后的 1 000% 多的涨幅（以当今美元结算，从 1970 年的 190 美元到 1980 年的 2 300 多美元）。这意味着经通胀调整后的金价仍可能增幅于目前水平的 3 倍。简单地说就是政府发行多少钱。如果没有通货膨胀（相当不可能），金价可能增长到目前的 3 倍。如果大量的通货膨胀产生，金价就可能涨得更高。

最好的长期金价指示器

我最喜欢的长期金价指示器是道指黄金指示器。我喜欢它是因为它用非常简单的术语告诉你为什么你应该愿意等待黄金市场的沉浮以及如何安然渡过长期趋势，这是教你如何紧随未来趋势、真正赚钱的方法。图 5—3 描述了道指黄金比率。这个比率仅仅把道琼斯指数的价格用一盎司黄金显示，指出需要多少盎司的黄金来购买道琼斯指数股票。它就是我们曾告诉过你的周期反映论。在股票长期熊市期间，道指表现不好而黄金表现良好。（如在30年代，道指从380点跌至42点，而金价却从20美元/盎司涨到35美元/盎司。70年代的熊市期间，道指经通货膨胀因素调整后，下跌了75%，而金价在通货膨胀调整后上涨了1 200%以上。）在股票长期牛市期间，道指表现良好而黄金表现很差。从本图中我们可以看到：20世纪20年代、50年代、60年代、80年代和90年代都是股市表现大大优于金价表现时期。

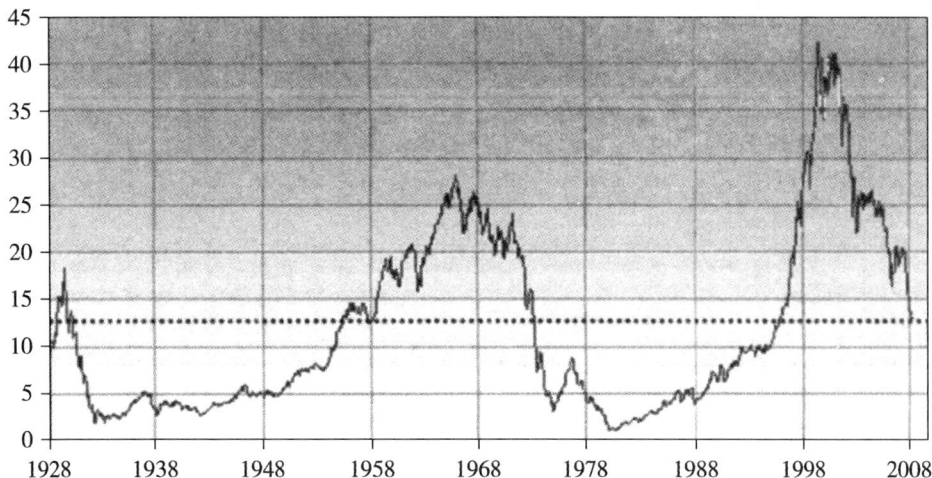

图5—3　道琼斯指数与黄金比率（1978—2008）

资料来源：www.bullionvault.com。

　　20年代末，要花近15盎司的黄金来购买一只道琼斯指数股票，而在60年代末，要花近30盎司的黄金来购买一只道琼斯指数股票。在90年代的牛市期间，事情变得更加失控，在2000年要花近44盎司的黄金来购买一只道琼斯指数股票！一般而言，当人们开始花费超过15～20盎司的黄金去购买一只道琼斯指数股票时，道琼斯指数将会上涨，美国股市高开而黄金将变得便宜。正是这个时间，你可以开始投资黄金，淡出股市。

　　这是一个长期的指示器。你不用马上跳出股市，相反你可以再做几年。如果你已经采用了这类投资方法，在过去的一百年里，你会干得很好——当然假设你的健康情况和客观环境让你活那么久。通过这样操作，你可以在1929年道琼斯指数超过300点时出售股票并且以每盎司20美元的价格购进黄金，你可以一直持有到1932年（那时美国规定私人拥有黄金是非法的），那时金价达到每盎司35美元。然而，如果你把黄金卖给政府的话，你就获得了75%的好处，而那时道琼斯指数下跌超过了89%点。

　　美国人不能在60年代购买黄金。但是，你可以在世界范围内购买。所以假如你在60年代中期购买黄金，那时道指与黄金的比率是15∶1和20∶1，在道指最高点时将近 30：1。你可以以 35 美元的价格购进黄金，然后在道指平均在 700～800 点之间卖出。在你购进这些黄金之后，道指在 1966—1982 年间保持了 550～1 000 点的幅度；当通胀调整时，其价值失去了 74%，而金价在通胀调整后跃升至超过 1 200%！

90 年代末，事情又变得异于寻常。90 年代中期，道指黄金比率开始爬升到 25：1，甚至更高，最终高峰期时达到 44：1。再一次，当该比率在 90 年代中期开始紊乱时，如果你是在 90 年代中期，在 7 000～8 000 点间已经开始售出道琼斯股票，直到 2000 年的 11 000 点，并且同时已经在 250～400 美元间开始积累黄金，你会取得良好的战绩。在 2000—2010 年间，道琼斯指数再次被困于 6 500～14 000 点间，其大部分时间都徘徊在 9 000～12 000 点间；在通胀调整后，它的价值损失了很多，而黄金从每盎司 250 美元攀升到每盎司 1 100 多美元！道指黄金比率又赢了！另一方面，当比率下跌到 2：1，特别是低于 1.5：1 时，你就要开始购买道琼斯股票，并且卖出黄金。

1933 年，道琼斯跌至 48 点，金价是每盎司 35 美元，道指比率约为 1.3：1。金价被冻结，并且一直没有从这个水平上提升，而道琼斯指数则到 1937 年攀升到超过 190 点，到 1955 年攀升到 400 点，到 1966 年升至 1 000 点，在这 35 年间金价没有任何起色。

1980 年，由于通胀爆发，金价也大涨，金价达到每盎司超过 850 美元的高点。那时道指黄金比率下跌到 1.1：1。如果你那时购买了道琼斯指数股票，你就会看到在接下来的 20 年中，道琼斯指数从低于 900 点增加到超过 11 000，而黄金从每盎司 850 美元下跌至每盎司 250 美元。

在长期牛市和黄金与股票市场中，这是一个进行交易时非常好的长期操作方法。

在我写这本书时，道指黄金比率约为 9.5：1，道指的交易额为 10 400 点，黄金价格在 1 100 美元左右。这意味着我们不再拥有 1999—2001 年时非常便宜的金价了。然而，这也意味着我们是处于黄金牛市的中途，黄金与道琼斯指数相比还没有那么昂贵。

我们的底线是：1992 年，道琼斯平均指数在 3 500 点左右，它只是达到了 1982 年牛市开始时最低点 777 点的 4 倍以上。还有大约 8 年左右时间，牛市中还有另一个 3 倍左右的增长。2010 年，黄金交易价格是 1 100 美元，是 2001 年低价时每盎司 250 美元的 4 倍以上。就像是 1992 年的道琼斯指数，我估计金价大约还有 8 年的上涨期，应该至少还有另一个 3 倍增长的牛市。道指黄金比率证实了这一观点。

伟大的买入机会来临

我也有一些好消息。在未来的某个时候会有一次金价大跌时期，这会是一个极好的买入机会。正如我们之前所见，周期都是彼此遵循的。70年代中期，黄金价格有一次巨大的下跌。从1974年12月到1976年9月，黄金价格从195.00美元下跌至103.50美元（如纽约商品交易所每周价格），下跌了46.9%。当时所有的反对者都站出来说："黄金牛市已经结束了。"但是黄金只是建立了一个基础，到1980年激增到了每盎司超过800美元。

在2000—2009年间，金价所有的下跌已经是相当缓和了。它的下跌已经被控制在30%左右，我正期待着金价大幅度下降的再度发生，这将会发生在黄金牛市的最后爆发阶段。我们不可能准确地预测到它会何时发生。我不知道金价是否会在再一次爆发前有个调整，上涨到每盎司1 500美元，然后再下跌到每盎司900美元或者上涨到每盎司2 000美元再降至每盎司1 100美元。但我的确认为我们将会看到这个调整，这将反过来使所有的反对者和黄金熊市苏醒；这种引人注目的下降也将设置一个金价剧增的巨大舞台。

然而，实际上我还有一个最后的警告。如果我们看到道指黄金比率下降到1.5∶1或者更低，它就将不会持续多久。如果我的周期分析是正确的话，我们就会看到股价不会剧跌，而是在一个长期交易范围内起伏，金价和道琼斯指数应该在10 000点左右交集。然而却不会持续很长时间。这时，金价将会变成一个泡沫，就像是2000年的纳斯达克（NASDAQ）或是80年代末的日本股市。仅用了两年多时间，黄金就从1980年的每盎司850美元崩溃到1982年中期的每盎司300美元之下。因此，你必须灵活，不贪婪，不奢望在金价最高点出售；那时，你在心理上将很难出售，因为所有的经济消息都很可怕，失业率将居高不下，通胀迅涨。然而，我们必须坚持由长期周期告诉我们的交易规律。

购买黄金的方法

我们所见的一切都一致表明在未来几年内金价将会走高。那么问题是：如果金价是处于一个长期的牛市，那么我们怎样才能在黄金上赚钱呢？

你可以购买实体黄金。有许多"黄金虫"（看好黄金的人）都喜欢拥有黄金。黄金虫们看到社会正在崩溃，纸币没有任何价值。他们认为金融系统将会崩溃，唯一的交换手段就是黄金和白银。在这种情况下，他们的意见是你需要以金币作为货币。我不会那么极端，我看到了通胀，但我没有看到这类世界末日的场景。

然而，我仍然会把金币和金条看做是投资组合的一个重要组成部分。如果通胀真的失控，手头拥有这些会很有用处。想想那些在阿根廷、玻利维亚或津巴布韦恶性通胀时期拥有金币的人们吧。那些公民仍有能力用金币购买商品和服务，其实用度甚至等同于货币崩溃前的购买力。

从投资角度你还可以购买黄金交易所买卖基金、黄金股票和基金，所有这些都将在本章中讨论。

金币

购买黄金最简单的方法是购买金币。虽然你想买大金额，你可以买金条，但金币很轻巧，可以随身携带，最有意义。

许多政府都铸造和发行金币。这些硬币大多数是 99.9% 的纯黄金。大多数往往是约一盎司大小。这些金币包括南非的富格林金币、美国的金鹰金币、墨西哥的自由金币、英国的不列颠金币、加拿大的枫叶金币，以及中国的熊猫金币等等。

这些金币中，我最喜欢的是南非的富格林金币、加拿大的枫叶金币和英国的不列颠金币。美国金鹰金币本身是一个顶级金币。但是，对于美国金币我更为谨慎，因为 1933 年罗斯福政府规定私人拥有黄金非法。在 1933 年 4 月 5 日，罗斯福签署了第 6102 号行政命令，规定美国公民"禁止囤积金币、金条和黄金凭证"。在 1933 年，大约 500 吨黄金"自愿地"流向了美国财政部，其汇率为每盎司 20.67 美元。然后政府转过来在 1934 年官方加价为每盎司 35 美元卖出。政府的工作极有特色：迫使人们把黄金以每盎司 20.67 美元的价格卖给政府，然后重新估价，仅仅一年后上涨近 75%——希望我的投资也能像那样在一夜之间上涨！我不认为这将会再次发生，但这有点像一堂关于美国人持有黄金的历史课。

这就是为什么我建议远离美国金币，以及美国人在他们国家以外存有一些金币。例如，金币可以储存在英国、瑞士或加拿大的银行保险箱里。如果你是住在美国的外国人，至理名言是：1933 年住在美国的外国人，他们的黄金也被没收了。我不认为这次美国人会被没收黄金，然而，因为他们以前有做过，我们不能够抹杀这种可能性。

你可以从许多金币经销商那里购买金币。如果你有兴趣用这种方法购买黄金的话，本书的最后列出了一些经销商。

黄金交易所基金和封闭式基金

一个封闭式基金就是指在股票市场上交易的基金，而不是一个开放式的基金。该基金持有股票，当你出售基金时，它必须从自身的投资中返还你的资金。一个交易所交易基金（ETF）还持有资产和股票市场的交易。

GLD 是一个黄金交易所基金，持有黄金交易并且在纽约证券交易所交易。其他基金包括加拿大中央基金（CEF NYSE）和黄金信托单位基金（GTU 黄金纽交所），这些基金在纽约证交所交易。加拿大中央基金除了持有黄金之外，还持有白银。因为这些是封闭式基金，它们经常有折扣交易，并且额外费已加到了它们的资产净值（基金持有股票的每股平均价值）中。

这些基金的资产净值（NAV）也是黄金牛市的一个很好的交易方式。当一个封闭式基金的交易高于其资产净值太多或溢价太高时，就标志着市场过热。投资者正在追逐那个基金，并且推动它高于其实际价值。另一方面，当一个封闭式基金的资产净值折价交易比其真正的价值低太多时，它就是一个信号，表明投资者过于悲观，迫使该基金的价值远低于其实际价值。大溢价往往发生在高点期，而大折价则发生在低迷期。

例如，当加拿大中央基金交易溢价15%或者高于其资产净值更多时，黄金投资通常会被认为是一个短到中期投资的顶点。当黄金信托单位交易达到15%或更高的溢价时，通常会发生相同的结果。这发生在2003年早期和2008年中期黄金投资的顶点时期。然而，当交易双方都以最小费用和折扣交易时，就标志着一个黄金价格的低点，这发生在2008年黄金价格的低迷时期。

这个故事的寓意是：如果你选择购买这些基金，不要追逐它们。如果你看到加拿大中央基金或黄金信托单位交易以高于它们资产净值的大溢价进行交易时，要耐心等待一个基金的调整期。

如你所见，有许多方法可以购买黄金，如你可以购买金条或在黄金交易所买卖基金。如果你真的担心金融体系，你可能会想拥有金币，因为它们是终极的对冲。然而，如果你想要一个流通的股票，你可能想要关注那些以黄金交易的交易所基金以及那些在纽约股票交易所交易的基金。

黄金股票

黄金股票是黄金牛市中另一种很好的投资方式。对于黄金价格的上涨潜力，黄金股票实际上可以发挥更多的杠杆作用。

黄金股票比黄金价格拥有更多的杠杆作用。例如，2000年11月，美国运通金银指数（被称为HUI）以42点触底；在本书要出版时，HUI的交易水平约为420点。在过去10年中增长了1 000%！同一时期内，金价上涨仅仅是400%多。当然，黄金股票有更大的下行风险。例如，在2008年的金融恐慌期间，黄金价格下跌了30%，从2008年3月的高点降到了2008年11月的低点。相比之下，同一时期，HUI指数价格下跌超过了70%！

我们必须记住，对于我们将要谈论的黄金股票，尽管它们拥有所有的优点，但它们仍然只能是：股票！当2008年崩盘对冲基金不得不清盘时，人们必须得卖掉他们的黄金股票以及所有的一切。尽管在20世纪30年代期间黄金股票的表现令人惊讶，它们还是在1929年的黑色星期一与市场一起崩溃了。在市场崩盘期间，黄金股票会跟其他一切一起下跌。

黄金股票拥有更多的杠杆作用，其作用主要有两个：（1）利润；（2）储备。它简单的数学作用是：黄金股票的价值是以它们能赚多少钱及其外汇储备的根本价值（或从这些储备的潜在未来产品）来计算的。当黄金价格上涨时，它在提高利润和外汇储备方面增加的速度都比黄金价格增加的速度快。请注意：本书不是在教你金矿的开采方法、判断矿山的类型等等。

请允许我给你举一个简单的例子来看看如何估值矿业公司的工作。假如ABC 公司生产了 100 万盎司的黄金，其生产成本是每盎司 500 美元，并且拥有大约 500 万盎司的储备用于流通。公司另外拥有 500 万的潜在储备，但那些是深埋在土中的黄金；要想把这些潜在储量变成流通经济，需要将其价格定为每盎司700 美元或者更多。与此同时，黄金现在的交易价格是每盎司 501 美元，所以ABC 公司每生产一盎司的黄金就大约赚取 1 美元。在接下来的一年中，金价上涨到每盎司 750 美元。通货膨胀率大约是 10%，ABC 公司的生产成本增加到每盎司 550 美元。现在，在我们的示例中，金价已经上升了大约 50%，从每盎司501 美元到每盎司 750 美元。然而，ABC 公司的利润从每盎司 1 美元增加至每盎司 250 美元——增加了 250 倍！另外，所有未流通的成本为 500 美元的储备黄金现在可以以 750 美元流通。所以现在公司在地下拥有流通价值近 1 000 万的黄金，是黄金价格为每盎司 500 美元时它所拥有价值的双倍。因此，尽管金价仅仅上涨了 50%，但公司的储备黄金和地下的黄金价格都已经增加了 50% 以上。这就是黄金股票的杠杆价值的体现。

黄金储备的类型

黄金股票的各种类型如下：

• **大型股**。这些都是在纽约股票交易所、美国运通或多伦多股票交易所交易的黄金股票。它们是一些在世界各地拥有大量生产基地和几百万盎司黄金产量的公司。

• **中型股**。这些都是规模较小的黄金股，有一两个生产基地，黄金产量较少。大多数这类公司倾向于在美国运通、多伦多证券交易所和加拿大创业板市场交易。美国运通是在美国交易，其他两个是在加拿大交易。

• **初级金矿股票**。这都是些小型的勘探公司，只是寻找黄金。它们极不稳定，通常依赖其自身能力筹备资金，寻找黄金。这些公司通常没有收入。大多数这类公司是在加拿大多伦多证券交易所创业板交易。

大型股

这类股票是大多数投资者都应投资的股票。大型股是流动的，在世界范围内呈多元化。大型黄金股票包括的公司如加拿大安哥尼克鹰矿业（Agnico Eagle）、纽蒙特矿业（Newmont Mining）、巴里克黄金（Barrick Gold）、雅玛那语黄金（Yamana Gold）、埃尔拉多黄金（Eldorado Gold）等公司。这些公司的优势是流动性强，很容易交易，它们中的大多数都在纽约股票交易所交易。在大多数情况下，这类股票自 2000 年黄金牛市开始后，其表现已经超过了黄金的价格。下面的公司以及它们的股票代码和加权指数被列在美国证交所黄金板块指数（HUI）上：

- Barrick Gold ABX 15.66%。
- Goldcorp Inc GG 14.92%。
- Newmont Mining NEM 10.11%。
- Comp de Minas Buenaventura Ads BVN 5.16%。
- Hecla Mining HL 5.15%。
- Coeur d'Alene Mines CDE 5.00%。
- Gold Fields Ltd Adr GFI 5.00%。
- Agnico Eagle Mines AEM 4.98%。
- Kinross Gold KGC 4.93%。
- Yamana Gold AUY 4.92%。
- Harmony Gold Mining Adr HMY 4.92%。
- Randgold Resources Ads GOLD 4.90%。
- Eldorado Gold Corp EGO 4.87%。
- Anglogold Ashanti Ltd Ads AU 4.76%。
- Iamgoldcorp I AG 4.72%。

这些公司的盈利潜力是巨大的。我们前面提到：自 2000 年黄金牛市开始，HUI 指数上涨了约 1 000%。有些人可能认为牛市结束了，开始考虑这些股票的收益。然而，如果说 1962—1980 年的黄金股票牛市有任何指示的话，那可能只是刚刚开始。图 5—4 是 1938—2008 年《巴伦周刊》黄金股票价格指数。

在 20 世纪 60—70 年代，《巴伦周刊》黄金股票指数是衡量黄金股票的标准。它在 1962 年开始了长达 18 年的牛市，直到 1980 年结束。（一个多么大的惊喜——另一个 18 年的周期！）1962 年，《巴伦周刊》黄金股票指数在牛市开始时是 30 点左右，然后飙升到 1980 年的 1 200 点，上涨了 4 000%！这告诉我们：如果在本次黄金牛市中看到 HUI 类似的增加，它可能会增加到大约 1 700 点的水平，这代表着在当前水平的基础上还有一个近 400% 的收益！未来这些收益甚至可能会更大。

皇室黄金公司——我最喜欢的类型。 对于黄金公司，我最喜欢的类型是皇室黄金公司。这类公司是通过对另一个公司进行投资或者直接在矿业上投资，从那个矿业或者公司或者直接的公司股票中收益，获取一定比例的收入或利润。

BGMI 指数——周报价

世界黄金图表@www.sharelynx.com

图 5—4　《巴伦周刊》黄金股票价格指数（1938—2008）

资料来源：www. sharelynx. net。

　　采矿是一个肮脏的行业。工人不只是要钻探到数百英尺的地下挖坑，还必须处理政治问题以及各种各样的自然灾难，这意味着要处理许可证、执照、岩石塌陷、洪水、工会，以及令人反感的政客们！皇室公司的优势是它不需要处理此类事务，只需发现保质项目或公司即可。最著名的皇室公司是佛朗哥·内华达公司（Franco Nevada），成立于 1983 年，由著名投资者皮埃尔·拉森德和佛朗哥·内华达创建，被纽蒙特矿业公司接管。1983 年在佛朗哥·内华达公司 1 万美元的投资在今天将等值于纽蒙特矿业公司当前价格的 150 万美元还多。目前的皇室黄金公司包括一个新的再生佛朗哥·内华达公司、皇家黄金公司和阿伯丁国际有限公司。

　　黄金股票交易规则　我觉得本书不同的是：我不打算只是告诉你美国经济正在崩溃，你应该购买黄金和黄金股票，然后说你保证会赚钱。我打算告诉你一些窍门，告诉你如何在黄金牛市中交易，如何找到那些会跑赢大盘的公司。你必须记住：所有的黄金股票都不是被平等创造出来的！

　　规则一：寻找那些不对冲的公司。对冲是一种很常见的方法，用于大宗商品市场以便限制（对冲）风险。你所做的只是以固定价格在你的商品生产出来之前提前卖掉它。这种方式可以减轻价格巨大上下浮动的风险，因而可以应用于大宗商品市场以此来控制风险。例如，假设你将在特定的日期出售 100 000 盎司的黄金，价格为每盎司 500 美元。这意味着不管那天的黄金交易价格是 300 美元还是 700 美元，你都只卖 500 美元。

如果这个方法是作为一种手段来确保一定比例的产品，如 10% ~ 20% 的商品，免受极端波动的大宗商品市场影响的话，这个方法很好。在 90 年代出现的问题是许多公司把对冲当成一种保持公司活力的方式。许多公司都对冲它们 50% 或 60% 的产品。我们必须记住破产的目的之一就是消除低效益的公司。然而，当金价下跌到 300 美元以下时，许多公司都提前以 350 美元/盎司或者 400 美元/盎司的价格来出售它们大部分的产品，这就导致低收益的矿业应该被关闭，或停止生产；这些矿业最终增加了市场上的供应，继续导致黄金市场的低迷。对冲应该是一种限制风险的手段，而不是被公司当做是一种保持自己生存活力的方式。

然而，在 21 世纪初黄金价格飙升时，形势逆转。突然间，对冲的公司发现自己处在可怕的情况之下。它们提前以每盎司 350 美元、400 美元、500 美元的价格卖掉黄金，而黄金价格开始飙升至每盎司 600 美元、700 美元、800 美元，甚至更高；这些公司被困在它们提前出售的较低的价格上。这些黄金公司不会从金价上涨中获利——多么具有讽刺意味啊！

这一政策是以数字形式出现的。早期我们提到：自 2000 年触底以来，美国运通黄金指数（HUI）已经跃升近 1 000%。这个指数对于那些不对冲的公司已有了更重的加权。另一个主要黄金指数——费城金银指数（XAU）——对其上市对冲的公司也有一个更重的加权：自 2000 年以来，它仅仅上涨了约 400%！

好消息是：大多数黄金公司现在已经关闭了它们几乎所有的对冲。巴里克黄金和英美资源集团——这两个世界上最大的套期保值者，在 2009 年宣布关闭了其几乎所有的对冲。

然而，我相信对冲并不会消失。当研究一个黄金公司时，你必须做的第一件事就是看其对冲的数量。如果太大，赶紧走开！你想要投资的黄金公司是那些可以真正从金价上涨中获利的公司。

规则二：寻找那些正在增加黄金生产和储备的公司。最近几年，像巴里克黄金和纽蒙特矿业公司这样的大型公司已经出现的一个严峻问题是：它们无法填补其储备中因生产和消耗而减少的黄金数量。记住：黄金公司的价值也按其储备数量或其地下的未来产量来评估。因此，如果金价上涨，而一个公司不能增加其黄金储备，其股票将表现不佳。当你研究一个黄金公司时，你不应只看其最近的季度收益。你必须研究它，看看这个公司是否拥有在产矿山，是否它正在增加其储备产量。如果你看到了黄金价格上涨，公司储备增加，产量增加，那么这就是"黄金三连胜"！

规则三：注意：黄金股票是起伏动荡的！如果你是一个投资者，已经针对股指或股票市场进行了一段时间的交易，你会惊讶于黄金股票的波动性。历史告诉你，在股票市场上，每一两年，你就会看到一个大约 10% 的调整；每 6 年左右，你就看到一个 20% 的熊市。让我给你一个简单的例子来说明其他的黄金股票是如何不同于一般的股票市场。在我的时事通讯——《黄金股票顾问》中，我对从 2006 年年底到 2009 年年底 HUI 指数的波动性进行了一个小小的研究。出于研究目的，我返回去看看在那段时间里，HUI 指数有多少个 10% 和 20% 的调整。研究结果非常有趣。

从 2006 年 12 月至 2010 年 1 月，HUI 指数有 14 次下跌，跌幅达 10% 或者更多；其中有 8 次下跌为 20% 或者更多。这意味着大约每隔 2.6 个月就有 10% 的跌幅发生，每隔 4.5 个月就有 20% 的跌幅发生。因此，大约每隔 6 年股票市场就会发生一些变化，而在黄金股中每年要发生 2～3 倍的变化！此外，如果你再看看图 5—3，你会发现，在 1962—1980 年的黄金股票牛市时期，《巴伦周刊》黄金指数已经下跌 50% 或更多，尽管在这段时间里，它已经攀升至 4 000% 以上。我们必须记住：在道琼斯工业平均指数的 110 年历史中，它只有两次下跌至 50% 或更多（1929—1932 年和 2007—2009 年）。因此，股票市场花费 110 年完成的事，在黄金股票中只需 18 年就发生了，那就是黄金股票的一个大牛市期间！

从 2000 至 2009 年，HUI 指数已见过 5 次下跌，跌幅达 30% 或更多，在 2008 年有一次巨幅下跌，跌至 70% 以上。地球上再没有证券会像黄金股那样不稳定。

规则四：核心和交易策略——强点卖出，弱点买进，不要追盘！ 所以我们可以看到黄金和黄金股票的长期趋势应该是上涨的。这就是为什么我建议投资者采取两种类型的策略：一个核心策略和一个交易策略。尽管金价有波动性，但是运用一些策略，你应该能够度过这个波动性。由于金价的长期趋势是上涨，你应该愿意分出一定数量的资金去购买黄金或黄金股票，并且耐心等待波动结束。

然而，你也应该把少量资金投入到黄金股交易中以便利用这种波动性，但是你必须要有原则：绝不追盘黄金股票，绝不恐慌，绝不进行疲软销售。正确的做法是在反弹时卖出，并且静静地等待回调。如果你看到其中一个 10% 的回调，则购进一些黄金股。如果你看到一个 20% 的回调，再多买一点。如果你足够幸运看到黄金股的另一个崩盘，就像 2008 年那样，则保持一颗警惕之心，这样你就可以在非常便宜时购进。

使用这种两手抓的方法，你应该能够利用黄金股票的持续牛市。理想情况下，你会拥有以下两个方面：

1. 一个长期策略，这样你就不会错过长期趋势。

2. 一个交易策略，这样你就可以利用黄金价格的波动性。

规则五：要知道黄金股票与黄金相比，在上涨和下跌方面都移动的更快！ 黄金股票，正如我们在本章前面所述，在上涨和下跌方面都比黄金移动的更快。在进行黄金交易时，你可以利用这个波动赚钱。

在这么多年中，黄金股票的交易已与黄金的价格直接相关。在衡量这种相关性时，我们使用 HUI 黄金和 XAU 黄金比率。计算这些非常简单：你只需要得到价格指数，然后用黄金价格除以它们，就会得到一个比率或百分比。例如，如果 HUI 交易指数是 400 点，黄金价格是每盎司 1 000 美元，那么这个比率就是 40%。

当黄金股票与金价比率上涨太快时，这就是一个信号，说明黄金市场出现泡沫。当股票市场攀顶时，人们心理变得太乐观，期望太多，他们会进行高风险投资。所以，当黄金股票与金价比率上涨太快时，这也是一个过度投机信号。当黄金股票价格过高于金价时，通常就会开始一个调整，相似的情形也发生在底部。黄金股票出售得更快，当它们与金价相比下降过快时你通常可以抄底，买到黄金和黄金股票。

图 5—5 和图 5—6 分别显示了 HUI 和 XAU 与黄金比率。在历史上，每当 XAU 黄金比例高于 26%，HUI 比率高于 55% 时，就意味着黄金股票价格高于黄金价格；因而，黄金和黄金股票应该调整。例如，如果金价是 1 000 美元/盎司，XAU 指数是 260 点，HUI 指数是 550 点，那就意味着黄金股价过高，需要调整。这在 2002 年、2003 年和 2006 年金价和黄金股票在高点调整之前都发生过，那时黄金股在接下来的几个月里从高点下跌了 35% 或者更多。

HUI黄金指数(黄金虫指数——AMEX/黄金——连续交易指数(ECO))INDX/INDX
2010年1月6日   开盘价0.39 最高价0.41 最低价0.39 收盘价0.40 涨幅+0.00(+0.64%)▲

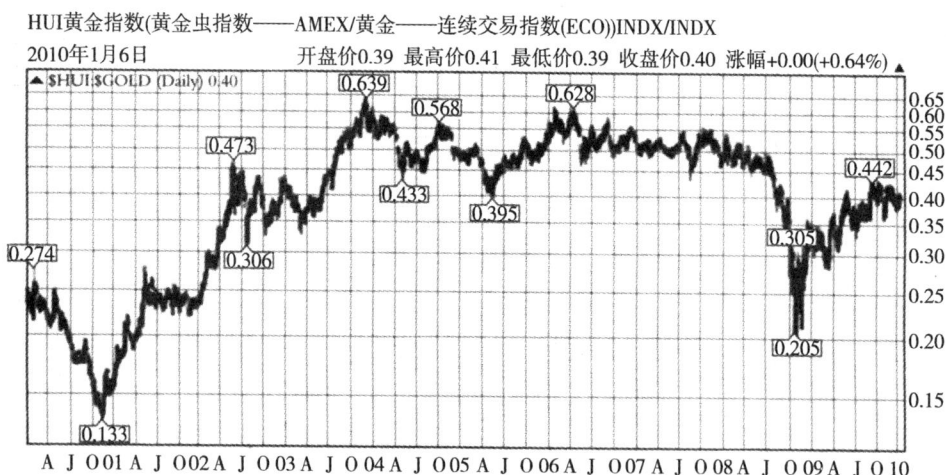

图 5—5　HUI 与黄金比率

资料来源：Courtesy of StockCharts. com（http://stockcharts.com）。

我们还可以看到 XAU 黄金比率低于黄金底价的 19% 以及 HUI 黄金比率低于黄金底价的 45% 时发生的状况。这发生在 2004 年春、2005 年春、2007 年 8 月，以及 2008 年秋，那时黄金股价探底，在此之后，黄金股市反弹了 100% 甚至更高。

XAU黄金指数(黄金和白银指数——费城/黄金——连续交易指数(ECO))INDX/INDX
2010年8月10日　　　　　　　　　　　　　开盘价0.14 最高价0.15 最低价0.14 收盘价0.15 涨幅-0.00(-0.34%) ▼

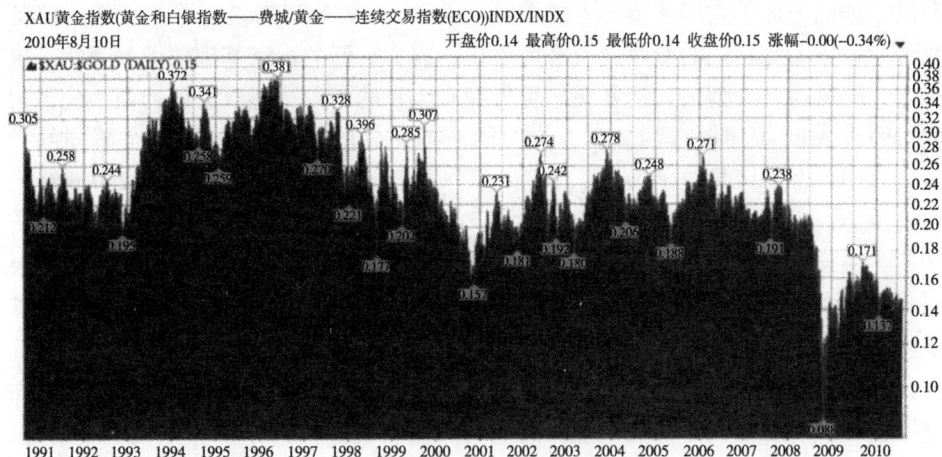

图5—6　XAU 与黄金比率

2008 年的崩盘导致了黄金股的极端低价。XAU 和 HUI 黄金比率分别达到了底价的9% 和20. 5%。对于 XAU 来说，9%的数据是一个历史低点（与先前2000年金价探底时的历史纪录相比低了 15. 6%，差了一大截），这意味着与黄金相比，大宗黄金股票从未这么便宜。对于 HUI 来说，20. 5%的这个数字代表了自2001 年年初以来的最低比率，那时 HUI 数值低于 70 点！正如人们所预计的那样，这标志着黄金股票的一个巨大探底，一年之内，黄金股票将会在这些极其低廉的价格上增加大约 3 倍。

好消息是：当本书在 2010 年将要出版时，黄金股价仍很便宜。XAU 黄金比率大约是 16%，HUI 黄金比率约为 40%。这使得这两种比率都处于廉价的范围之内。因此，这些比率目前正告诉我们，与黄金价格相比，对于投资者来说，黄金股票仍旧是不太昂贵的投资。

以上是大型企业的贸易规则，它们都是一些大型公司，拥有大规模黄金储量和产量，当然也有些较小的黄金公司可供投资者投资。

中型股

中型股是针对已经开发的中间层公司，通常是拥有一个大型的正在生产的产业或是一个即将投产的产业。这些公司对于金价拥有更大的影响力，但它们也有更多的风险。

前面我们讨论了地下储备如何会影响公司的估价。这是中间层公司拥有更多利益点的一个最主要的原因。假设 ABC 公司是一家大型公司，而 XYZ 公司是一个中型公司。ABC 公司大约有 2 000 万盎司的地下黄金储备，XYZ 公司拥有 200万盎司的地下黄金储备。假设两者都发现了 200 多万盎司的金矿。对 ABC 公司来说，这就增加了它们黄金储备的 10%，而对 XYZ 公司来说，那使它们的储备翻了一番！因此它们的股票会上涨得更快，因为它们的起点基础较低。当然，也有更大的风险，大型公司通常在全世界拥有大量的资源。还以上面的两个公司为例，假设 ABC 公司拥有的 200 万盎司的产业，分散在世界各地 10 个不同的矿区，其中一个矿区是位于 D 国。而 XYZ 公司拥有一个产业，可生产 200 000 盎司的黄金，而这个唯一的产业也是位于 D 国。可以说，两家公司都在 D 国拥有产业。假设 D 国两家公司的矿区都有一个矿工罢工，产业必须得关闭；ABC 公司只是失去了 10% 的产量，而 XYZ 公司则失去了它全部的产量和现金流。这就是中型公司的缺点：它们有非常特定的国家性和财产敏感度。

然而，好处也是巨大的。埃尔拉多黄金（EGO 纽交所）就是这样一个例子，这个公司拥有和开发了几处产业。在它对几处产业进行开采后，随之而来的是，它的股价上升了 40 多倍（与 2001 年的底价相比）。

初级金矿股票

初级金矿股票是指那些非常小的矿业公司，通常有非常小的市值，它们的资产通常低于 5 000 万美元，有时低于 1 000 万美元。这些公司主要勘探矿产以便建立资源，它们希望能够找到一个经济型的矿山，然而这并不像听起来那么简单。因为在每 1 000 个矿区中只有 1 个是经济型的，这些公司拥有巨大的潜力。如果某一公司发现了经济型矿业，然后建立起了一个巨大的资源，它的价值就可能上百倍甚至是上千倍地增长。对于许多这样的公司，它们的终极目标是被一个较大的生产公司收购。投资者只应该在这类股票上进行投机，投点"小钱"玩玩。

白银——"穷人的黄金"

与黄金相比，白银是初级贵重金属。如果黄金是一种货币，黄金可比作是美元而白银则是美分。有趣的是，尽管黄金已经突破了 1980 年的高位，白银却仍低于其 1980 年高点的 60%。然而，我们应该注意到：1980 年白银高达 50 美元的高点是一个人为高点，是由于亨特兄弟试图垄断白银价格造成的。

银价波动比金价波动更剧烈。自 2000 年白银牛市开始后，银价上涨在百分比上有点超过金价，但是它的价格起伏波动甚至比金价更不稳定。

我喜欢白银仅仅是因为其价格——每盎司 17 美元，白银的价格很便宜。这里我不是指其估值便宜，而是指其名义价格本身便宜。当黄金牛市成熟后，更多的散户投资者会被吸引到黄金上来，许多散户投资者将会发现金价是 1 500 美元/盎司或者骇人的 2 000 美元/盎司，他们会发现黄金过于昂贵。然而，他们会看到银价是 20 美元或 25 美元左右，作为一种投资于贵金属牛市的经济实惠方式，他们会被吸引。这就是为什么在牛市进入尾期时，银价会上涨，这是由于大众推动造成的。从百分比的收益来说，投资白银可能比投资黄金有更多的好处。

白银也拥有大型企业、中型企业和初级勘探领域的股票。然而，它们在数量上很少。应该指出的是，大多数白银都是黄金的副产品。大多数全球大型的白银生产商都是大型黄金公司，它们在生产黄金之外也生产白银。然而，也有一些公司专门生产白银，它们在当前的银价中扮演着相当重要的角色。这些公司包括泛美白银公司、白银标准公司和惠顿白银公司。

贵重金属市场将会繁荣

黄金和黄金股票，以及白银都处于一个长期牛市，在未来几年里应该继续走高。继 2008 年的股市崩盘之后，黄金股价依旧很低，与黄金相比，在它们恢复到正常的历史估值时会比黄金更有作为。白银是"穷人的黄金"，在黄金牛市进入尾期时的表现应该会优于黄金，因为零售市场会渐渐倾向于白银。黄金和白银与股票市场交易相反，因此当股市继续在其主要交易区间低迷徘徊时，黄金和白银市场将会繁荣。

在接下来的一章中，你将会读到为什么在通货膨胀时期我也喜欢投资其他的商品。由于黄金已经增加了一个货币金属的功能，因此在接下来的几年中，黄金仍然是我最喜欢的投资，而其他商品则在商品牛市周期中为我们提供了次级的持续投资方式。

第 **6** 章　大宗商品

——货币通胀和需求将等同于商品繁荣

我的基本观点是：在接下来通胀周期延续的 10 年中，要保护或增长你所拥有财富的两个主要商品是黄金和白银。部分原因（在第 5 章中已列举）是因为它们既是货币商品，也是美元贬值的对冲和世界各地的法定货币。然而，大宗商品交易是以吉姆·丹尼斯所谓的"狼群"模式进行交易。这就意味着，通常状况下，当商品价格上涨时，它们的价格也会上涨。

在黄金和白银已拥有 1980—2000 年长达 20 年的熊市时，其他商品如石油、天然气、铀、镍、铜等等亦是如此，就不是巧合了。令人毫不奇怪的是：标准类股亦是如此（如不相关的行业，就像技术股和银行股，在 1982—2000 年股市长期牛市中就表现得很强劲）。即使它们不直接相关，相类似方面的资产类别也一起交易。

许多人曾说过在 20 世纪 80 年代或 90 年代时，由于商品价格处于一个大熊市，所以没有"通胀"。同时，股票价格飙升。但这完全不是事实。正如我们已经提到的，在这个繁荣中，资产类贸易从价值过低转到价值过高。一旦它们价值过高，市场焦点便会转移到其他类别上，然后就开始它们的牛市。在周期历史上有一些重大的转折点。20 世纪 80 年代初就有这样一个转折点，是从大宗商品牛市转到了股市牛市。关于在 80 年代和 90 年代"没有通胀"的观点是错误的。如前所述，它是资产通胀。然而，随着互联网和房地产泡沫的到来，我们看到了另一个转变——一个从金融资产市场向大宗商品市场的转变。由于政府在未来几年中会印制更多的钞票，这些资金将会流入到大宗商品市场，大宗商品市场将会繁荣。这一章将会告诉你如何从这场繁荣中获利。

参与大宗商品趋势最简单的方式——拥有所有大宗商品

参与大宗商品牛市最简单的方式就是通过商品指数或基金来拥有所有的大宗商品。在大宗商品牛市中会出现新的契机（将在稍后讨论），彼时石油价格将会高于金价，或者小麦价格将会高于石油价格，或者铜价将会高于小麦价格。建立多样化的渠道和减少风险的方式就是拥有所有大宗商品。

这种方法就是拥有各种商品指数以及 ETF 指数，追踪一篮子商品的价格。

其中最受欢迎的是 CRB 指数或商品研究板指数，它是由 20 种商品股组成的。高盛也有自己的商品指数，如道琼斯拥有自己的道琼斯 AIG 商品指数一样。有一个警示：我发现许多这些指数所共有的一个问题就是：它们都偏重于能源相关的商品。例如，高盛商品指数有 78.65% 的能源权重，6.12% 的金属权重，黄金权重只占总指数的 1.58%。

我确实很喜欢的主要指标之一是 CRB CCI 指数：其中有 17.6% 的能源权重，17.6% 的谷物权重，11.8% 的工业产品（如铜）权重，11.8% 的肉类权重，23.5% 软商品（如咖啡、可可和糖等）权重，以及 17.6% 的黄金、白银等贵重金属的权重。图 6—1 是过去 20 年的 CCI 指数。

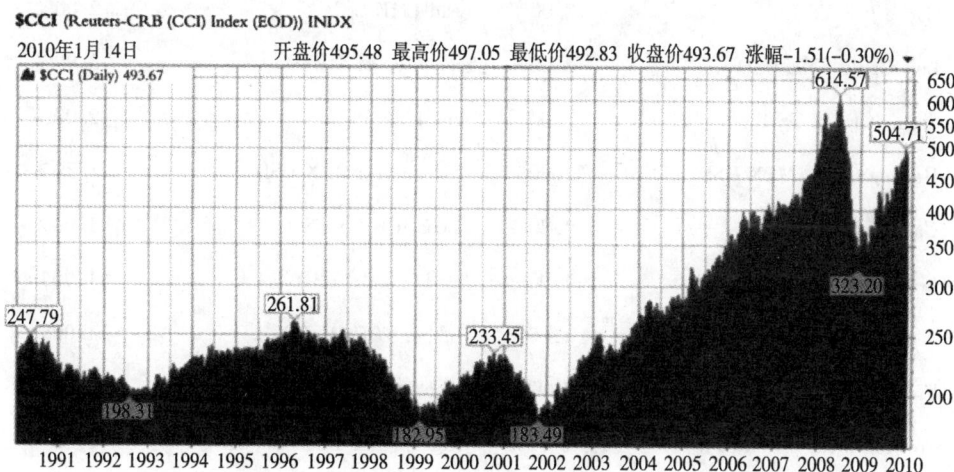

\$CCI (Reuters-CRB (CCI) Index (EOD)) INDX

2010年1月14日　　　开盘价495.48　最高价497.05　最低价492.83　收盘价493.67　涨幅−1.51(−0.30%) ▼

图 6—1　AU CRB CCI 商品指数（1991—2010）

资料来源：由 StockCharts. com 提供（http：//stockcharts. com）。

然而，CRB CCI 指数仍然不是最好的商品多样化指数。在我看来，最多元化和最好的商品指数，是 RICI 指数或吉姆·罗杰斯商品指数。表 6—1 显示了该商品指数的构成以及每种商品的权重。

需要注意的是，该指数有 35 种商品。因此，它很多元化，涵盖了整个大宗商品范围，也同大多数商品指数一样好甚至更好。RJI 指数股实际上在纽约证券交易所上市，所以你可以购买和交易该指数。罗杰斯指数也有 ETFs（Exchange-Trade Funds，称为部分封闭开放式基金或者部分开放式封闭基金），主要跟踪基础金属和农产品，我们将在本章的后面讨论。

购买交易型开放式基金或大宗商品基金需要持有很长时期。你也可以购买大宗商品类股基金。但是，如果你想要交易个别大宗商品，你就不能只是购买和持有它们，你必须要有头脑并且能灵活地进行销售和交易。在下面的章节中我们将讨论一些个别商品的某些这样的战略和前景。

表6—1		罗杰斯商品指数构成	
Crude Oil NYMEX USD	21.00%	Brent ICEIEU USD	14.00%
Wheat CBOT USD	7.00%	Corn CBOT USD	4.75%
Cotton ICE US USD	4.20%	Aluminum LME2 USD	4.00%
Copper LME USD	4.00%	Soybean Oil CBOT USD	3.35%
Gold COMEX USD	3.00%	Natural Gas NYMEXUSD	3.00%
RBOG Gasoline NYMEX USD	3.00%	Soybean Oil CBOT USD	2.17%
Coffee ICE US USD	2.00%	Lead LME USD	2.00%
Live Cattle CME USD	2.00%	Silver COMEX USD	2.00%
Sugar ICE US USD	2.00%	Zine LME USD	2.00%
Heating Oil NYMEX USD	1.80%	Platinum NYMEX USD	1.80%
Gas Oil ICE EU USD	1.20%	Cocoa ICE US USD	1.00%
Lean Hogs CME USD	1.00%	Lumber CME USD	1.00%
Nickel LME USD	1.00%	Rubber TOCOM JPY	1.00%
Tin LME USD	1.00%	Canola ICE CA CAD	0.77%
Soybean Meal CBOT USD	0.75%	Orange Juice ICE US USD	0.66%
Oats CBOT USD	0.50%	Rice CBOT USD	0.50%
Palladium NYMEX USD	0.30%	Azuki Beans TGE JPY	0.15%
Greasy Wool SFE AUS	0.10%		

没人谈论的商品趋势

金价和油价都远远高于其 1999 年的价格。然而，它们在不同时期以不同速率上升。在 1999—2001 年，金价大部分时间都位于 250 ~ 350 美元之间，油价从每桶低于 15 美元提升到每桶 40 美元以上。在 21 世纪头十年的大部分时间里，油价也超过了金价，到后来油价最高突破每桶 147 美元。到本书在 2010 年出版时，油价还是低于其最高价的 40%，而金价以每盎司 1 000 美元的高价突破了其顶点价格并且在近历史高点继续交易。

不同商品将在不同时期表现优异。例如，在 20 世纪 70 年代大宗商品繁荣时期，糖果实际上在 1974 年创纪录高点，而其余的商品则继续走高直到 1980 年。

到本书出版时，许多金属如黄金和白银正在或接近新高点附近交易，因而能源类商品如天然气、石油等可能需要几年时间才能达到新的高点。

然而，2008 年金融危机时许多商品也大卖。遭受打击最大的是那些以前按百分比计算，经历过一些从低点增长幅度最大的商品。在商品牛市中将会有不断循环的商品，一些商品会优于其他商品。本章不仅仅告诉你商品价格为什么会上涨，而且还会告诉你怎样利用几乎没有人谈论的趋势赚取利润。

在宏观商品牛市中，供应与需求关系将继续发挥重要作用。但是，我仍然认为因美元贬值和大量资金印刷而出现的货币通胀，将会是未来几年中商品价格高昂的主要原因。我们必须牢记在 20 世纪 80 年代的大多数时间以及 90 年代很多时间里，全球经济经历了一次巨大的增长，然而在美元依然强劲时，大宗商品价格却没有上涨。

从历史上看，大宗商品贸易与美元价值相反。当美元失去其全球储备货币的地位，并且在接下来的几年中贬值时，大宗商品是一种极好的投资方式来应对这种贬值。同时我们也可以看到大宗商品主要生产国的货币对美元的坚挺。

未来几年的大宗商品

简要概述一下众多的大宗商品，现在将讨论的是它们较长时期的看涨参数，以及如何从这些趋势中交易和获利。

在这一领域即将到来的牛市中有许多不同的商品可以获利，同时也有许多方式可以对这些商品投资。我们将着眼于那些你应该考虑的投资以及如何投资的商品，你可以通过交易所买卖基金、期货，或是购买商品本身。我们将要讨论的商品是：

- 石油。
- 天然气。
- 工业产品。
- 农产品。
- 替代能源。
- 其他金属。

石油

石油和天然气是世界上两个最热门的商品。每个人都至少需要这两种燃料之一去驱动汽车、给房屋供暖等等。因为亚洲经济持续增长，随着每一天来自亚洲需求的增加，未来的燃料供应问题业已浮现。尽管有些短期回落（如发生在 1998 年），但是大部分石油的新需求都将是在亚洲继续增长和消耗。

据估计，2010 年美国日耗油量刚刚超过 2 100 万桶，到 2040 年将增加到约 2 700 万桶，同比增长不到 30%。然而，据估计 2010 年中国日耗油量是 1 000 万桶，到2040年将增加到2 500万桶，同比增长150%，几乎相当于美国日耗油量的需求。目前，全世界每天消耗约8 700万桶石油。美国能源情报署估计，到2040年，全球日耗油量将增加至12 500万桶。大多数的需求增长都将来自美国以外地区。

在全球每天8 700万桶的耗油量中，美国的日耗油量约为2 100万桶。美国目前耗油量约占全球耗油量的23%，人口仅占全球人口的5%。而中国拥有占近18%的全球人口，目前的耗油量只占全球耗油量的11%。随着中国经济继续赶超美国，这些数字将变得更加成正比。

据估计，非经济合作与发展组织现在的耗油量与经济合作与发展组织的耗油量相同，并会历史上首次在短期内超过它们。

此外，2009年，新兴国家出现了更高的汽车销量，其汽车总销量有史以来首次超过了发达经济体国家。由于第三世界的需求起点很低，它们对汽车的需求将在一段时间内持续增长。

例如在美国，每年人均消费石油约27桶。在韩国和日本，人均耗油量约是17桶。在中国和印度，人均耗油量分别约是1.8桶和0.8桶。试想一下：如果中国和印度的人均消耗量只达到美国人均消耗量的20%时，将会发生什么状况。

中国和印度的石油需求将分别人均增加300%和400%。请记住，这将是25亿人以平均每天约4桶或每年约100亿桶增加其石油消费量！

这种日益增长的需求与石油峰值理论相合。石油峰值理论是：石油的发现在60年代中期达到高峰，随着时间的推移将持续下降。据石油和天然气顶峰协会资料显示：20世纪60年代有超过4 500亿桶石油，而不是2000年的约1 000亿桶。这个数字据估计到21世纪时会下降到仅仅超过600亿桶。还有一些专家估计，到2030年全球石油供应可能会下降到每年刚刚超过650亿桶，而需求可能会是总数的两倍。

我个人的观点是新生石油生产量被过低估计。技术和钻探方法的提升将会提取焦油砂中（如阿尔伯塔省的油砂）的石油。同时，能够深入海底以下的钻探能力的提升将会促进更多的石油发现，这些以前都被认为是不合算的。BP漏油事件将在美国的许多地方停止原油钻探工作。然而，在其他国家有更严格的监管，钻探工作进展正常。但是，这些提取物将会很昂贵。例如，在阿尔伯塔焦油砂（阿尔伯塔焦油砂的石油产量是世界上增长最快的领域之一）提取一桶油的成本估计为每桶70美元以上。在世界各地寻找一个新油矿的成本为每桶平均70美元。

随着更多的核电站联机和天然气的广泛使用，以及一些替代能源如太阳能和风能的应用，世界将会摆脱石油危机。不过，石油将仍然是未来10～15年期间世界上能源生产和消费的主要来源。

表6—2显示了在世界上石油储备量居首的21个国家，以及它们的石油储备

量及其占世界总量的百分比。

表 6—2　　　　　　　　　　　　石油储备量居首国

国家（或地区）	石油储备量（桶）	占总量比例（％）
沙特阿拉伯	266 800 000 000	19.66
加拿大	178 600 000 000	13.16
伊朗	140 000 000 000	10.20
伊拉克	115 000 000 000	8.47
科威特	104 000 000 000	7.66
阿拉伯联合酋长国	97 800 000 000	7.21
委内瑞拉	87 040 000 000	6.41
俄罗斯	79 000 000 000	4.45
利比亚	41 460 000 000	3.05
尼日利亚	36 220 000 000	2.67
哈萨克斯坦	30 000 000 000	2.21
美国	20 970 000 000	1.54
中国	16 000 000 000	1.18
卡塔尔	15 210 000 000	1.12
阿尔及利亚	12 200 000 000	0.90
巴西	12 180 000 000	0.90
墨西哥	11 650 000 000	0.86
安哥拉	9 035 000 000	0.67
阿塞拜疆	7 000 000 000	0.52
挪威	6 865 000 000	0.51
欧盟	6 146 000 000	0.45
印度	5 625 000 000	0.41
阿曼	5 500 000 000	0.41
苏丹	5 000 000 000	0.37
厄瓜多尔	4 517 000 000	0.33
马来西亚	4 000 000 000	0.29

资料来源：《世界概况》，由维基百科提供。

如你所见，世界上大多数的石油储备都是在发展中国家或是我们认为是世界上最不稳定的国家。我们必须记住这个表上的两个国家——中国和印度，它们可能不会出口石油，因为自己的内部需求将会用掉它们的全部产量。此外，其余的大部分国家，要么是正在建立与中国的贸易往来（见安哥拉和巴西），要么是正与美国关系不好的国家（见伊朗、委内瑞拉、阿塞拜疆等）发展贸易。因此，很有可能出现如发生在 20 世纪 70 年代的政治动荡和石油禁运的情况。

石油交易　然而，尽管石油需求以及未来几年中关于石油价格都是长期上涨趋势，石油交易仍是一个波动性很强的交易。它可以在短短的几个月内上升100%，或是下降 50% 或者更多。此外，石油是 21 世纪头十年中期的投资商品，我认为在未来几年中石油实际上可能会落后于其他商品。例如，图 6—2 显示了石油经通胀调整后回落到 1946 年的价格。从这个图上我们可以看到的是，当 2008 年油价飙升至每桶 147 美元时，实际上竟然高于 1980 年通胀调整后的最高价格！经对比可以看到，黄金交易价格仍低于其 1980 年通胀调整后最高价格的 50% 还多。这个简单的比较告诉我们：在长期基础上，石油不像黄金那样便宜。即使油价近期下跌，到我写本书时，油价为每桶 80 美元左右，但油价在 2010 年时大约只低于 1980 年的通胀调整后至高点的 30%，而黄金则仍低于 50%！因此，在长期基础上，我们可以看到：与石油相比，黄金仍然比较便宜。

世界石油短缺可能会有所增长

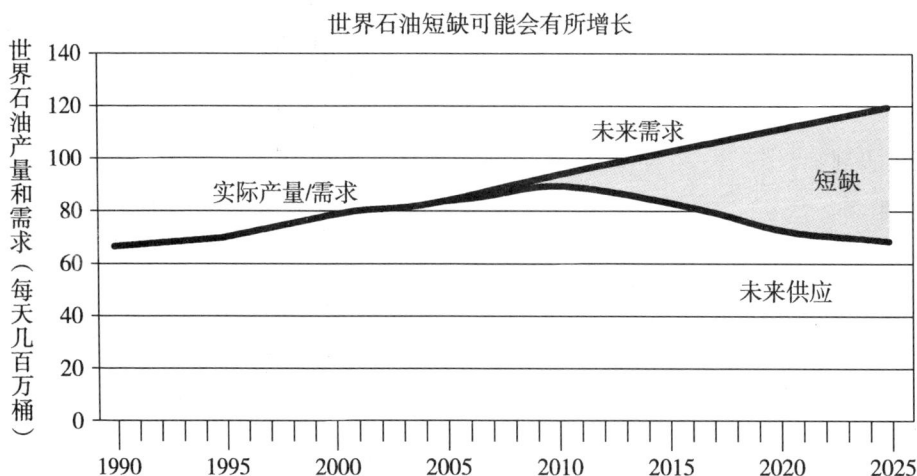

图6—2　通胀调整后的石油价格

资料来源：关于世界石油产量的数据参见美国能源信息管理部提供的数据；关于未来需求参见《2005 国际能源展望》；关于未来供应参见《石油和天然气峰期研究协会预测》，（2006 年 4 月）。

此外，我喜欢估计商品价值的一种方式，就如你从本章的其余部分看到的那样，是把所有商品与黄金价格进行比较。在我看来，黄金是商品世界的核心。因此，我喜欢把所有其他商品以金价来区分，看看购买一盎司黄金的钱可以买到多少商品，这给了我一个相对估值。

图 6—3 是石油与黄金的比率。从历史上看，购买一盎司黄金需约 15~20 桶石油。然而，21 世纪初开始跌破 10 桶；2008 年油价处于顶峰时，购买一盎司黄金只需花 6.26 桶石油！这是一个迹象，表明石油被过高估计了，从 2008 年的每桶 147 美元降到 2009 年年初的每桶 35 美元！此外，如果你已经看过这个比例，你就会在 21 世纪初的大部分时间里购进黄金，而避免购买石油。所以，你可能会错过多次的油价上扬；但是，你也会避过 2008 年的经济崩溃。相反，如果你已经在 300~500 美元之间购进了黄金（因为它相比石油来说比较便宜），你则会获利丰厚，因为目前金价仍是以前 300~500 美元水平的两倍以上！

黄金：WTIC(黄金连续交易(EOD)/石油—原油——连续交易(EOD)指数)
2010年1月14日　　　　　　开盘价14.28　最高价14.28　最低价14.28　收盘价14.28　涨幅+0.06(+0.43%)

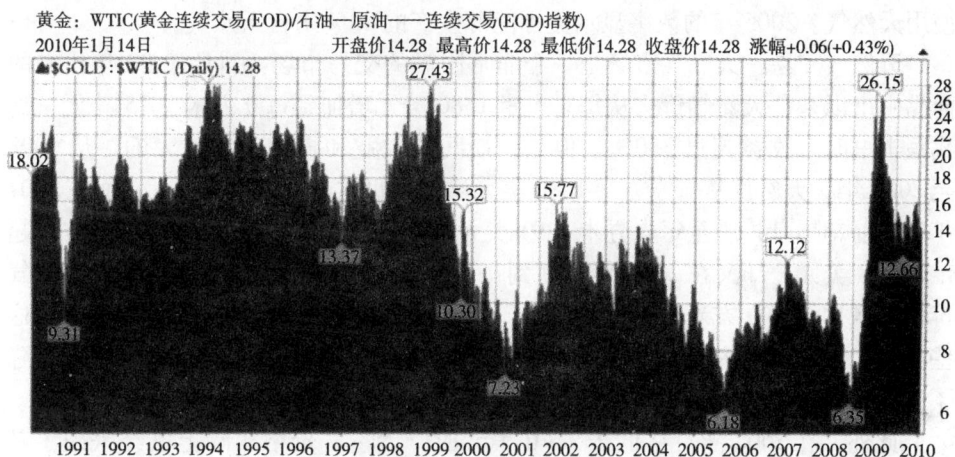

图 6—3　石油与黄金的比率

资料来源：StockChart. com（http：//stockcharts. com）。

在油价暴跌期间，这一比率在 2009 年年初飙升至 26.43。当时购买 1 盎司黄金要花费 20 多桶石油，这意味着与黄金相比，石油很便宜。当油价达到这些水平时，如 1989 年、1998 年和 2009 年一样，通常就会跟随一个大反弹。例如，从 2009 年 3 月底到 2010 年，油价上涨了一倍以上，而黄金价格只是稍微上涨了 15% 的幅度！

该指标可以在未来数年的石油牛市中成为指导交易的一个很好指标。当购买 1 盎司黄金只花费不到 10 桶石油时，你就应该减少自己的石油持有量。当花费超过 20 桶时，你就要增加石油持有量。

有很多不同的方法来进行石油交易。有开放式基金（ETFs），如美国石油基金（USO），你可以跟踪石油价格，你也可以购买大市值的石油公司股票如埃克森美孚公司股、雪佛龙公司股、森科尔公司股等等，你还可以投机一些较小的石油公司股。从根本上说，股票有很多的优势，因为一旦有新消息出现，它们就可以增值。此外，石油天然存储量比贵重金属存储量要大很多，并且波动幅度也较小。

天然气

从长期看，天然气的需求量也将被看涨。自1970年以来，全球天然气需求量已从3 000亿立方米增加到目前的8 000亿立方米以上。此外，与石油不同的是，实际我们可以看到北美天然气产量正在大幅增加。天然气也比石油更清洁。布恩·皮肯斯（一位能源投资商，已经因为他的政治主张——"如何减少美国对进口石油的依赖"而出名）计划使用天然气作为汽车汽油的替代品。我认为向更清洁的能源转变最简单的方法就是把肮脏的汽油发动机和石油发电厂转换成使用天然气。2005年的数字显示美国能源生产的23%来自天然气。

天然气交易　天然气市场是一个非常困难的交易市场。自始于90年代末的商品牛市以来，天然气价格从每立方米1.80美元增加到每立方米5.75美元，到我写本书时，收益超过330%。但是，期间的收益和损失都是巨大的。从1998至2001年，天然气从每立方米1.80美元增加至每立方米超过9美元，而在2001年年底前却崩盘，跌至每立方米1.91美元。然后，它在2005年增至每立方米超出15.48美元，却又在2006年下跌到每立方米4.38美元。在2008年，天然气价格又增加至每立方米13.58美元，到2009年又下降到每立方米2.70美元！这些数字反映了天然气价格的巨大波动，先上涨了500%～600%，却又下降了800%。

此外，在2008年价格低于2.70美元时，天然气价格实际上已经跌破了其1999年通胀调整后的最低价格！因此，我们可以看到，尽管长期的交易额呈上升趋势，但天然气的价格波动即非常惊心动魄。如果你想赚钱，长期持有天然气是行不通的。

从天然气中获利　主要有两种方式从天然气中赚钱并且这两种方式都很简单。

1. 你可以购买优秀的天然气公司股票。如像EnCana公司A股，就从2000年每股刚刚超过5美元增加至本书要出版时的每股30美元。切萨皮克公司股票已从1994年的每股1.00美元以下增至本书要出版时的每股27.67美元（虽然如此，在这16年时间里，CHK已经经历了3次巨大的波动，跌幅超过80%，所以这是一只波动性极大的公司股）。

2. 你可以选择XNG（天然气板块涨幅指数），它可以追踪天然气股票。该指数已从1999年的101点上升到本书将要出版时的500多点。FCG（第一信托天然气交易所交易基金）是一个天然气指数的交易基金。我认为购买顶级优质天然气公司股票是最简单的从天然气价格中获利的方法。但是，我不认为你应该寻求回报。你应该耐心等待，当天然气变得便宜时再去购买。

我们怎么知道何时天然气便宜？ 我利用天然气同石油的比率、天然气同黄金的比率来估计。这些比率是把天然气同其他商品相比较，我们同样以买1桶石油或 1 盎司黄金需要多少单位的天然气来计算。

- **天然气同石油的比率。** 当购买一桶石油花费不到 6 个单位的天然气时，天然气就很昂贵，你就可以卖出自己的天然气。这发生在 2000 年、2003 年和 2008 年，所有这些日期都是出售天然气的大好时机。在每一次这种极端情况之后，天然气价格在随后的几个月中都下降了 50% 或者更多。

一方面，当购买 1 桶石油需要花费超过 13 个单位的天然气时，你就应购进天然气。这种情况发生在 2001 年 10 月、2006 年 7 月和 10 月以及 2007 年夏天和 2009 年 8 月。在任一时段中，都产生了一个巨大的买进动机。唯一例外的是 2008 年，那时石油和天然气价格一起达到顶点（比率也很高，因为油价上涨比天然气价格上涨得更快）。另一方面，应该注意的是：2009 年的比率为 25.70：1，这是有史以来的最高比率。这意味着就石油来说，天然气从来没像 2007 年夏天那么便宜。毫不意外的是，在短短的几个月内，天然气价格就从 2.70 美元上涨到 6.00 美元左右。

当我们使用这些比率进行交易时，这就给了我们一个重要指示。但不要盲目地使用它们进行交易，要了解所有商品的状况。例如，在 2008 年年中，你可以看到天然气和石油的价格都攀顶了，它们以令人喷鼻血的速度上涨到交易高点，并且在此徘徊，不再上涨。因此，即使天然气价格相较于石油价格便宜，你也不要购进。通过黄金同天然气比率（将在下面讨论），你将会进一步确认：天然气很贵。然而，在 2009 年夏天，你能看到这一比例不正常，因为相较于石油，天然气的交易价格过低（黄金也是如此），这才是交易时间。

- **天然气同黄金的比率。** 像石油一样，你也可以通过对比黄金同天然气的比率进行交易。每当购买 1 盎司黄金需要花费少于 75 个单位的天然气时，那就说明天然气很贵。这种情况发生在 2000 年年底、2003 年年初、2005 年年底以及 2008 年年中，这些时候都是天然气价格的巅峰期。当购买 1 盎司黄金需要超过 150 个单位的天然气时，说明天然气非常便宜。这种情况发生在 1995 年、1999 年、2001 年年底以及 2009 年年中，这些时候都是很棒的购进天然气的时机。在 2009 年天然气价格最低点时，购买一盎司黄金要花费超过 367 个单位的天然气！现在回想起来，我认为 2009 年 8 月应被看做是一个购进天然气的极棒时机。

工业产品

工业产品包括铁、铜、镍等大宗商品。出于交易目的最简单的商品是铜。关于这些商品的争论与石油相同。简单地说，新兴世界经济将继续增长，并会持续对这些金属的需求。例如，美国的全球投资商们预计在未来的 25 年里，全球对铜的需求量将等于迄今为止在人类历史上生产的所有铜的总量。我们不需要驳斥这种需求预测。已经有成百万的文章去论述这种惊人的现象。这些文章论证了我的观点：我们正处于一个长期的商品牛市。与其他人不同的是，我想在这本书中告诉你如何从这个商品牛市中赚钱。

你必须了解的大多数这些商品的一个方面是：它们不应长期持仓。正如我们在天然气部分所讨论的那样，大部分这些商品的价格都很动荡；除非你要持有一篮子不同商品，否则你就必须交易，这会让你投资多样化。因此从个人角度来说，你必须进行交易。

图6—4是金和铜的比率。例如，铜价在2001年以0.65美分见底，然后在2008年飙升至4.08美元，之后在2008年年底的金融危机期间下跌至1.25美元。之后，铜价迅速反弹到3.54美元。同样，我以黄金和铜的比率进行交易，并以购买1盎司黄金需要多少磅的铜来看。通常情况下，购买1盎司黄金需要约300磅或400磅的铜。当购买1盎司黄金花费超过400磅时，铜就是便宜的，你就应购进铜；当花费低于300磅时，铜就是昂贵的，你就应卖出铜。2003年，购买1盎司黄金的花费了超过500磅铜。从这一点上来说，只在短短的3年时间里，铜价就从每磅1美元以下增至每磅4美元！然后，在2006年，铜变得非常昂贵，购买1盎司黄金只需花费165磅的铜。在2006—2008年间黄金上涨时，铜价持平，仍在4美元左右，然后铜价在2008年崩溃。在2009年年初，相比黄金，铜又变得十分便宜，就如它以前一样便宜，购买1盎司黄金要花费超过700磅的铜。2009年3月，我在多伦多的探矿与发展会议上发言时曾说："因为黄金价格在1 000美元左右，而铜价只有1.60美元左右，我希望能熔化我的黄金，并把它变成铜。"我的讲话之后，直到2009年年底，黄金都运行良好，获利约20%。然而，铜的表现甚至更好，铜价增至每磅3.50美元，获利超过100%！

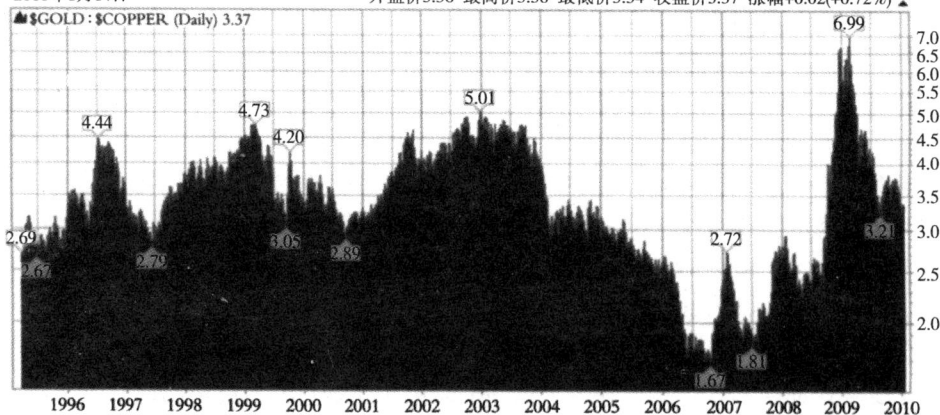

图6—4　黄金同铜的比率

资料来源：StockCharts. com（http://stockchart. com）。

你可以购买诸如自由港麦克莫兰铜金公司这样的大盘股或者购买像道琼斯AIG铜业基金（JJC）和罗杰斯金属基金这样的交易所买卖基金，就如以这样的方式购买和交易工业金属一样。但是，再一次，我会说，这些都是交易工具，你应该在铜价较低时进行交易而不是长期持有。

农产品

目前世界上一些最好的交易就是农产品交易。其基本的数字概念如下：60年代世界上有30亿人，现在有60亿人。另外，随着亚洲和其他发展中国家经济的增长，将会有更多的粮食需求。因为这些国家将消耗更多，人们就需要更多的谷物去喂养牲畜和其他动物。的确，技术的发展意味着可以以便宜的价格大量生产更多的食物。然而，在某个时间点，因为生活水平的提高而引起的食物需求不断增加，将会导致食品价格上涨。2008年我们已经看到了这方面发展的影响，那时小麦、大米和大豆的价格攀到顶峰，在许多国家引起骚乱。

全球粮食储备处于非常低的水平。例如，最近几年的数字表明，全球谷物供应大约只能满足50天的需求。这与传统的平均满足75天的供应量相比要低约30%，是40多年来的最低水平。因此，在粮食主产区的一场严重的干旱就可能会导致食品价格上涨到尖峰。2008年，我们就看到了这样的尖峰。

这已经从长期的农产品价格上反映出来。真正有趣的是，这些商品是如何交易的。我们将着眼于五大主要农产品（玉米、小麦、大豆、大米和燕麦）的价格。所有这五大农产品的例子是：在2008年的商品价格尖峰期时，它们都爆发出了新的历史最高价，随后又都跌价了，并且现在的交易价比这些高点低很多。

- 玉米。自1975年以来，玉米的交易价一直在每磅1.00～4.25美元之间。有趣的是，在1975—2008年期间，其价格主要是在1.00～2.50美元之间，其高价范围为2.00～2.50美元。2008年，玉米价格飙升至每磅4.25美元，截止至我写这本书时回落至每磅2.20美元，并且稳定在该范围内。
- 小麦。自1975年以来，大部分时间里小麦的交易价都位于每蒲式耳2.00～6.00美元之间，小麦高价的交易范围在5～6美元之间。2008年，小麦价格飙升至每蒲式耳12美元！从那以后，小麦价格开始回落。到我写本书时，其交易价在每蒲式耳5美元左右，在2009年和2010年的大部分时间里都在该价格区间内交易，并且稳定在该范围内。
- 大豆。自1975年以来，大豆的交易价一直在5～9美元之间，顶峰时期为8～9美元。2008年大豆价格暴涨到每蒲式耳17美元！到我写本书时，其价格已经回落到每蒲式耳约9.50美元。2009年大部分时间和2010年，大豆价格都在每蒲式耳10美元左右。
- 大米。自1975年以来，大部分时间大米的交易价都在6～10美元之间。2008年，大米价格攀升到21美元以上。2009年大部分时间和2010年，大米的交易价都在12～14美元之间。
- 燕麦。自1975年以来，燕麦的交易价在每蒲式耳1.00～2.50美元之间，其顶峰时期的价格为 2 ~ 2.50 美元之间。同所有的农产品一样，燕麦价格在 2008 年有一个巨大的突破，攀升至每蒲式耳 4.25 美元！然后其价格回落，到我在 2010 年写本书时，一直在 2.00 ~ 2.50 美元的范围内进行交易。

我提到以上的这五大农产品是有原因的。请注意它们全部都是以同样的方式进行交易。在将近 30 年的时间里，从 20 世纪 70 年代中期到 21 世纪头十年中期，这些商品全部都在一定的价格范围内交易。2008 年，所有的这些农产品的价格都攀升了，并且突破了其交易范围，达到了新的历史高点；2009 年，它们的价格又回落了。然而，新的交易价范围较大。基本上说，在过去近 30 年的时间里一直扮演阻力角色的旧阻力价位现在变成了支持价位，阻力已成为支持力。我们有了更高的基础，这一基础的转变可能需要几年的时间，但它一旦形成，你将会看到这些商品会再次攀升到新的历史高点。

从农产品中获利　也有可以追踪农产品的交易所买卖基金。这些基金购买农产品期货，并把它们放在一个篮子里。这种交易所买卖基金是电力股份农业基金（DBA）和罗杰斯农业指数基金（RJA）。

购买农产品的另一种方法是通过钾肥和复合肥企业股票进行购买，是碳酸钾的别名，是用于世界各地的化肥——氧化钾的通称。当然，如果我们看到了更多的粮食需求，人们就需要更多的肥料去更好地滋养土地，种植粮食。如果食物价格继续走高，人们就会因经济因素而种植更多的农田，反过来，这就将产生更多的钾肥需求。

世界最大的钾肥生产国是加拿大，其产量占全球总产量的 30% 左右，并拥有全球储量的 60% 以上。选择大盘钾肥公司股应该选 Potash Inc.[①] 公司股，该公司的交易代号为 POT。（注意：就在本书将要出版时，POT 得到一个来自 BHP 的收购报价，金额为 400 亿美元。）2008 年，在金融危机之前，钾肥公司股票有一个小型的狂涨，在短短的几个月内，许多小盘股股票上涨了数百个百分点。这就给我们带来了一个重要的观点：即使长期基本面强劲的商品，也并不意味着其股票会坚挺。钾肥生产需要非常高的资本投资，大部分规模较小的公司将不会看到其回报。因此，你最好购买大盘股公司股票。

另一种可以跟踪农产品的交易所交易基金就是 MOO，它收集了许多农产品公司股，如钾肥公司、阿彻丹尼尔公司，以及孟山都等公司。由于这些公司不是价差的受害者（价差是指某一期货合约以一个更高的价格推出时，其价格的差额。例如，假设玉米在 3 月合约上是以 3.00 美元进行交易的；如果你在 4 月合约上仍以这个价格为准，而 4 月份的交易价是 3.50 美元，那么你就没有获得 0.50 的增益价）。在即将到来的农业商品市场繁荣中，一组大市值公司股可能会

---

①　Potash Inc. 是一家在多伦多证券交易所上市的资源公司，从事研发和生产优质的钾肥——译者注。

是最好的投资方式。

你也可以考虑一下加拿大萨斯喀彻温省、巴西、智利、美国中西部地区，或印度农村、泰国和越南等地的农业财产。这些地方的农业财产是可以购买的——这是另一种直接参与农业繁荣的方式。

替代能源——铀和地热能源

我们都熟悉清洁能源的话题。清洁能源替代品是一种明确趋势。在清洁能源热潮中，我最喜欢的就是铀和地热。眼下在中国，截止到 2010 年的 5 年中，已经建立了 22 个核反应堆。他们还计划建立 60～130 个，甚至更多，这取决于你听谁说的。当然，这意味着一个巨大的铀需求。核电的优势是：如果生产过程正确，它会很干净。以法国为例，其 80% 以上的电力都是由核电厂生产的。而且一旦建立了一个工厂，同天然气发电厂 20%～30% 的天然气生产成本相比，铀的成本大约只有其生产成本的 6%（这意味着，如果铀价翻一倍的话，能源成本将只增加约 6%）。

铀 2009 年 12 月，印度宣布，俄罗斯将会帮助它建立 12～16 个核电厂。此外，在某些时候，北美将会赶上这一潮流，特别是政治上对于更清洁电力的需求。因此，这将会产生一个巨大的铀需求。铀价在 21 世纪头十年中期看涨，从上个世纪 90 年代的每盎司低于 8 美元上涨到 2007 年的每磅 140 美元以上。到我写本书时，铀价在每磅 45 美元左右，并且似乎稳定在这一区域。其股票在 21 世纪的头十年中期也受到追捧。在这个小泡沫中，许多初级股从黄金转向铀，并且飙升和崩盘。这就是我所说的：尽管事实上该商品处于牛市之中，但该商品股票却可能不是。大部分这些初级股都没有实业，并且一些铀矿可能永远不会被开发出来，因此，许多公司倒闭了。然而不幸的是，许多优质公司也同它们一样倒闭了。因此在你进行投资时，研究一下那些实际生产铀的公司。当铀价是 45 美元时，大部分铀公司就可以挣钱；如果铀价达到 100 美元（一旦在印度、中国和其他新兴市场国的那些工厂投产，它应该会达到这个价格），它们就真的可以攀上更高的价格。

地热能源 地热是种能源，它使用来自地球核心的热量并把它转换成电能。全球地热工厂有能力生产世界上 0.3% 左右的电能，因此你可以看到它有巨大的增长潜力。

地热可能是最环保的能源。一些地热发电厂上空腾起的烟雾实际上是它们排放的水蒸气，而不是烟雾。与煤炭燃料电厂不同的是：地热发电厂不烧燃料，它们实际上几乎没有废气排放。对煤炭电厂的研究发现：尽管已经更新了洗涤器和应用了其他排放物控制技术，同地热电厂相比，燃煤电厂每兆瓦小时的二氧化碳排放量是其 24 倍以上，二氧化硫的排放量是其 10 837 倍以上，氮氧化物的排放量是其 3 865 倍以上。地热使用新鲜水的用量同典型的燃煤电厂的用量比例为

1∶70。地热成功最有名的实例是冰岛——冰岛所有的能源均来自地热发电厂。

从投资角度看，关于地热有意思的是，实际上没有纯粹的地热公司。多数的大型企业集团如通用电气公司，就有一个生产地热的地热部门。大约有6家纯粹的地热公司，其中只有美国地热公司的股票在美国交易所交易。其余的包括内华达州地热公司和宝来地热公司，都在加拿大的创业交易所交易。但是这些公司都是非常顶级的公司。它们不是那些希望利用潮流的微型股。所有这些公司都拥有生产地热的实体。然而，地热需要相当大的资本密集投入。大多数小市值公司不会冒险进入地热领域，而只有大型企业才会如此。产生这种情况是因为典型的地热发电厂需要大约1亿美元左右的资本消耗才能投产。

世界上大多数国家不位于适合的地质区，所以无法进军世界地热生产核心领域。据估计，在美国，地热可以产生足够的电力供给居住在亚利桑那州、内华达州和加利福尼亚州南部的合计约15万的人们。如果真的如此，它就会从占电力生产的0.3%增至5%，将是17倍地增长。因此，即使地热电厂只生产全球总电力的5%～10%（这是潜在可能性），该行业也会拥有一个巨大的增长潜力。此外，诸如中美洲或者冰岛这些人口稀少的国家，其地热产量可以满足它们整个人口的电力需求，从而减少对石油的依赖。因此，对于地质环境适合的小国来说，地热能源提供的福利是非常有吸引力的。如果你有兴趣了解更多的相关地热公司，请参见我的《沉迷于利润》一书（www. addictedtoprofits. net）。

其他金属

除了通常提及的金属之外，还有许多其他金属。许多金属都是鲜为人知，但对全球经济发展却很重要，可以和较知名金属一样获利。铂金和钯金是催化转换器所需的关键元素，混合动力汽车需要稀土来运行。未来几年对这些金属的需求将日益增加，把它们添加成商品组合的一部分就很重要。

铂金和钯金　这是贵金属中的两个可怜的孤儿。铂金与黄金很类似，韧性很强，不易被腐蚀。钯金是催化排气净化器的主要组成部分，用以保持汽车的干净行驶。

像黄金一样，铂金在1980年有一个巨大上涨，其价格超过每盎司1 000美元。在20世纪80年代初它曾跌至300美元以下。在2008年商品价格高峰期时，铂金价格飙升到每盎司2 000多美元。2008年后，铂金的价格下降到了1 000元以下。到我2010年写本书时，其交易价是每盎司1 500美元左右。钯金价格在1980年的商品泡沫中飙升至1盎司300多美元，然后在80年代中期下降到约50美元/盎司。然后在21世纪初，钯金价格出现了一个巨大的尖峰，因为俄罗斯切断了钯金出口，其价格攀升至1 000多美元/盎司。2003年回落到160美元/盎司，2008年回升至500多美元/盎司，2008年年底又跌至170美元/盎司。到本书出版时，钯金的价格是每盎司450美元左右。

铂金市场有90%以上的供应是来自俄罗斯和南非，这是两个不太稳定的国家。因此这两个国家如果有任何不稳定状况发生，铂金的价格就会上涨。

钯金也主要来自于上面两个不稳定国家。据《地下钯金》和《铂族金属年鉴》所言，超过82%的钯金供应来自俄罗斯和南非，14%来自北美。

有几家主要生产铂金和钯金的公司。两家规模较大的公司是英美铂业公司和北美钯金公司。此外，还有2010年将这些金属推出的交易所交易基金。

由于这些金属大多产自俄罗斯和南非，它们的价格就受到这些国家反复无常的政治影响。例如，在21世纪初，俄国人停止了钯金出口，造成了其价格的巨大涨幅。此外，如果清洁汽车的需求趋势上升，催化转换器和铂金的需求将会上涨。

稀土金属 稀土金属也是鲜为人知但很重要的金属。稀土金属是元素周期表中的17种化学元素的集合。从专业术语角度说，稀土种类很少，其中包括镧、铈、钷、铑等等。最有意思的是，稀土金属中有许多都被大量用在清洁能源技术中。美国地质调查局指出，稀土元素被纳入到许多现代化的技术设备中，包括超导体、炼油催化剂和混合动力汽车组件（主要是电池和磁铁）等等。直到1948年，大多数出产稀土金属矿砂的矿床都位于印度和巴西，这些地方的存储量只占全球产量的一小部分。美国稀土金属的产量占世界总产量的2%左右。但是，最大的稀土金属生产商是中国，其产量超过95%。

由于混合动力汽车和其他节能技术需要稀土金属，而其中有95%是产自中国（中国已经警告说，它可能会在未来减少稀土出口），如果政治家们希望实现其清洁技术目标的话，就需要发现更多的稀土金属。

当我在2010年写本书时，稀土资源市场是最新流行的资源市场。任何类型的好消息都会使稀土股票价格上涨很多。然而，稀土金属（类似于铀和钾肥）的长期基本面很好（尤其是如果混合动力汽车大规模投放市场），并不意味着所有的这些稀土金属股票都将会生存。

我认为稀土金属股未来会很强劲，但当你购买它们时要非常有选择性。它们可能是在另一个小泡沫之中，建议投资者们不要追逐这些行业的股票。

货币通胀和需求将导致大宗商品热潮

在本章中，我们已经带你快速浏览了大宗商品市场。我们已经研究了一切：从石油到天然气到农产品到稀土金属。这些新兴市场的增长具有非常积极的长期基本面。然而，我们已指示读者们要注意和提防微小盘股的各种微型气泡，如近几年的钾肥和铀等股。因此，当你在这些特殊行业投资时一定要小心。

此外，不要追逐商品本身。在本章中，我们概述了一些技术，你可以在其价格较低时购买这些商品，以便减少你的整体风险。

　　对于一个有较长远视野，并且还比较保守的投资者来说，你可能只会想购买商品交易基金，享受股价上涨的幸福！如果我的观点是正确的话，2008 年的股市同 1987 年的股市是非常相似的：在长期的商品大牛市中，2008 年是一个短期的、尖锐的修正。然而，我们必须记住，直到 1991 年股市才完全通过 1987 年的高点，历时 4 年。因此，在商品牛市回转之前可能还需要一些时间。但是，即使没有供求因素，它也应该很火爆。美国未来印制钞票应该会继续引起未来的通货膨胀和美元贬值。这两个经济恶化的情况会在较长时期内继续推动大宗商品的价格上涨。

第 **7** 章 价值和逆向投资

—— 在最悲观时点的投资

随着 20 世纪 80 年代和 90 年代初的牛市转变成了 90 年代末的股市热潮，人们忘记了股票的实际价值。每个人都希望成为下一个由网络公司造就的百万富翁。人们愿意为每一个没有名气的高科技公司开出任何荒谬的价格。在 2000 年高峰时期，纳斯达克证券交易所的上市公司市盈率超过 100，这时不论用任何估值方法都会赚爆。

历史上有很多次这样疯狂的热潮，如"郁金香热潮"和"密西西比计划"（人们进行疯狂的购买，并且对于几乎没有基本面的账户进行投资）。我们现在会嘲笑这些故事，但当初我们不知道有人能如此愚蠢地购买这些显然是荒谬的经济泡沫。现在回想起来，我们更聪明吗？我的意思是股市就像是一家宠物公司，它真的有什么不同吗？

如果 90 年代后期的股市热潮一直延伸到 21 世纪初的房地产泡沫中的话，人们失去的就是价值投资。诚如我们前文所言，长周期的目的是为股票拉回中位数估值。在熊市周期中，股票从被高估降到被低估，而在牛市周期中，则又从被低估增到被高估。

然而，在 90 年代后期逝去的岁月里人们损失的是从投资中获取收益的想法。美国股票的股息收益率达到历史低点，因为没有人对投资收益感兴趣。我的意思是，当你每年从互联网股票中得到一个 100%~200% 的资本收益时，谁在乎每年 5% 的股息！

应该注意的是，我们这一代最伟大的投资者如巴菲特、邓普顿，他们购买了便宜股票，并且经常关注其收益。也有那些投资者像乔治·索罗斯或约翰·波尔森一样，他们可以推测股市短期到中期的趋势并下巨额赌注获利。我们其余的人，仅仅是凡人的投资者，必须靠寻求被低估的资产，然后靠长期持有它们获利。

在本章中，我会说明为什么成为一个背道而驰者，选择逆势而上——在多数人抛售时吃进，使用被低估资产的力量，利用大众的悲观情绪，以及把股息收益率看成你身边的盟友是如此重要。

在最悲观时点买进

在最悲观时点买进似乎比看起来更加困难。这不同于你在纽约时报上简单地读了一大堆关于经济的负面报道，然后认为是坏消息，所以你就想买进的情况。

针对牛市是如何诞生以及市场在长期趋势中是如何交易的问题，约翰·邓普顿有一个简单的信念。在大部分市场中，所有商品如黄金、股票等都以同样的方式交易。如果你的交易是建立在心理学原则基础上，长久之下，你总是能够赚钱。邓普顿引述如下：

牛市诞生于人们有悲观情绪，增长于人们有怀疑态度，成熟于人们有乐观精神，死亡于人们过分兴奋。最悲观时期就是股票最好的购进时机；达到最大乐观点那个时期就是最好的出售时机（www. thekirkreport. com /2004/02/sir＿john＿ temple. html）。

约翰·邓普顿曾做过的第一笔大的交易是在 1939 年。当时，美国仍深陷 10 年的"大萧条"时期。失业率仍居 10 年的高点，经济好像永远不会从 10 年的萎靡不振状况中崛起。

然而，战争的隆隆声响彻云霄。纳粹在整个欧洲狂热地扩展他们的邪恶帝国。邓普顿知道美国的大工业中心将不得不再次扩大以便向欧洲供应武器，并且美国甚至可能需要建立自己的军队以便亲自参与战争。

他知道这可能会引起经济大幅回升。但是如何从这场经济回升中获利呢？邓普顿意识到即使一个最差的公司也会从经济好转中获得最好的利润。正如他在其巨著《邓普顿的投资方式》（Investing the Templeton Way）一书中所言，他觉得许多表现最差的公司正是这一经济反弹最好的杠杆。基本上说，它们的运行状况极差，只有宏观经济改善，它们才可能翻身。由于经济已经萧条了 10 年（而不是在 1935—1937 年人为的、政府操控的上下浮动），人们没有理由会认为这将会有一个宏观的经济上升，并且所有的股票价格都受低迷的经济环境影响。

邓普顿去找他以前的老板，借贷了 1 万美元，这样他就可以购买 100 个交易价格低于每股 1.00 美元的股票。选择每股 1.00 美元价格是因为这样一个事实：大多数在宏观经济好转中有较大杠杆调控性的公司，其交易价格都低于每股 1.00 美元。他总共购进了 104 家公司股票，其中有 36 家公司是破产状态。在接下来的 5 年里，由于美国工业生产因为战争而蓬勃发展，这 10 000 美元变成了40 000 美元。在同一时期，道琼斯指数只上涨了约 80%。

邓普顿能够跳出条条框框进行思考。他看到了濒临破产公司的价值，因为他可以看到战争将会导致工业生产和经济活动的增加。如果他告诉别人，他正在购买 10 年大萧条时期的破产企业股票，其实是想找到最差的公司，因为这些公司在潜在的经济好转中有更大的杠杆作用，人们都会说他疯了。然而，在逆势投资中这很常见，虽然起初大多数人会认为你疯了，但最终通常都会证明你是正确的。

它并非易事

在最悲观时期，股票市场可能暴跌，甚至经济都会崩溃。在 2008 年年底和 2009 年年初，我们看到美国的金融体系，以及大部分西方世界金融体系都几乎崩溃。如我们所知，许多人认为这可能是股市的末日。这就是为什么探底购进是如此艰难。在股价探底时所有的消息都利空，对于为什么市场将永不回转，每个人都会找出理由。人们正在失去工作和公司，甚至以前的稳定公司都将破产。

具有讽刺意味的是，当你觉得对自己的投资完全有信心，一切都看起来不错时，通常就是卖出的时机。当一切看来没有希望时，却通常是购进的最佳时机。

让我给你举个例子。在 2009 年第一季度，我非常看好金融市场。是的，我知道我们正在经历金融危机；奥巴马已经当选，他被认为对股市不友好。经济是一个烂摊子。美国银行和花旗集团已经国有化。所有这一切加在一起就等于最大的悲观点。

但是，我正在研究世界股票股权。在我的研究中，我发现了各种各样的低价股，就像约翰·邓普顿在 1939 年发现的那样。我看到了福特汽车、花旗集团、美国银行和米高梅公司以及许多其他交易价低于每股 10 美元的股票。我回想起了 1999 年的互联网热潮。当时，任何一个与网络相关的公司，无论它们的基本情况是多么糟糕，在泡沫结束时，其交易价都在数百美元区间。所以我得出的结论是：在 10 年的跨度中，我们已经从一个极端走向另一个极端。我们已经从每一个垃圾公司股票的交易价都在数百美元的极端走到了世界贸易中顶级公司的股票交易价变成个位数的极端中。

此外，我还真正看好新兴市场。我认为新兴市场将从美国的危机中变得更加强大。例如印度、中国、韩国等国家和地区都没有美国和欧洲银行所持有的不良资产。但是，新兴市场的波动性很大，由于资金被拉升，它们的兴起更为困难。2009 年年底，标准普尔 500 指数探底，下跌了 53%；孟买证券交易所指数下跌了 65% 以上！

我也很喜欢赌场股。很多诸如拉斯维加斯金沙、永利和米高梅等股票都有巨额债务，已经下跌了其价值的 90%！由于有钱的投资者们消失了，许多这些股票的价格已经降到了最低点。

在最悲观时期——2008 年和 2009 年盈利的交易

2009 年 3 月，我提出了一份报告，名为 "2009 年及以后的 11 个投资趋势"。

在该报告中，我列举了我真的很看好的 11 个行业股，包括黄金、石油、天然气、赌场股、新兴市场，甚至银行股！当时，银行股平均从其高位回落下跌了约 80％。因为不良资产（TARP）援助计划以及它们所带来的经济大幅下降，每个人都痛恨银行股。

赌场、银行和新兴市场是三个受灾最严重的行业。但是我还记得约翰·邓普顿的话："在最悲观时点购进。"

我最喜欢的公司之一是塔塔汽车公司，这是一家印度汽车制造公司，我现在还拥有一些该公司的股票。这是一个在最悲观时点购进并获利的典型例子。你会在第 9 章中读到，我对印度的未来持非常积极的态度。当印度市场在 2008 年年底处于低迷时，我就开始越来越多地关注印度股市。我曾经看到过一个新闻片上的内诺汽车。内诺汽车是世界上最便宜的汽车，是由塔塔汽车公司生产的。塔塔汽车公司股票已经崩溃，从每股 20 美元跌至每股 3 美元。它因为收购捷豹，企图拓展国外市场而产生了巨大的债务负担。

即使在收购了捷豹之后，塔塔仍然是主要的印度汽车制造商。印度人拥有庞大的储蓄，他们每年存钱的比率是其国民生产总值的 35％。在 2008 年经济低迷期间，印度的汽车销量同其他地方一样在下降。但是，我猜测这些储蓄以及被压抑的需求会对内诺汽车有利。

"内诺"是一种概念，由印度伟大的工业家之一——拉坦·塔塔（Ratan Tata）创建。拉坦看到一个印度家庭里每人都骑着一辆摩托车。他意识到必须改变这一点，他想给人们带来汽车。于是，他开始了一段制造低收入或中产阶层的印度人能买得起的汽车之旅。其结果就出现了内诺汽车，它的零售价是 2 000 ~ 2 500 美元。结合以下 3 个条件：（1）股市如此低迷；（2）印度人的高储蓄；（3）市场上的悲观情绪，最后我以每股 3.50 美元购进塔塔汽车公司股票。

该股的表现甚至超出了我的最大预期值。印度人必须多花费 6 美元，只为了获得一个抽奖名单的名额，用于购买第一代的内诺车。对于普通的印度人来说，这是一大笔钱。最后申请加入该名单的有 203 000 人。塔塔公司将给其中的 10 万人配发汽车，交货日期将延续到 2010 年年底。

在股市见底时，该公司的股价开始飙升。塔塔公司股票（交易标志为 TTM）在 2010 年年初时每股交易价为 17 美元以上，2010 年夏天的每股交易价为 10 美元以上！我建议在 10 美元左右时出售获利，但还应持有少量核心股以便充分利用塔塔公司未来的巨大增长潜力。2010 年出售塔塔汽车公司股就如同 1980 年出售丰田汽车股！

这是一个典型的最大悲观点交易的例子。想想那些观望人群，没有人愿意在金融危机的深渊中去关注一个印度汽车制造商。但是，我却看到了其股票市场潜力和价值。

我也喜欢赌场股，如拉斯维加斯金沙集团和米高梅公司的股价都低于每股 3

美元。同样，在金融危机中，谁想要关注负债累累的赌场股呢？再一次，它们成为了最大悲观点交易的最终受益者。米高梅公司股票攀升至每股超过 14 美元，而拉斯维加斯金沙集团股票攀升至每股超过 20 美元！

2009 年 1 月，在"加拿大投资者文摘"的封面文章中，我谈到了初级矿业股以及它们是如何在 2008 年的金融崩溃中沦陷的。那时，初级矿业股价平均下跌了其价值的 80% 以上。随着信贷市场紧缩，初级矿业股完全依赖于融资。但是我敢打赌，所有的刺激措施将会引起通胀下降，并且初级矿业股将会反弹。这篇文章中我所谈到的许多初级矿业股价都翻了 2 倍或者 3 倍，有一个甚至增长了 600% 以上。同样，这也是最大悲观点投资的实证。有时候具有讽刺意味的是，值得购买的往往是受灾最严重部门中那些最差公司的股票，因为它们将是那些反弹力最强的股票！

快速发展多年之后，新兴市场也在 2008 年金融危机中重重地跌落。由于对冲基金被迫清算，它们不得不出售其在新兴市场中的位置。由于这些市场变小，并且不像主要市场那样流动，其股价就重重跌落了。2008 年上海交易所指数从 6 200 高位跌至 1 664.92 点；孟买证券交易所指数从 21 200 点下跌到刚刚超过 8 000 点；中国台湾交易所指数从 9 859 点下跌到 3 955 点；韩国交易所指数从 2 085 点下跌到 892 点。

在金融危机之前有一种说法叫"脱钩"。脱钩背后的观点是国外市场可以免受美国市场下滑的影响。然而在金融危机期间，当所有这些市场都低迷时，美元却呼啸着上升，人们就摒弃了这一观点。实际上，人们拥有的是一个相反的观点。因为美元是储备货币并且美国是世界上最大的经济体，它就拥有最简单的资本渠道。其市场其实下跌很少，其货币也很坚挺。在危机开始探底时，许多所谓的专家开始论证反对投资新兴市场，他们说这将会比投资美国市场冲击更大，因为新兴市场的出口将遭受重创，并且他们没有容易的渠道去获得资本。

然而，任何人研究了新兴市场的形式后都可以看到，现实与大众预测的不同。在 3 月份的底点时，新兴市场比美国要便宜得多：许多在新兴市场上市的股票达到了多年低点，其上市公司市盈率是个位数，投资收益率不到 7% 或 8%。此外，新兴市场在 1998 年也有其金融危机。当时，许多国家没有外汇储备，经常有巨额的账户结余，并且依赖于外国借款成长。然而这一次，它们已经精简其金融体系，拥有庞大的外汇储备，可以坐等风暴过去。此外，由于美元在 2008 年 7 月—2009 年 3 月的强劲反弹，你也可以以售价超低的货币来购进这些股票。

在 2009 年 3 月这段沉闷的时间里，摩根士丹利资本国际全球指数从其高点下跌了近 70%，在我的书《沉迷于利润》中，有一篇文章解释了为什么新兴市场股票很适合购进以及在即将到来的牛市中，它们为什么会超越美国市场这些问题等此类问题。在接下来的 9 个月中，美国股市强劲反弹了 70% 左右，摩根士丹利资本国际环球指数攀升到其价值的 120% 以上。

从最大悲观点盈利的技术途径

现在，这种时代基调或者估值告诉我们，2008—2009 年是一段令人们极度恐惧和恐慌的时间。在我的时事通讯中，我通过观察几十个技术指标来衡量恐惧和贪婪，目的是为了能够破译是否应该买入或卖出。不管你相信与否，相较于股市顶点，股市底点更容易被发现。可能需要数月或数年才能显示出顶点，而底点的形成往往快了很多。部分原因是：在顶点时人们没有那么多贪婪而是自满。当人们变得自满时，就可能会持续很长一段时间。例如，在 2005—2007 年，市场就有一个很大的自满。因此股市花了两年多的时间才攀到顶点。然而，恐惧的情绪更激烈，更容易被发现。这种强度会导致极端的技术指标。出于此目的，在众多技术指标中，本书将专注于我所观察的 3 个指标来讨论如何在最大悲观点进行交易。

指标一：波动率指数

波动率指数是衡量芝加哥期权隐含波动的一种措施。波动率指数基本上可以衡量出恐惧和贪婪。当波动率指数低时，它标志着人们自满度高。当波动率指数高时，它标志着恐惧度高。在市场下跌期间，波动率指数通常出现尖峰。当波动率指数约为 20 时，代表着人们的自满；当波动率指数为 30 或者更高，尤其是 40 或更高时代表着人们的极度恐惧。

相比于股市顶点，像一般的自满和恐惧情绪，运用波动率指数更容易预测出股市底点。在波动率指数低于 20 时，交易往往可以持续几个月的时间，这就是市场顶点。然而它有一个非常良好的预测市场底点纪录。使用波动率指数最大的好处就是：如果你认为市场正在经历一段悲观情绪时期，你可以使用波动率指数来证实这一点。图 7—1 是芝加哥期权 15 年的波动率指数图。请注意 1998 年、2001 年、2002 年和 2008 年的尖峰时期。所有这些尖峰时期指数都超过 40，这导致市场中期或长期的低迷。1998 年是亚洲金融危机低迷期并且长期资本管理公司破产；2001 年"9·11"袭击发生后出现了一个重要的探底时期，全球许多市场都见底；2002 年是网络公司泡沫破灭的探底期。

2008 年当然是金融危机。2008—2009 年期间的波动率指数反映了人们对市场的极度恐惧。通常当波动率指数超过 40 时，会交易几天或几个星期；交易市场会看到一个极端的恐惧期，然后反弹。正因为如此，我把 2008 年年底—2009年年初这段期间称为恐惧泡沫。在 2008 年秋季—2009 年 3 月整个期间，波动率指数交易超过 35。它尖峰时高达 80，唯一达到这个高点的另一次是在 1987 年股市崩盘时期。在这个极度恐惧的数字上，波动率指数徘徊了近 6 个月的时间，这就是购进的时机。当然，这次恐惧之后就是 2010 年市场的一个巨大反弹。波动

$VIX (Volatility Index---New Methodology) INDX

2010年2月2日　　　　　　　　　开盘价22.59 最高价22.99 最低价21.08 收盘价21.48 涨幅-1.11(-4.91%) ▼

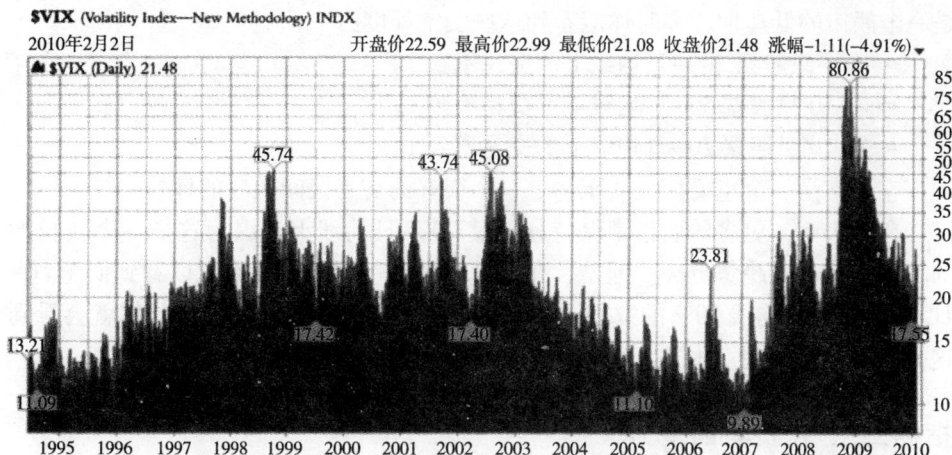

图 7—1　芝加哥期权 15 年的波动率指数图

资料来源：Courtesy of StockCharts. com（http：//stockcharts. com）。

率指数并没有告诉你要购买什么样的市场或股票，但它是一个很好的指标，用来确认你的信念。如果你相信市场处于最悲观时期并且股票价格便宜，检查一下波动率指数。如果它的尖峰较高，你就有可能看到市场恐慌，会有一个巨大的买入时机。

指标二：均线以上的股票交易

另一个我喜欢的、很棒的技术指标是股票交易百分比，是指股票交易高于其标准普尔 500 指数的 200–日均线、50–日均线和 20–日均线。一个移动平均是指一个特定时间内一只股票的平均价格。例如 200–日均线，就是指这只股票在过去 200 个交易日的平均价格。这些均线展示了股票的价格方向。从技术上讲，当一只股票的交易价高于其平均数时，它被认为是看涨的行情；当其交易价低于平均数时，就被认为是看跌的行情。然而，当过少的股票交易超出其平均数时，这就是一种标记，表明市场卖空。当市场深度卖空时，你就应买入。

当你看到该股的交易价在其 200–日均线上不到 20%，在其 50–日均线上不到 10%，在其 20–日均线上不到 10% 时，这就是一个迹象，表明市场是深度卖空并且将会强劲反弹。在过去的 10 年中，这种情况只出现过 4 次：

1. 2001 年 9 月，"9 · 11"事件后的抛售期。

2. 2002 年后半年和 2003 年年初的熊市见底期。

3. 2008 年年初。

4. 2008 年年底—2009 年 3 月的期间。

2001 年 9 月之后是 6 个月的市场强劲反弹期，标准普尔 500 指数从其低点上涨了 30% 多；2002—2003 年期间是熊市的低迷期；2008 年 3 月之后是一个非常强劲的熊市，反弹到 2008 年 7 月；当然在 2008 年 11 月—2009 年 3 月期间，也是一个熊市的低迷期。那时你能看到这些卖空程度：

- 在 5 只股票 200-日均线上的交易不到 1。
- 在 10 只股票 50-日均线上的交易不到 1。
- 在 10 只股票 20-日均线上的交易不到 1。

它通常是一个重要探底或至少是一个很好的交易区间探底的标志。

在牛市中，更多的股票都保持高于其 200-日均线上，因为这是一个较长期的均线，其长期趋势更高。但是，在牛市市场大幅调整中，你可以看到低于 50-日均线和 20 日均线 20% 的数字。如果你相信市场是在上升趋势中，你就会看到这类短期均线的超卖水平，通常标志着一个短期的探底，市场走势会更高。

指标三："投资者的智力"

"投资者的智力"（www. investorsintelligence. com）是针对投资顾问和时事通讯进行的一项测验，调查他们对于市场的意见。这些"专家们"会设置 3 个指标：牛市、熊市和中性市场。为了达到目的，我们抛出中性市场，只看牛市和熊市比率。当该比率为 3∶1 或者更高时，就意味着牛市是熊市的 3 倍。这是一种迹象，表明人们有太多的乐观情绪，市场到达顶部了。当你获得更多的熊市或者其比率低于 1∶1 时，这就意味着熊市太多，市场探底了。

像所有这些指标一样，运用"投资者的智力"指标也很难寻求市场顶点。它可以保持超买状态好几个月，直到市场攀升到顶部，或有时因为人们过于乐观，仅仅是一个短期市场顶部的标志。但是，像所有的其他指标一样，它是一个很好的指标，可以显示主要市场探底时间。

2007 年 10 月，在市场顶部时，牛市和熊市的比率数量飙升到超过 3∶1。然而 2003 年由于市场开始反弹，牛市同熊市的比率几个月的时间里都保持在 3∶1，直到市场开始攀升。这就是为什么我们说很难运用这个指标寻求市场顶部。然而，当显示市场底部时它表现超好：1994 年、1998 年、2002 年、2008 年和 2009 年都是更多的熊市超出牛市时期，这些时间里这个指标就预测到了股市的重要底部。此外，2008 年年底的熊市时期，该数字是（许多全球市场见底时）55%；在过去 20 年中我们唯一一次看到这么高的熊市指数就是在 1991 年的经济衰退底部以及 1994 年年底，恰好就在 1995—2000 年之前，那是市场开始的一个 5 年巨幅上调期。

从所有这些指标中我们可以看到，它们非常擅长预测市场恐慌和底部。因此，除了确定是否有便宜的股票外，你可以运用这些指标来确认最大悲观点时期，这样你就可以在这个最悲观的时点购进。

你可以在每周的《巴伦周刊》上找到"投资者的智力"数字（www. investorsintelligence. com）。

在投资时，询问自己一个关键问题

如果你想在最悲观时点购进，你必须问自己一个简单的问题，这个问题就是伟大的吉姆·罗杰斯曾说过的，当你买东西时你总应该问的问题——"股票还可以降多少？"从理论上说，任何东西都可以降到零，但实际上，它会吗？我的意思是当股价为每股 3.50 美元时，塔塔汽车股价已经下降到了其最高点每股 20 美元的 80% 以上。它真正能降的还有多少呢？有时候不是你买什么而是你何时买，要买多少。如果你已经等了 6 个月，你很可能会以每股超过 10 美元的价格购买塔塔汽车股，这与在每股 4 美元时购买有很大的区别。

另一个例子是苹果电脑公司股。在 2002—2003 年高科技股价大幅下跌时，苹果公司股价刚刚超过每股 6 美元，这比其 2000 年每股 37 美元的高点时下跌了 80% 还多。推出麦金塔计算机计划的失败以及高科技股价下跌使这个公司的股价大跌。然而，继史蒂夫·乔布斯从皮克斯返回到苹果公司掌权后，该公司积极推出了新产品——iPod。它开始变成一家媒体公司，这就给了它一个利基，而不是与微软公司硬碰硬对战。然后它又推出了一个新的生产线尖端笔记本电脑——iPhone 等等。它们的商店聚满了人，苹果又回来了。在随后的 4 年中，该公司股价飙升，从每股 6 美元升到每股 200 美元以上。请注意这 3 点：

- 在最悲观时点买进。
- 知道苹果有了新产品线。
- 意识到该公司拥有了顶级的 CEO。

正如前面所讨论的，新兴市场是另一个在最悲观时点交易的最近例子。

在最大悲观点购买时你必须要同自己的恐惧情绪斗争。你必须忽略这种围绕在你周围的恐惧和消极情绪去购买股票。这就是为什么我觉得我同大多数专家有所不同。我不是不断地讲述厄运和忧愁，而总是在寻找特价商品。精明的投资者总是想方设法来利用"阴霾状况"。

我给你举的几个例子就说明了这种方法的高明之处。2009 年和 1939 年是相差 70 年的两年，并且从文化角度讲也是不同的两个世界。然而从经济依赖性和便宜股票的角度来说，这两年会被放在同一时代里。这两年都给了你极大的买入机会。在每一年，如果你已经购买了最差公司股、最重债贫穷国和跌幅最大的股票，你就可能在随后的几个月里获得巨额资金。

最大悲观时点购进包含支付股息的股票

选择支付股息的股票并且在它们价格极低时购进有一个额外的优势。

同样，你必须寻找便宜货。在一段时间内，无论出于何种原因，都会有一个很棒的公司股票降价销售。也许是因为熊市中所有股票都遭受打击；也许是因为法律问题；也许是一个一次性打击等等。但是如果这个公司的基本面依然强劲，你觉得该公司将在未来数年内表现良好并会反弹，你就应该去购买它。有一个不成文的规定：每当一个强大的蓝筹公司股价下跌到其历史高点的65%时，你就应该买进它，没有任何问题。其中一些公司可能会重复通用汽车公司和安然公司之路，破产倒闭。然而，往往当一个知名公司的股票开始降价销售时，之后它就会飙升。此外，如果该公司股票反弹并且有稳定的股息支付历史，其潜在股息收益率将是非常巨大的。

然而又有另一例证，让我们看看麦当劳——世界顶级快餐公司的股票。在21世纪初，熊市和低碳水化合物的热潮摧毁了麦当劳公司的股价。电影《超重的我》更加快了麦当劳股票的下降趋势。21世纪初的"美元强势"也分走了麦当劳股票的一些利润。麦当劳股价从1999年年底的每股43美元下跌到2003年的每股刚刚超过10美元。这个下降率超过了77%，但是反弹的迹象一直都摆在那里。

目前，麦当劳在拓展国外市场。随着这些国家的发展，它们往往会消耗更多的肉类，特别是更多的红肉。最便宜的途径就是让更多的人来吃麦当劳，所以只有他们首先从这一趋势中受益，它才有意义。此外随着美元疲软以及麦当劳拥有更多的海外销售市场，这将有助于其股票反弹。此外，让我们面对这样一个事实——对于美国大多数人来说，健康饮食只是一时的风尚，大部分人都依赖快餐生活。当《超重的我》的影响消退后，麦当劳调整了菜单，开始不再推出含有反式脂肪的薯条等类食品。

该公司股价触底后飙升。到我写本书时，它从每股10.69美元升至每股近65美元，在7年的时间里获取了6倍的收益。此外，麦当劳公司支付的股息为每股2.20美元（上涨了3.5%）。然而，即使是每股10.69美元的价格，每股2.20美元的股息也代表每年有超过20%的红利！让我们记住72法则，它规定以72种方法计算你的收益率，找出需要多长时间才会使你的钱翻一番。这意味着，如果你在每股只有10美元时购买麦当劳股票，按照目前的股息，几乎每隔3年你的钱就将增加一倍！这就是在股价走低时，购进信誉良好的、能稳定支付股息股票的好处。

再看看塔塔汽车股交易。在2010年我写本书时，塔塔汽车股只支付每股0.10美元的股息。这仍是我以每股3.50美元购进价格的3%左右。但是，假如塔塔汽车回报盈利率，在股价是每股20美元时，支付股息为每股0.50美元，这仅仅是一个2.5%的股息。然而，对于我的每股3.50美元来说，就是一年14%！

另一个短期冲击的例子是奥驰亚集团股。这是菲利普·莫里斯公司的副产品之一。由于它的香烟名称诉讼案新闻，这只股票在1998—2000年从每股10美元以上降至每股3.15美元。然而，这是一个合法支出，在未来的某个时间一定会完成。我们必须记住人们总是会抽烟的。即使人们知道吸烟对身体有害，他们也可能会一直吸下去。在这场官司之后，有一个很好的机会，该项业务将会恢复盈利。此后，该公司股价已经上涨至每股 20 美元，股息为每股 1.38 美元。假如你在 2000 年以每股 4 美元购买了它，每年你的股息就将盈利近 35%！

高分红的优势是它们能使你免于股价下跌的影响。如果你的奥驰亚股息每年获利是 35%，当这只股票下跌 35% 时，你仍旧持平。此外，你还可以把股息再投资到这只正在上涨的股票。如果你愿意，你也可以靠股息生活。在当今世界，政府不再支付短期利息时，像这样的股息就将变得更加重要。

估价、反向投资和在悲观情绪时投资

在它们不再流行以及价格便宜时，购进不良资产股是未来数年中我推荐的另一种策略。除了投资宏观趋势，如黄金、石油和其他资源外，我们还建议要有耐心去等待稳定的大市值公司支付股息。如果一家这样的公司股价下降，或者是由于短期问题，或者是由于市场下跌，请充分利用该公司的下跌吧。如果它有一个很好的长期股息历史记录，那么这就是异常情况。你的购买时机很重要，最好的办法是在一个大企业股价便宜时购进，而不是在它被公平定价或高估时购进！

2009 年年初新兴市场、赌场股或银行股崩盘了，它们就成为最好的买进行业。大多数人最讨厌和遭受打击最大的部门经常是带给你最大利益的部门。作为一名逆势投资者，购买饱受打击的公司股，需要更多的勇气，但正如我们已经在本章中所见的那样，这样做你也能赚很多钱！

邓普顿在最悲观时点购进

约翰·邓普顿在 2008 年去世。具有讽刺意味的是，就在金融危机期间，就在市场充满了恐慌、恐惧和最大的悲观情绪时去世。本章有点像他的颂歌。2008 年末—2009 年期间不是一个新的长期熊市的开始，而是一个很棒的交易时机，部分原因是股市的下跌是由于大家的恐惧造成的。许多受创最严重的行业，如银行、赌场和汽车业，在接下来的一年中，到 2009 年 3 月底，上涨了 200%、300%，甚至超过 1 000%。股票可能会在未来的 5～10 年范围内上涨，对那些愿意逆向投资并且利用恐惧心理购买估价过低资产的人们来说，恐惧和惊慌情绪的爆发会带来一些估价过高的部门和巨大的投资受益和交易机会。

第四部分

投资于新兴经济体

第 **8** 章 中 国

—— 怎样以及为何你应该在这个超级经济大国投资

当我们审视中国时，必须谨记：我们现在经常打交道的这个中国，并不能够真实地反映这个国家的过去。回顾过去，千百年来，中国一直是世界上进步最快、最先进的国家之一。哪怕你仅仅向前追溯几百年至中世纪，你也将会发现那个领先欧洲大陆万里之遥的中国。

中国是东亚地区最大的国家，也是世界上人口最多的国家，有超过 13 亿的人口。显而易见的是：中国正在成为世界上最重要的超级经济大国。在过去两千多年里，中国是世界上最大的经济体。尽管它错过了工业革命，但在 20 世纪 70 年代实施的经济改革使其重新成为世界上的主要经济大国之一。这种从中央计划经济的封闭体制向以市场为主导、迅速增长的私营经济体制的转变，使中国成为全球经济的主要参与者。这些被称为"中国特色社会主义"的改革是先从逐步淘汰集体农业开始的。农产品的定价出现了大幅的上涨，集体土地制度逐渐被废除，被联产承包责任制所取代。该制度促进了平等标准的形成，该标准规定个体劳动者要自主经营，自负盈亏。随后，中国在实行财政分权的同时还逐步在其他经济部门实行了成本自由化。这些政策增强了国有企业的自主权；为银行系统多样化夯实了基础；加快了股票市场的发展；促进了非国有经济的迅速发展；并且增强了对外贸易的开放程度及准许外资进入的程度。所有这些政策造就了世界历史上最快速的一次工业化进程。

我的周期和运动理论不只是与美国股市相对比的产物，而且还包括在经济实力上将有一次从西方向东方的长期重要转变，中国将在这次转变中成为最大的新兴经济体。你的投资理念不应只依照诸如黄金和大宗货物的通货膨胀为导向，还应该关注这些国家。正如《股市枯荣及厄运报道》（*Gloom Boom Doom Report*）的编辑马克·费伯博士在近期的文章中所陈述的那样：你的资金中应有将近 25% 是投在新兴经济体中的。在本章，我将向你阐释为什么中国应是这一投资的重要组成部分，以及怎样在这个超级经济大国进行投资。

20 世纪 40 年代以来的基本概况

中国自 1949 年后，一直处于政治稳定的环境之中。政府在 20 世纪 90 年代优先考虑立法改革，并且制定了一系列法律，用以实现这个国家的依法治国。此外，为了使引入的改革具有说服力，还对刑法和刑事诉讼程序进行了修订。刑法修正案对刑事诉讼程序的改革旨在鼓励建立更透明、更公正的审判程序。

中国与大多数国家的外交关系良好，并且随着自由贸易量的增长，与大多数国家的友好关系还将继续。中国注重保持"和平崛起"，每年国内生产总值净增长是10%左右，而美国是3%左右。为了抵销全球经济危机的影响，中国政府宣布将在两年内发行4万亿元用于财政刺激的政策。然而政府实际用于抵销经济危机的资金份额仅为1万亿元，其余资金已分配为政府预算的一部分。2009年，中国超过德国并取代其领先的出口国地位。尽管目前的经济势态低迷，但中国的世界出口份额仍从1999年的3%跃至10%。目前中国占有美国出口市场份额的19%。随着经济总量增长至4.91万亿美元，中国现在已经成为世界上第二大经济体。中国人均国内生产总值约是世界上的第100位。

尽管市场改革和外商投资所涉及的主要企业遍布世界各地，中国的经济在某种程度上仍保持快速发展。

世界的新债权国及其滋生的权力

随着黄金慢慢地从伦敦的储存库转移至纽约，美国在20世纪成为了世界上的主要债权国。二战期间，美国甚至还借给英国紧急贷款以便其偿还战争期间所欠下的金融债务。回溯到那时，美国是债权国，而英国是债务国。至20世纪80年代，即使美国承担着繁重的债务负担，但是从某种程度而言，美国仍然是一个自给自足的国家，其国家债务中仅有20%掌控在外国人手中。随着20世纪80年代"超级泡沫"（我们之前讨论过的）的出现，其外债额度也开始随之增长。随着中国经济的扩张以及其对外开放，其对外出口的主要市场是美国。由此，美国和中国开始建立了一种互利关系。美国从中国购买东西，而中国从美国购买美国国库券。这种布局使得美国的外债额度在2009年几乎增长至国内生产总值的50%。

成为债权国的影响——地缘政治力量

所以，你看，这是一笔大交易。美国曾经拥有许多英国国债，而如今中国拥有许多美国国债。是的，债务可以演变成终极武器。20世纪50年代中叶，英国本应将苏伊士运河的主权移交给埃及。当时的埃及总统纳赛尔想把运河收归国有。然而英国考虑到该运河的重要战略意义后，想保留对该运河的主权。1956年，英国和法国在以色列的支持下决定对埃及进行袭击。

美国不同意这次军事冒险。艾森豪威尔威胁道："如果英国不立即停止这次

冒险，美国将抛售部分在二战期间因贷款给英国而持有的英国国债。"这实质上
是一场金融战争。如果美国坚持跟进这种威胁，英国的利率将会猛然上涨，刚刚
经历二战开始复苏的英国经济将戛然而止。英国军队被迫撤离，苏伊士运河的主
权移交到埃及人手中。

现在，中国拥有大量的美国国债，目前总额已经接近 1 万亿美元。这些国债
仅相当于美国尚未偿付债务的 8%，但是如果中国抛弃其全部债券，这将对美国
经济产生巨大的影响。从短期来看，这种情况也不太可能出现。因为持有美国国
债能够帮助中国维持其稳定的低利率，并且有助于促进中国经济发展。然而我们
的看法是：从今往后，中国对于美国的依赖程度将会减少。截止到本书出版时，
中国具有高额的储蓄率，约占其国内生产总值 35%。中国人处处节省，他们收
入的 30%~60% 都用于储蓄。中国人总是在他们的收入水平范围之内消费，而
美国人的生活却总是入不敷出。

中国人将会重建他们的购买力。例如，中国经济中的消费支出占国内生产总
值的比例从 1982 年的 52% 下降到 2008 年时的 33%！与此同时，储蓄率在国内
生产总值中所占的比例从 33% 上升为 52%。投资率在国内生产总值中所占的比
例从 1% 爬升至 45%。目前，中国人正处在通过设立消费信贷来刺激消费者的消
费需求。中国拥有 13 亿人口，因此中国只需要按照美国人均消费的标准，创造
出 1/4 的需求量，就可以取代他们对美国的出口量。此外，我们不能忘记亚洲有
36 亿的人口，这相当于美国人口的 12 倍。因此，按照美国人均消费中国商品的
标准，只要亚洲创造出美国商品消费量的 1/12，那你就将会看到亚洲取代美国
的需求量。

值得一提的是，记得在 2009 年，汽车在新兴世界的销量超过了在第一世界
的销量。这一统计数字最终将慢慢转成冰箱、电视、DVD 机、服装和其他消费
品的销量。因此，从长远看来，中国将会发掘其他市场用以取代美国市场。为
此，从某种程度上讲，未来中国对美国的依赖性将减弱。

这种出口演变成市场选择将会产生大量后果。首先，这意味着中国最终购买
的美国国债数量将会减少。其次，这也意味着中国目前所拥有的美国国债可以用
于调节各种各样的经济战争。我预测在不远的未来某一时间里，美国将会陷入一
场为中国人所不认同的风险之中。那或许是伊朗，因为中国和伊朗交好。我记得
2004 年到中国旅行时，看见过一则广告，说伊朗是个值得旅游的好地方。如果
美国有攻打伊朗的计划，而中国不喜欢美国这么做，中国就会警告美国。如果美
国继续进行这种军事冒险，中国将会抛出其拥有的美国国债。到那时，就好像苏
伊士运河危机代表着世界霸主地位从英国转到美国一样，这种潜在的冲突可能代
表着世界霸主地位从美国到中国的转变。现在人们认为冲突不可能发生，因为这
两个国家有着经济联系。但是请记住在 19 世纪末 20 世纪初时，很多人认为欧洲
不可能发生战争，因为欧洲各国之间存在大量的贸易和经济往来。然而 50 年后，

在欧洲发生了两次主要的世界大战。中国可能不会动用枪炮和空军力量来对抗美国，但是会使用最具力量的武器——经济。

中国经济的增长——是奇迹还是泡沫？

我们都看到了中国在过去的30多年中所取得的"奇迹"。在那期间，中国经济平均每年增长率是9%。中国也出现了资产过百万的企业老板。我们不仅谈论那些或许是由于政治关系（像在俄国那样）才增长了手中资产的老板们，我们还在讨论那些在出口业、当地酒店业或在当地批发业方面做生意的企业家们。

如上文所述，中国经济增长的主要组成部分是对美国和其他西方国家的出口销售。在1990年年初，中国每月对外出口贸易额刚刚超过50亿美元；到2008年时，每月出口贸易额就猛涨至1 350亿美元。然而由于全球经济事态低迷，2009年年初，中国的出口贸易额直线下降。图8—1就显示了中国出口经济的繁荣和随之而来的萧条。

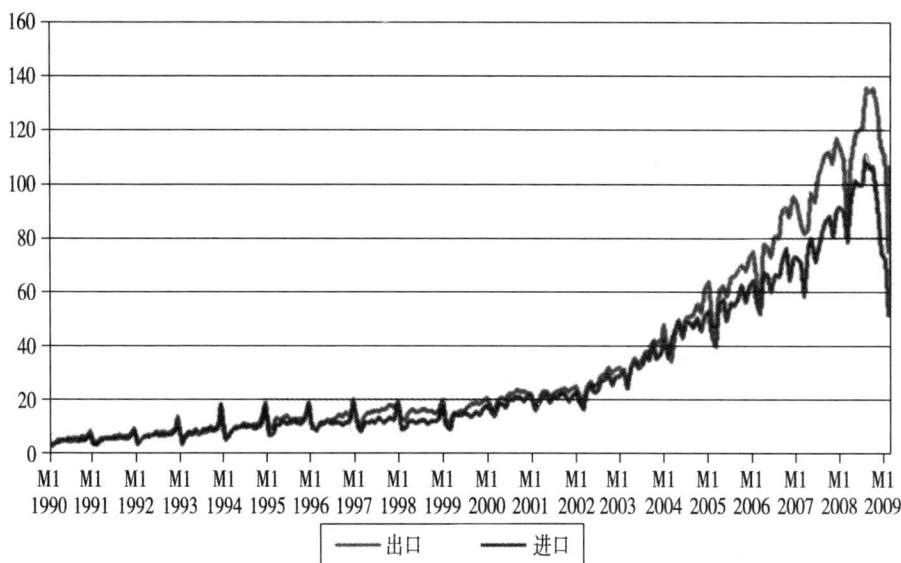

图8—1　中国月进出口量

数据来源：www. japanfocus. org/~Brad~Setser/3016。

为了应对这种出口贸易的下降，中国启动了庞大的经济刺激计划。中国向下拨款4万亿元人民币，用于经济刺激计划。其数额相当于5 830亿美元，这种经济刺激计划远远小于美国7 000亿美元的经济刺激。然而，中国经济只有约43 300亿美元的规模。因此，当美国的经济刺激相当于其国内生产总值的6%时，中国的经济刺激已经多于其国内生产总值的13%。相对于各自的经济规模而言，中国的经济刺激已经相当于美国经济刺激的2倍了。中国国内生产总值的各项明细是：1.5 万亿元用于基础设施建设，1.0 万亿元用于灾后重建，3 700 亿元用于科技发展，2 100 亿元用于可持续发展，1 500 亿元用于教育发展，4 000 亿元用于社会福利，3 700 亿元用于农村发展。

让人大吃一惊的是，2009 年，所有这些支出所带来的赤字仅占其国内生产总值的 2.2%；相比之下，在同一财政年度里，美国却超过了 11%。由于拥有巨大的贸易顺差和储蓄量，中国还远达不到政府债务危机的水平，其政府债务只占 22.2%，是国家总债务的 1/5；相较于国内生产总值而言，美国已经达到了债务危机的水平。在加拿大西北地区的伊努维克召开的 G7 会议上，讨论的要点之一就是中国的经济泡沫问题。最显著的问题是中国的房地产泡沫。有时我们认为应该让西方政府停止使用有色眼镜看问题，或者应该让他们自己照照镜子。

是的，本世纪初中国的信贷危机将成为一个问题。2009 年的贷款增长超过了其 2008 年水平的 100%。2009 年，中国货币供应量上涨了 30%，其中的大部分是用于为经济刺激计划提供资金。有的用于空城建设，还存在资金分配不当等问题。然而正如我们前面所言，中国债务只占了其国内生产总值的 22.2%。它们可以依靠巨额的储蓄拉回。普通的中国人不像普通的美国人那样炒股或做房地产生意。

另一方面，工业化世界存在着巨大的问题。养老金的拖欠成为一种无资金的负债形式，由此美国的债务泡沫生成并且呈现出一种不可持续的水平。他们应该担心的不是中国的信贷泡沫，而是美国的债务泡沫。然而，对于依然傲慢自大的西方世界来说，他们仍在研究新兴国家的发展问题，而并没有意识到，正是他们自己，在妨碍严重经济问题的解决。

如第 2 章中所言，美国的债务泡沫总额占国内生产总值的 350%，其中包括私营部门的债务。把中国的债务作为国内生产总值的一部分去处理是很困难的，但是我们认为在南方的某些重要城市或地区，债务占到了 100%。因此，如果中国的债务泡沫爆炸，其效果将是消极的；然而，就其规模与整个经济相比而言，它是无法同美国相比的，美国的债务泡沫是针对整个美国经济而言的。因此，债务泡沫不会对中国经济产生那么戏剧化的影响。

18 世纪出现的"两次泡沫"提醒着我们——英国的"南海泡沫事件"和法国的"密西西比计划"，两者几乎在同一时间爆发。"密西西比计划"使法国陷入萧条，迫使整个国家金融瘫痪，最终导致了法国革命。同样，在英国出现的"南海泡沫事件"也对经济造成了严重的损失。美国的次贷危机和房地产泡沫几乎毁坏了美国的经济。然而，中国的泡沫并没有那么巨大。我们愿意打赌，当这种贷款泡沫即将破裂时，中国的股市可能会下降，但中国任何泡沫的内爆都不会产生任何毁灭性影响，而美国的债务泡沫的内爆则会对美国经济造成毁灭性影响。

中国贸易顺差的效果——世界范围的投资

当美国将其资源用于破产的政府计划或浪费在与阿富汗和伊拉克的战争之中，中国人却把他们的钱投资于资源丰富的非洲国家以确保自然资源的供应安全。非洲国家因为缺乏资金而无力开发其自然资源，而中国正为它们提供这种链接。联合国贸发大会或联合国贸易和发展会议（UNCTAD）（www. uncTAD. org）的数据显示：中国在 8 个非洲国家投资超过了 5 000 万美元，并且已在 19 个非洲国家进行了投资。我生活在巴哈马群岛上的一个小国家，中国已经为这里的旅游业投资了 25 亿美元，为这里的体育馆建造投资了 3 000 万美元，并且为巴哈马政府提供了价值 1.5 亿美元的最低利息贷款。其本质内容在于：当美国正在急速走向破产时，中国正在进行全世界范围内的投资。千里之行积于跬步，中国投资的足迹正在这个星球的各个角落显现出来。

中国会统治世界吗？

中国会成为控制地球的下一个帝国吗？显而易见的是中国将会持续发展下去。我确实相信中国会成为一个经济强国。然而，我并没有像某些人那样担心中国。历史告诉我们世界上许多伟大的超级大国——古希腊、罗马帝国和不列颠帝国都是议会民主制，它们都不完美，而美国是最自由的国度之一。然而当经济实力达到顶峰时，英国和美国都不约而同地在文学、音乐和电影方面引领全球。

诸如美国的厄普顿·辛克莱尔和英国的查尔斯·狄更斯那样的作家都能够通过文学来揭露他们所处时代的社会黑暗。辛克莱尔的名著《屠场》揭露了美国肉类加工业的肮脏与剥削。狄更斯通过他的名著《雾都孤儿》详细地描述了童工的可怕境地以及此类细节。中国进一步的开放，将使世界认知其全部经济潜能。

让我们从单纯的人口统计角度来看看中国的人口分布。人口统计在我们这本书中所谈到的长期趋势中扮演了重要角色。例如，由于有利的人口结构，美国在 20 世纪 80 年代和 90 年代出现了经济大繁荣期；日本在 20 世纪 60 年代、70 年代和 80 年代出现了经济大繁荣期。美国和日本都在各自达到盈利年度的顶峰时认识到了各自人口的庞大数目。大批工人和普通收入者们有钱去投资，这有助于扩展其经济发展空间，刺激消费者需求，并抬升资产价值。然而自 2000 年以后，美国出现了生育高峰期出生的一大批人的退休问题。这些退休人员将成为股市的净卖家，此外，这些退休人员还会从一些应得的权益计划中支出资金，并且以此形式给福利体系造成负担。

中国的计划生育政策破坏了其人口构成。例如，中国将近 50% 的人口年龄处于 15 ~ 44 岁之间，而且将近 44% 的人口在 30 ~ 59 岁之间。我们仔细考察后会发现接近 44% 的人口在 30 ~ 59 岁之间。再过一代人，或再过大约 30 年时间，他们将会处于 60 ~ 89 岁的年龄段。那时他们非但不会为经济发展做出贡献，还会产生依赖性。此外，中国人口性别结构也在发生变化，在 15 年后男女比例将会成为 1.13∶1。育龄期女性的生育率将会是每位女性平均生 1.75 个孩子。简而言之，这就意味着再过 30 ~ 40 年，当中国开始变富的时候，中国将会变得"衰老"。这是很重要的，因为上两个帝国的人口都是在不断增长的。美国拥有大量的移民，而英国人口增长的数目也很庞大，因为英国不断扩张其势力范围，可以从殖民地吸收人口。

如果中国的人口不再增长，并且成为一个需要背负赡养众多的、依赖性很强的老年人的老龄化社会，这种意外开支将会阻碍其长远发展。我们必须谨记：20 世纪 90 年代困扰日本的一个主要阻碍就是人口问题。就像有些人认为日本能够取代美国成为世界霸主那样，日本没能取代美国世界霸主地位的一个主要原因在于其人口停滞不前和人口老龄化。突然间，出现了一大批以接受权益为目的的人口，这些人成为了日本财政系统的负担。如果中国不逆转方向，中国将会重蹈这个覆辙。我认为对于中国而言，最大的恐惧不是成本问题，而是生产力问题。随着西方福利计划在未来几年的最终上涨，东方世界将不会再犯同样的错误。20 世纪 90 年代的信贷泡沫让东方世界从中学习到了这些。他们将会建立私人退休金，在亚洲会有越来越多的人照顾自己的父母。最终，西方世界将不得不结束其享有福利的心态，而东方的国家看到西方所出现的问题后，将不会再犯同样的错误。

对任何经济体而言，严重的经济衰退都是不可避免的。即便美国把自己建造成超级大国，分别在 1907 年、1929 年和 1937 年，也出现了巨大的经济衰退现象。然而，在中国，任何巨大的衰退都将会导致大量的失业。

如何在中国投资？

尽管存在这些问题，中国还是创造了巨大的投资机会。A 股对外国人的限制使得在中国的投资变得复杂，但是却有很多方法绕过这一限制。在中国进行投资可以按照以下方式进行：

● **商品**。如果你害怕在中国进行直接投资，那么你可以投资商品或其他方面。根据中国的长期繁荣趋势，间接投资也会得到很好的收益。因为要求这个拥有 13 亿人口的巨大经济体增长率维持在 9%，中国经济将会对越来越多的商品有持续需求。商品参数的组成部分不仅仅是美元贬值或是货币的印刷，还与来自中国和印度的需求相关。

中国对大多数工业产品的需求已经排在了世界第一或第二的位置，诸如黄金、镍、铜、石油和汽油。因此，你或许可以把商品投资（如第 6 章中所指出的）作为一种间接的投资方式，而不必冒险直接投资到中国市场。就像你将在第 10 章中读到的那样，向中国出口商品的生产国采用或许是一种间接投资方式。

- **中国交易基金。** 在纽约证券交易所有一些反映中国股票的交易基金。同样，许多中国的大型企业（如下）也在纽约证券交易所进行交易。最大的、最具流动性的交易基金是 FXI 基金，该基金的大盘股持有者包括中国的银行、基础设施、科技和保险公司。这是在中国投资的最简单和最广泛的方法。

- **中国存托凭证。** 此外，许多诸如中国电信、中国南方航空公司、百度、吉林化工工业股份有限公司等大型企业，也在纽约股票交易所进行交易。在经济体发展过程中起作用的最简单、最明智的方式是购买一家大型的银行股或电信公司股。例如，假设你在 20 世纪 30 年代—90 年代期间拥有贝尔公司股票或美国电话电报公司股票，那么你将会在股票价格方面大赚一笔，此外你还将通过股票分红来获得巨额的利润。例如，中国电信公司自 2003 年在纽约证券交易所上市以来，其美国存托凭证收据（ADR）已经翻了两倍多，所得分红也将近 3%。

- **在香港证交所交易的股票。** 许多中国公司已经在中国香港股票市场上市，那都是些中到大层次的公司。这些类型的公司是可以影响到中国经济的。此外，在一个领先的并具流动性的交易所，如香港证交所，你可以购买这些股票。

- **在场外交易或在美国交易所交易的中国小盘股。** 这些投资能够带来巨大的利润。毕竟资金收益最大的往往是些中小型的公司。这些中小企业能够扩张、发展成为超级企业集团。当然了，这就是一些像戴尔电脑、苹果电脑和微软公司那样的公司在 18 世纪和 19 世纪所做的事。有小部分的企业会在场外上市或在美国证券交易所上市，并且急速发展。然而，在这种类型企业投资要冒很大的风险。中国的会计准则与西方准则不同，并且这种类型的公司都有可能伪报数字或做些类似的事情。这类公司都利用优势将其变成空壳公司（空壳公司就是指没有贸易交易，只是有一个空壳子）并依靠自己的优势显示在美国投资者面前。对此你一定要谨慎，因为许多这些公司都会大肆鼓吹自己或者只是不能实施它们的商业计划。

中国在你投资组合中的角色

在接下来的 5~10 年间，中国经济将持续地以高速继续增长，其中在商品和基础建设方面将尤为突出。因此，我认为作为一个谨慎的投资者，无论是通过间接的商品业务进行投资，还是通过向中国销售商品的方式进行投资，抑或是通过股市对中国的公司进行投资，都应该把在中国的投资作为你投资组合中的一部分。

第**9**章 印度

——长期投资策略

正如第 3 章中所示，超长的经济周期的投资策略应当包括全球主要的超级经济大国。在 21 世纪，另一个正在崛起的大国是印度。甚至还有人将中国和印度归类为"中印"——一个拥有 25 亿人口，正向自由市场开放本国经济的两个大国的结合体。

从 2000—2010 年，标准普尔 500 指数下跌了 24.1%，而事实上，印度市场上涨了 248.9%。这是一个长期的趋势，只是刚刚开始并将继续下去。正如你稍后将在本章中所读到的，由于印度在经济上实行对外开放要比中国晚，因此，它正处于其经济上涨的前期，这种经济增长是从头开始的。此外，印度人口是世界上人口最年轻的国家之一，引领着强大的人口趋势。该趋势将增加消费需求，上扬股票市场。在本章中，我将向你展示印度是如何成为一个正在崛起的经济大国，以及你如何可以从其优势中获益。

印度的崛起

大部分的投资者们看似都认为中印的崛起是近几年的一个现象。然而这些投资者们并没有意识到中国和印度的崛起更倾向于是一种民族复兴，而不是一种新的发展。正如 16 世纪的那本《世界经济：千年视角和历史统计》（*The World Economy：A Millennial Perspective and Historical Statistics*）书中所描述的那样："莫卧儿帝国是世界上第二大经济体，占全球经济 24.5% 的比重。"那时世界上最大的经济体是明朝时期的中国，约占全球经济 25% 的比重。因此，实际上在 16 世纪印度与中国是全球经济的领导者，占全球经济近 50% 的比重。从某种程度而言，我们现在只是在追本溯源而已。

根据同一本书记载：1600 年，印度国王阿克巴的私人财产是 1 750 万英镑。这个数目相当于不列颠帝国的所有财富，那时它的财富仅有 1 600 万英镑。到 1700 年时，印度开始在莫卧儿帝国范围内设立了常见的税收及关税系统，这使得奥朗则布的国库财富超过了 1 亿英镑。这是同期欧洲大陆所有财富的两倍，也因此使得印度成为世界上最大的经济体。

到了 18 世纪，莫卧儿帝国的北部由纳瓦布掌控，中部由马拉塔人掌控，印度的南部由尼克塞姆斯掌管。这个国家有些四分五裂了。

这就给了英国一个机会去接管印度，并资助印度使其成为一片新的大陆。英国也确实为印度建造了基础设施——庞大的铁路系统，并且设立了习惯法，为印度带来了稳定。而英国的主要目的在于从印度经济中剥削资源。我们一定要记得这是印度，曾一度被认为是大英帝国的宝石，不是加勒比海地区、非洲，甚至是美国或者加拿大可以媲美的。这也就是英国紧紧抓住印度不放手的主要原因。

然而，英国馈赠给印度的遗留物对印度的长期发展产生了强有力的影响。通过把大量的制造业迁往英国而对印度经济进行了"去工业化"。印度这个曾经在17世纪一度代表世界经济25%的国家，到1952年经济衰退到仅占全球经济的3.8%。其经济份额大量削减是因为北美和欧洲的巨额增长侵占了印度的份额，但是经济衰退也有那个时代经济发展停滞的原因。

此外，还有那些骄傲自大的国外负面影响的反映。比如荷兰和英国的东印度公司，这是一些不寻常的公司（它们拥有自己的武器等等），独立后的印度进入了一种孤立主义状况，惧怕外国人再一次剥削这个国家。在17世纪中期许多银行实行了国有化，经济仍然停滞不前，经济危机接连不断。自20世纪50年代至20世纪80代期间，印度经济的平均增长率仅为3.5%，人均国民收入每年增长1.3%。此外，在1950年需用4.7卢比购买1美元，到1990年需用17.5卢比购买1美元。在这段时期，印度是一个绝望之地，经济遭到了严重的国家干预，彻底实行五年计划。

毫不意外的是，1991年这个国家陷入了经济危机。政府债务从1980年占国内生产总值的35%，增长到1991年的占国内生产总值53%。印度不得不使其货币贬值并执行由曼莫汉·辛格（时任总理）推行的经济改革。到1992年卢比贬值为1美元兑换45卢比，但是相较以前逐渐稳定了下来（到2010年我写本书时为止，卢比与美元的汇率为46∶1）。印度从国际货币基金组织借得22亿美元的贷款，并开始改革。税收从1991年高达355%削减至2009年的12.5%。

腐败和贫穷——印度的致命要害

印度仍然存在各种各样的问题。贪污腐化与官僚陋习在地方政府时有发生。一组统计数据表明，2008年，有100多名参加议会竞选人员被进行了刑事调查，这些刑事调查涉及强奸以及其他形式的暴力犯罪。根据 Arabianbusiness. com 显示：在2009年参加竞选的候选人中，其中63人有某种犯罪记录，其中39人被提出了严重指控。

此外，印度在基础设施建设方面存在着巨大的问题。破旧的公路和狭小的机场阻碍了这个国家的发展，就更不用提大量的官僚陋习了。邻国巴基斯坦政府对商务活动和商业程序的干预要低些，自由水平要比印度高得多。印度还存在水资源短缺的问题，国内使用石油的85%需要依靠进口。然而，后一些问题同时也为能够找到方案解决的人们提供了巨大的机会。为了谨防石油短缺，印度已经在印度洋区域发现了储量巨大的离岸天然气资源，他们只需将其开采出来即可。据估计，印度的离岸储量足够使他们的能源自给自足。

许多评论家还指出了这一事实：在印度有22种语言，而且孟买恐怖袭击确实表明了对于穆斯林原教旨主义的某些恐惧。毕竟，该国有超过1.5亿的穆斯林信徒。然而，值得注意的是，考虑到这个国家里的宗教信仰是穆斯林、佛教、印度教和基督教的混合，事实上印度11亿人口中宗教斗争是相对很少的。

这个国家的文盲率很高（接近35%），并且主要城市的污染很严重。印度还必须执行一些普及公共教育的体制，这对人口超过10亿的国家而言并不是件容易完成的任务。

由于其民族统治，使得建立工厂或扩展一些产业变得更为困难。这就使得其增长的速度减缓了。例如，塔塔汽车公司曾要为内诺车在西孟加拉辛古尔建造工厂，但是由于民众抗议最终不得不将工厂迁移至古吉拉特邦（印度的另一个省）。印度债务与国内生产总值的比例要比中国高得多。中央情报局2009年世界概况数据显示：2008年度印度债务盘桓在国内生产总值的58%。这一百分率是中国比率的两倍还多，中国的债务仅为国内生产总值的22%。但是，这对于一个发展中的第三世界国家而言是正常的。从长远角度看，印度应该可以克服这些困难。在过去的20年间，印度已经克服了许多类似的障碍，并且成为世界上经济发展速度最快的国家之一。

印度——从长远看来比中国机遇更多吗？

其实和我持同样观点的人还是少数，但是从长远角度来看，与中国相比我更看好印度。就像你刚才看到的那样，印度存在着各种各样的问题。每当人们试图把事情做好的时候，印度的民主制度往往会转变成无数的程序和障碍，从而导致了长期的延迟。然而，这也保证了不让人们打着经济增长以及所谓的经济进程名义"赶超"。从长远角度来看，我认为这些将会导致更可持续的长期增长。

你一定要记住，在构建一个经济体和国家时，重要的因素不仅仅在于自由市场、政策、法规和税收，还要建立一种文化。印度有宝莱坞电影产业，在斋浦尔有举世闻名的书展，甚至出现过最热销的书，诸如《白老虎》、《杀手背后》、《最大城市：孟买失物招领》和《问与答》（电影《贫民窟的百万富翁》就是根据这本书改编的）。许多文学作品没有最大限度地描写这个国家。实际上，当你在读这些书的时候，你能够感觉到印度社会那种不成熟的状态。这些书使你想起狄更斯在19世纪探索英国黑暗迂腐的社会。这种开放对于印度的长期发展是很有帮助的。我们必须记得最后两个超级大国：美国和英国，它们都曾拥有过这种开放，这并不是一种偶然的机会。

印度的人口结构也比中国的更好些。事实上，他们与世界上任何其他国家做的一样好。印度 31.1% 的人口处于 14 岁以下，有 7 亿的印度人处于 35 岁以下，平均年龄为 24.4 岁。目前印度平均每个育龄期女性生 2.75 个孩子。这就意味着印度人口正在被年轻一代所取代，这就有助于该国的未来发展。

当你拥有如此年轻的人口时，有两件事就会发生。或者可以为人口提供持续增长的经济或有意义的工作，或者你会看到社会或国内的动荡不安。此外，由于印度的经济增长发挥了其内在潜力，那么最好由更多的年轻人来担负起社会的重任，并以此对抗人口老龄化和养老问题，而且年轻人更趋向于奋进。年轻人不会对传统的等级制度或传统婚姻感兴趣，他们会对开放经济和向前发展更感兴趣。他们会更加开放地对待外国投资、外国人，并且与外国人进行社会化的融合等等。

印度人也像中国人那样，存储了巨额的资金。按照发展中国家和发达国家的宏观经济数据，以及亚洲经济数据库（www. ceicdata. com）数据估计：印度的储蓄率在 1990—2008 年，从 20% 增长到了近乎 31%。

此外，印度的出口选择看起来要比中国多。中国的出口增长依靠向美国出口廉价商品，我们注意到在过去的一年内，中国的出口量下降了很多。从另一方面讲，印度主要是一个技术导向型国家，印度开发中心延伸到世界各地。此外，世界范围内的许多公司因工资水平低的缘故而选择聘请印度工程师。印度已经把智力支持作为其主要输出之一了。世界上大概有 1/3 的工程师是来自于印度。印度必须继续构建制造业以推动其经济向前发展。然而，印度和中国不一样，中国的经济增长是构建在向外国人出口的基础上，大部分商品是出口给美国。而印度可以构建制造业并建立在向印度本国人和亚洲其他国家出口的基础上。

在基础设施方面，印度落后了中国一大截。中国花费了数十亿去修建公路、运河、购物中心和机场。正好相反，印度的基础建设已经老旧、不能使用。例如，印度的大部分铁路还仍然是不列颠帝国时期遗留下来的。中国期待其经济可以通过新的基础设施飞速发展，而印度对于基础设施建设所做的努力则刚好相反——基础设施的建设落后于私有产业的增长。据《印度时代》报道：印度的信息技术巨头——印孚瑟斯技术有限公司，每年要花 5 百万美元用于向办公室运送员工，因为在班加罗尔这座城市中没有主要的交通运输工具。

显然，坏消息是印度缺乏基础设施建设给经济增长设置了障碍。时间都被花在了乘坐交通工具中呼吸着被污染了的空气，或者是花在了在机场等待航班的过程中。这些都对国家效率产生了破坏性的影响。美国哥伦比亚大学的经济学家的过程贾格迪什·巴格瓦蒂认为这种基础设施的缺陷会使国内生产总值降低两个百分点。好消息是印度已经开始处理它的基础设施问题。从投资的角度来看，这种需求会导致基础设施建设企业的发展，并创造机遇。政府已经宣布了一个计划，打算花费 5 000 亿美元用于基础设施建设。基础设施建设完毕后，到 2011 年估计其 GDP 的增长大约是 11%，比 2000 年上升了 4%。

然而，我更倾向于把这种基础设施的匮乏看做是一件积极的事情。印度人民正从头建起。那里有各种各样的小企业者，他们拥有香料棚子和糖果棚子，还有其他形式的小本生意。印度也有许多顶级的公司。印度政府的主动性落后于这种个体的主动性。因此，政府可以加强基础设施建设，而不是担心国家的发展要靠基础设施建设。这种建设甚至将会更加促进创造新产业和经济增长。

积极的方面在于，尽管印度的经济中仍然存在各种计划，却不是以中央计划经济的形式存在的。由于其政治体制的裂痕，普通创业者在增长，并且引领着向前发展的方向，而在这一过程中政府已经滞后了。一种经济体在自由的情况下有其自身的建造方式。只需看看 19 世纪的美国，那时实际上并没有经济计划。一切都是从头建起，然而那时美国的工业、铁路，以及众多的商业企业都出现了巨大的发展，呈现出一片繁荣景象。20 世纪 50 年代的高速公路扩建是美国首次出于运输军用物资目的而进行的计划经济，但是这次基础设施建设最终以建立众多加强旅游和运输的公路为结果。这种结果反过来又对生产效率具有促进作用。

印度还是落后于中国，这就意味着印度还有很大的上升空间。中国从 1978 年开始改革，并且在 90 年代前期真正地发展了其自身经济。印度是从 1991 年开始进行改革，并将于 90 年代后期使其经济得到实质上的发展。因此，印度的经济要落后于中国大约 10 年，正处于其增长阶段的早期。此外，印度的人均国内生产总值为 2 900 美元。这就意味着仅仅是要赶上中国的水平，印度就需要增长两倍多！当然，这也意味着更大的发展空间。印度的平均需求使其财富上涨两倍就可以赶上中国。

印度的决策是从私人和公共机构所提出的建议中挑选出来。如第 9 章中所讨论的那样，在应对全球经济危机中，中国实施了一个令人印象深刻的刺激计划。许多批评家担忧这么做会引发经济泡沫。而在印度政府开始增加经济刺激计划时，在印度的任何地方却见不到这种类型的借贷。大多数的印度银行还处在某种政府控制的形式下，这是 20 世纪 90 年代进行国有化的结果。它们非常保守，没有被卷入次贷狂热之中。在近期的经济衰退中，印度没有疯狂地试图扩大消费需求。

印度的货币政策很强势。你从这本书中能够发现我不是印钞和央行的热衷者。我感觉它们不断促进通胀的无尽力量给全球经济造成了巨大的损害。但是印度拥有一家世界上少有的、具有远见的中央银行。它们最近购买了 200 吨的黄金，该行为更加证明了这一观点。它们并没有拥有大量的美国国债，在各种通胀情况下不容易受到影响。此外，与美联储不同的是，印度承认资产泡沫对经济增长和经济紧缩有着巨大的作用。它们会使用货币政策减缓资产泡沫而不是只听任通胀的发生。如果印度的中央银行能够带领印度避过这些令其他国家饱受折磨的严重资产泡沫，会对印度经济的长期发展产生十分积极的作用。

不引人注目是一件好事

从长远角度看，这种缺乏中央计划经济事实上对印度的发展是有帮助的。让我给你打个比方。如果现在是在 20 世纪早期，美国就是当年的大英帝国，快要到达其鼎盛时期并开始走下坡路。战争、公债、普通消费的过度扩张都威胁着公众的钱袋子。中国就是当时的德国。很少人记得，在 20 世纪早期，大多数的人都预测是德国，而非美国，将要挑战并超越英国成为下一个世界超级强国。尽管美国的经济实力日益增强，而德国位于欧洲，仍然处于全球经济活动的中心。德国正缓慢地将自己构建成一个帝国。到 1900 年，德国的帝国范围包括非洲大陆上的东非德国、喀麦隆、西南非德国和亚洲的新几内亚德国，它那时正在建立一个巨大的制造业基础。

而美国被视为一个成长中的巨人，并没有得到过度的关注。纵贯整个 19 世纪，美国经历了大规模的经济增长，但美国还是被贴上了银行挤兑、恐慌和内战的标签。从全球其他国家的观点出发，没有人会真的认为一个在 40 年前本身还处于战争之中的国家，会在一代人的时间内成为世界上的超级大国。德国看起来才是最合理的选择。然而，两次世界大战之后，德国被困于恶性通货膨胀之中，美国成为了全球独一无二的超级大国。

印度的经济增长看起来是混乱的、没有组织的。目前对于下一个世界超级大国的选择几乎众口一词的是中国——这个具有明显经济实力且经济影响力不断增强的国家。可是这并不意味着中国必然会成为下一个超级大国。而印度则专注于发展本国的经济。

作为一名逆向投资者，我感觉所有对于中国的炒作已经把印度隐于幕后。例如，就像马克·费伯博士所指出的那样，在 2010 年巴伦圆桌会议上（圆桌会议代表探讨来年美国以及全球经济的前景），所有与会代表没有提及任何关于印度的讨论。这可是一个在世界上拥有 11 亿人口，且经济增长速度最快的国家。而那些被称为专家的人们却没有给予任何关注，至少在 2010 年没有关注！请记住，如果没有人购买，就意味着这里有相当大的被压抑的需求，一旦人们意识到发生了什么，就会推动印度股市上涨。

世界需要印度

世界的未来发展需要印度。印度处于世界上很危险的地区。巴基斯坦、缅甸、孟加拉国、尼泊尔、不丹、阿富汗、土库曼斯坦、孟加拉国、斯里兰卡环绕着印度。大多数这些国家都是没有遗传民主制度的国家，它们的政局不稳定或者仍处于战争之中。如果印度能够发展成为一个民主稳定的国家，居于这些不稳定国家之中，那将会对该区域产生极大的帮助。

因此，印度的成功不仅关乎其自身发展，对于世界其他国家而言也更重要。好消息是历史站在印度这一边。虽然印度所经历的所有问题及羁绊还将继续，但是正是这些鼓励印度认识到：世界上最后两个超级大国都是拥有法治财产权、众多且受过良好教育人口的英语国家，而印度具备这些优势。

美国的一部分问题在于，自苏联衰退瓦解后，事实上美国成为了世界上唯一的超级大国。这就允许美国在不顾任何现实影响的条件下，对外实施了许多错误的外交政策，犯下许多经济错误。例如，在冒险犯下阿富汗和伊拉克战争的错误后，有谁真正在那里为美国的行为负责呢？相反，80年代，是美国人在帮俄罗斯承担其在阿富汗犯下的愚蠢错误。在二战期间，是英国和美国在控制着德国和日本的帝国力量。一个不受控制的超级强国，无视任何国家的存在，通常并不是一件好事。那是权力的腐败，而且是绝对的权力腐败。

如何在印度投资？

在印度投资要比在中国投资简单一些。像中国一样，你可以购买外国的存托凭证或者交易所交易基金。然而与中国不同的是，在经过一些手续后，诸如通过印度经纪人建立账户并提供适当的信息（例如，居住证明、护照照片等等）并交纳少量的费用，你就可以建立一个账户并且直接在孟买股票交易所直接进行股票交易。

实际上，现在的印度股票暂时比中国股票和全球股票都做得好。图9—1和图9—2将孟买股票交易所与上海股票交易所以及自1999年来的新兴市场指数进行了对比。如图9—1所示，1999年，要花掉上海股票交易所3股份额才能购进孟买股票交易所1股份额；现在要花5.5股份额才能购进孟买股票交易所1股份额。随着印度从低经济水平的不断上涨，未来印度的股市将会继续跑赢。

过去的业绩出色并不能保证印度将在未来发展得很好。但是随着印度经济拥有更大的影响力以及其上行潜力比其他经济体更大，并且印度政府最终抓起基础设施建设，印度继续跑赢大盘的时机看似就成熟了。但也不是没有风险——最近萨蒂扬公司（Satyam）的会计欺诈案就相当清楚向我们阐明了印度这个国家，像其他国家一样，也存在体制的滥用和欺诈投资者的罪犯和骗子。但是，他们的骗术最终被揭穿，被控诉了，并且这家公司被更强势的公司接管了。

印度股票继续长期发展的另一个积极因素是大部分印度人尚未进行股票投资。随着人们平均生活水平的提高，他或她将会更加自由地支配收入，会有钱用于股票投资。这将增加对于印度股票的需求量。

在即将到来的印度经济和股市增长中有许多投资方式：

(美元符号)印度股指:(美元符号)上证指数(印度股指 证券交易所灵敏度指标 30(数据终止符)/上海Comp(数据终止符)) 指数/指数
2010年2月8日　　　　　　　　　　　　　　当日开盘价5.38 最高价5.38 最低价5.38 收盘价5.38 涨幅+0.01(+0.14%) ▲

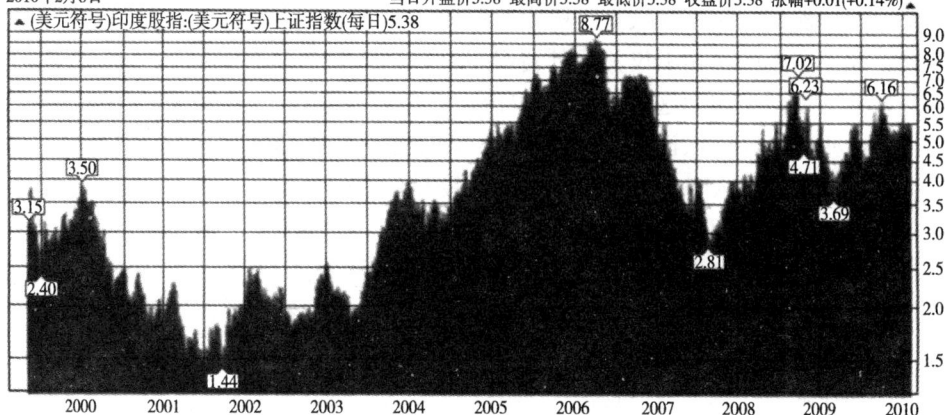

图9—1　印度股指与上证指数的对比

资料来源：StockCharts.com（http：// stockcharts.com）。

(美元符号)印度股指:(美元符号)MSEMF(印度股指 证券交易所灵敏度指标 30(数据终止符)/新兴市场化国家股指 欧洲货币基金 指数(数据终止符)) 指数/指数
2010年2月5日　　　　　　　　　　　　　　当日开盘价18.07 最高价18.07 最低价17.52 收盘价17.50 涨幅+0.08(+0.44%) ▲

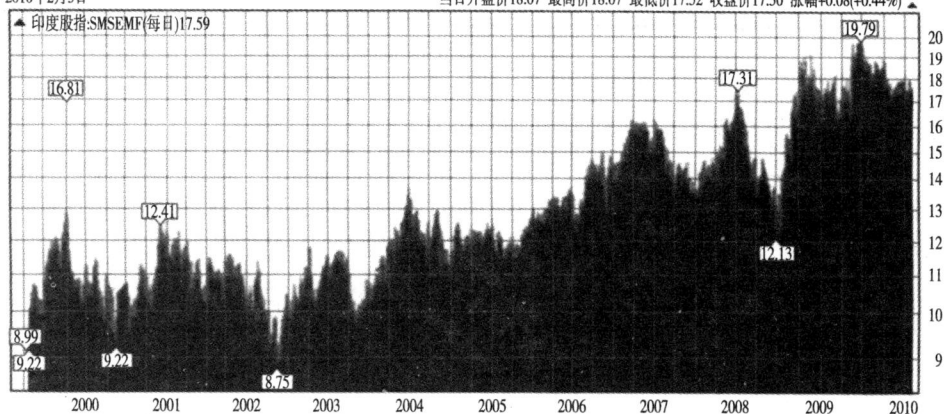

图9—2　印度股指与新兴市场化国家股指的对比

资料来源：StockCharts.com（http：//stockcharts.com）。

● **自然资源和商品。**像中国一样，在印度进行间接投资，可以通过购买自然资源得以实现。由于印度的繁荣是长期的，这就意味着对于铜、钢铁、混凝土等的需求量更大。因此你可以选择商品或生产商品的公司进行购买。

● **印度交易所交易基金。**像中国一样，印度有许多交易基金在美国交易所进行交易。这些基金中大部分都是追踪印度公司的大盘股。印度有些公司引领汽车、钢铁和信息产业。这些基金包括：印度信托基金、印度基金，以及摩根·斯坦利印度投资基金。这些将向你揭露印度最大的公司以及印度经济中占比重最大的部分。这是在印度经济中最简单、最安全的投资方式。印度经济由于包含这些投资而显示出多元化趋势。

我们必须注意到：印度市场是很不稳定的。在 2000—2003 年的熊市中，孟买交易所指数下跌了近60%。2004 年的新闻报道说："国会选举后，会由一个中间偏左的党派执政……"，立刻股市在几个月内下跌了30%多。2006 年，印度股市仅在几个月内就飞速下跌了近35%。在 2008 年的熊市中，孟买股票交易所指数下跌超过了65%。每次下跌过后，股市都会在一年内反弹50%，并给投资者带来巨大的利润。因此，我将会耐心地等待印度市场的这种修正，并且在修正开始时投入到印度的交易基金中。

- **印度的存托凭证**。尽管印度处于其经济发展的初期阶段，然而它的经济和股市中却存在着一些在世界上信誉良好的顶级公司。这些公司包括：塔塔钢铁和塔塔汽车（钢铁和汽车）、印孚瑟斯（技术）、赫因戴尔工业有限公司（铝业），以及斯特利特工业集团（金属盒采矿）。正如印度股市一样，由于这些公司是随着印度市场的波动进行交易，因此它们也很不稳定。与我们推荐的针对印度总体市场的方式相似，你要耐心地等待这些公司股价下跌时再购进。如果让我打个比方，那就好像是说在 20 世纪早起购进美孚石油、通用电气、福特汽车等等。当然了，这些股票在经过 20 ~ 40 年的时间后都上涨了很多。

- **印度孟买股票交易所的大盘股和小盘股**。在孟买股票交易所（BSE）有超过 4 700 家的上市公司。交易市场的资本金额为 1.1 万亿美元。相比之下，在纽约股票交易所有 2 700 家上市公司，新开股票交易的市场资本额为 28 万亿美元。你可以在孟买股票交易所购买中大型公司，然而最大的机遇确实存在于小型公司股上。因为印度本国人和外国人交易的印度股票数目都是很小的。有许多小规模、不知名的公司股都以低价进行交易。在孟买股票交易所确实有很多公司是以市盈率为单位数或者以收益率为分裂的两位数进行交易的。你需要认识一些当地人，帮你确认这类公司是否真是好的投资去处。你需要亲自去一趟印度以确认那些公司是否是一个好的选择，或者请别人为你做一些基础调查工作。我打算在 2011 年和 2012 年去几趟印度，去寻找一些这样的公司。

总的来说，实际上在印度进行直接投资要比在中国容易得多。因为只要我们一向印度政府施压，就可以得到对外国投资者放松限制的政策。

印度—— 乱中有序，持续发展

印度是个复杂的"小兄弟"，尽管不具备一定的组织水平，却做了很多的实际工作。的确，在印度，政客们总指手画脚地给投资带来挫折，还时不时地发生对外国投资的反抗、罢工等。但它仍不失为一个理想的、适合做长期投资的选择。

第 10 章　在全球其他新兴市场投资

　　印度和中国是全球市场的两大典范，这属于常识。但是还有很多正在崛起的小国：它们表现良好，有很多的机遇。现在我要推荐几个我认为最好的给大家去投资。

　　许多小国是不引人注目的，大多数产业投资的分析家们都将它们完全忽略了。其中一些国家因受金融危机的影响而一败涂地，一些国家尽管经济持续增长数年可股市依旧低迷，剩余的其他国家将会从全球性商品繁荣中获益。

　　为了做这项研究，我走遍了全球，到过亚洲、南美洲、北美洲和非洲。由于这部书内容有限，我可能会漏掉一些国家。那么，现在就让我们开始投资吧。

澳大利亚和加拿大

　　目前全球最安全的投资选择就是在澳大利亚和加拿大投资。我们讨论了中国和印度货币供应量的增长和经济的继续扩张将会造成商品价格的长期上扬。在商品基础上，加拿大和澳大利亚都是既拥有市场又拥有货币。如果你认为石油、黄金以及其他资源会持续盛行的话（如本书中前面所述），澳大利亚和加拿大将会成为其交易的巨大市场。

　　它们拥有世界上两个最大的初级采矿产业。加拿大的油砂是世界上最大的未探明存量的石油资源；据估计，其石油储量比苏丹油田的储量还大。由于人口较少，这两个国家成了发展中国家的资源销售商。另一个优势在于，尽管房地产市场过热，与其他欧洲国家和美国不同的是，这两个国家都拥有稳定的且运行良好的银行部门。

澳大利亚

　　从世界其他国家的角度来看，澳大利亚几乎是一个喜剧。这个国家讲独一无二的本土英语，城市拥有各种奇怪的名字，以及经典喜剧电影"鳄鱼邓迪"都给这个国家增添了许多喜剧元素。许多年来，澳大利亚人被认为是坏脾气的"国有化冲浪者"。然而，如今澳大利亚的经济是世界上最具活力的经济之一。澳大利亚在 70 年代搞国有化，其后果是：高失业率、低生产率以及高通货膨胀率。1983 年以前，澳大利亚甚至都没有可浮动的货币汇率。

目前，澳大利亚也有一些问题存在，其经常账户逆差超过了国内生产总值的4%，征税还是很高。然而目前，在很大程度上，澳大利亚在全球经济危机时也很好地支撑了经济。它的房地产市场过热，但是银行运营良好，也不存在财政援助及类似的东西。澳大利亚的失业率是 5.5%，这是美国无法媲美的。

此外，如果你关注固定收益投资，澳大利亚是目前世界上唯一一个拥有真正名义利率的国家。短期利率超过 3%，而长期利率超过 5%！所以如果你对固定收益投资感兴趣的话，澳元债券尤其是短期债券会比其他大多数债券更具诱惑力。

近年来，澳大利亚的经济凭借其自然资源及与亚洲接近的优势急速增长。90年代末，澳元兑美元的比率下跌了 0.50 美元；到 2010 年我写本书时，澳元随着商品价格的增长已经接近 0.88 美元的水平了。

澳大利亚因增大对中国的出口取得了经济的迅速增长。在 2008—2009 财政年度中，澳大利亚向中国出口了价值超过 390 亿的商品。这个数目占澳大利亚出口总量的 17% 多，并且中国是澳大利亚第二大出口市场。在这些出口商品中，铁矿石出口超过 220 亿美元，煤炭出口超过 30 亿美元，羊毛出口超过 13 亿美元，铜矿出口超过 10 亿美元。

从某种程度上讲，由于澳大利亚的经济增长源自对中国和其他亚洲国家的出口，它离美国经济低迷时期越来越远了。坏消息是如果中国经济出现严重的衰退，那将会对澳大利亚造成不利的影响。然而，在接下来的 5~10 年间，随着中国和亚洲的长期经济繁荣，澳大利亚将继续受益。

世界上一些大型企业（诸如新闻集团）都是澳大利亚企业。澳大利亚市场趋向于与商品价格进行交易。由于商品价格在亚洲和新兴世界是不断增长的，澳大利亚可以很好地以保守的方式发挥其作用。如果你不愿意投资那些鲜为人知的新兴经济体，澳大利亚是投资国外市场的一个很好而且很安全的地方。

澳大利亚的一个主要问题在于：澳大利亚提议增加对资源公司的征税。这就造成了澳元和许多资源公司的降价。现在政府对这一提议有所退让。然而，随着其继续向前发展这一现象还是值得关注的。

如何在澳大利亚投资　有许多澳大利亚存托凭证在美国进行交易。它们的交易范围从媒介公司如上文提到的新闻集团，到黄金公司如利希尔黄金公司，到银行如澳大利亚国民银行，再到探勘公司如纽克雷斯特矿业公司等等。

你也可以通过购买澳大利亚基金（股票代号：TWA）进行投资。如果你想炒澳大利亚货币，你可以购买澳大利亚货币交易基金（股票代号：FXA）。你也可以找一个澳大利亚股票的经纪人。我在澳大利亚有一个专门做小型矿业公司股的优秀经纪人。这会为你提供一个直接进入澳大利亚资源市场的入口。

澳大利亚的房产市场热潮将会减缓，并且也会受到中国经济短期疲软的影响。然而，只要亚洲经济继续兴旺发展，澳大利亚的经济及股票市场就将成为直接的受惠者。

加拿大

这是我的出生国。加拿大就像是一个"较冷版的澳大利亚"。它们都是面积广大、资源依托型经济的国家，也同样是20世纪60年代、70年代国有化的受害者。特鲁多国有化的失败经历使加拿大多受羁绊（20世纪60年代末至80年代初期间，皮埃尔·特鲁多出任加拿大总理。其为人浮夸，迅速扩张了政府规模，或国有化，或试图国有化大量工业，这就造成了一场灾难）。

虽然70年代资源价格在全世界范围内上涨，但加拿大事实上并没有从其巨大的资源中获益。由于其社会计划的扩张，1983年加拿大的赤字膨胀到其国内生产总值的7%。失业率已经突破了双位数，在50年代和60年代比美元还值钱的加元，已跌至70美分以下。

然而，自80年代起，加拿大开始实施改革。它签订了《北美自由贸易协定》，打通了贸易边界。随后在90年代，加拿大减缓了政府花销的比例，在20世纪90年代至21世纪期间出现了预算平衡或预算盈余的发展现象。事实上，那时的加拿大已经很适合发展商业了。

它有着很具竞争性的公司税率，要比美国低得多，其全民受惠的医疗保健制度对于贸易也有些补贴。许多美国企业，尤其是汽车制造业，往往转到加拿大经营，这样可以避免过量的保险花销。保险花销在美国是很普遍的现象。

加拿大也没有变得像美国"9·11"事件袭击之后那样仇外。20世纪80年代初，加拿大也发生过恐怖袭击，像锡克教恐怖袭击，引爆了印度航空从蒙特利尔飞往伦敦航线的182次航班，这次袭击中有270名加拿大人死亡。对于这次事件的调查最后也被贻误了。然而，加拿大并没有过分偏执于对机场进行安检，也没有对来自印度及亚洲其他国家的移民加以限制。加拿大还是维持着自由的移民法规。这个法律将有助于加拿大缓解婴儿潮那代人退休所造成的资金紧张。

对于加拿大的金融体系，更值得注意的是其银行的稳定性。加拿大有很多城市都出现了房地产市场过热的现象，其中以温哥华尤为突出。然而，加拿大的银行几乎没有受到任何影响，不像美国的相应部门在房地产泡沫时遭到了巨大的冲击。更重要的是，加拿大的银行没有对债务进行资产证券化。没有受到次级抵押担保证券杠杆调节的比例为30∶1。此外，加拿大政府在2010年预算中，采取了措施试图减缓房屋租金的涨速。仅这一行为就使加拿大政府在面临房地产泡沫的时候，比其他欧洲政府及美国政府表现得更加积极。

当然，加拿大也受到美国经济衰退的影响。作为美国的邻国，加拿大依赖于向美国出口，其出口量的75%是面向美国的。就像加拿大人常说的那样，如果美国咳嗽的话，加拿大也会感冒。而如今的美国经济已经把肺和肾都吐出来了。

加拿大很容易成为美国石油的最大出口国，每天向美国出口 190 万桶原油。这几乎是苏丹向美国出口原油的两倍，它每天的出口总量达 100 万桶。

然而加拿大正在急剧扩大对亚洲新兴国家的出口。2002 年至 2006 年间，其对中国的出口额从 40 亿美元增加至 80 亿美元。大部分都是以原商品出口的形式增长的。

近期，美国的全食食品公司宣称将不再购买产自亚伯达油砂的石油，因为该石油看起来很脏且不够低碳。奥巴马曾经针对"脏油"事件发表评论进行反对，但是并没有直接指向加拿大石油，他只是暗示了沙油的种类（沙地石油是重油，因为它不是简单地利用海上钻机通过钻孔取得，而是从油砂区的焦油中分离石油）。但我告诉你，中国和其他亚洲国家将很乐意购买这种油（最近的墨西哥湾漏油的灾难事件，在"脏油"问题上给美国政客开辟了另一种视角）。

从某种程度上讲，温哥华已经成为通往亚洲的一扇门，因为有很多亚洲人居住在这个城市中。这将能促进加拿大与亚洲的贸易合作与经济关系。此外，就黄金产量说，加拿大是世界第五大黄金产国，也是其他类型金属产品生产的引领国。

正如我们前文所提到的那样，我们看涨农产品。为了将农产品产量最大化，人们就需要施肥。肥料是由碳酸钾组成的，世界上只有 12 个国家生产碳酸钾。75% 的该类产品来自两个国家：一个是俄罗斯，其碳酸钾的产量占世界碳酸钾产量的 22%；另一个就是加拿大，全球有超过 53% 的碳酸钾产自这里。如果你相信农产品市场将会繁荣，那么繁荣将从加拿大开始。

关于加拿大一个很有趣的地方就是萨斯喀彻温省。它位于加拿大草原区，以三种东西闻名于世：（1）加拿大国有化的诞生地；（2）人们接连收拾包裹离开；（3）永久地离开这个省。

由于该省恶劣的环境、萧条的农村经济，以及其反商业化的趋势，该省不断地向外输出人口。萨斯喀彻温省的人口在 1900 年时为 100 万，到今天其人口规模仍然是 100 万！然而，最近，该省已经宣称其将对外发展经济，尤其是采矿业方面。该省煤炭、钻石、碳酸钾及铀矿资源富足。不仅如此，而且由于地质构造相同，世界闻名的亚伯特油砂也延伸至萨斯喀彻温省。

我有幸成为撒斯克洛克矿业大会的第一位主旨发言人，该会议在萨斯卡通举办。萨斯卡通是萨斯喀彻温省的商业中心，这是一个仅有 200 000 多人口的小城市。2008 年我在那里时，发现这是一个正在不断发展的地方，在其早期阶段中存在着这样一种趋势。当然相对大都市而言，这个小城市还是默默无闻，但是已经开始发出声响！

如果你能够忍受这里的冬天（这里温度能够降至零下 30 度），未来几年中，萨斯喀彻温省将会迎来房地产、商业和农业的繁荣。

如何在加拿大投资　在加拿大投资十分容易。多伦多证券交易所具有流动性，并且拥有很多大型公司，从经常破产的北电网络到资源巨头巴里克黄金公司（股票代号：ABX）到通讯巨头罗渣士通讯集团（股票代号：RCI）到石油巨匠森科尔（股票代号：SU）都有。所有这些大型公司都在纽约股票交易所进行交易。

但我的建议是：如果你看好商品市场，并且想进入中间层和初级矿业行业（两者在来年都被看涨），那么你要找个能够帮你交易加拿大上市股的经纪人。加拿大风险资本交易所主要进行初级上市公司的交易，是世界上主要用于交易初级矿业投资资金的交易所。目前，这些股票都极具风险性，但是对于你手中的一些风险资金而言，它将是未来 5～10 年的投资所在。在我的投资通讯中，我专门报道了许多加拿大资源公司。

如果你想把加拿大市场和现金看做一个整体，你可以购买加拿大基金（股票代号 EWC），或者购买加拿大美元信托基金（股票代号：FXC）。如果你不具备风险承受能力，加拿大就像澳大利亚一样，是你在第一世界对商品牛市进行投资的安全选择。

亚　洲

目前在全球投资的另一种方式就是通过亚洲市场，尤其是日本、中国台湾地区、韩国、印度尼西亚和越南。

日本

许多人把日本视为投资的黑洞。在 20 年的时间内，日本市场可能会从现在的高度下跌了 70%。然而，根据第 3 章中对周期和心理学的论述，当市场不被看好，并且长期没有起色时，就到了该买进的时候。

其中有许多需要进行估价收缩。日本市场在 20 年间下跌了 70%，但其收益却不会下跌的那么快，不会像股市中的许多股票那样最终变得很便宜。另外，请注意市场购买力和消费者的购买心理。当市场中无人购进，许多人都持观望态度，压抑自己的购买欲望时，市场价格可能会因此走高。你只是需要一个契机。

例如，1949 年出现的契机是战后的迅速膨胀。美国繁荣是因为中产阶级的崛起。人们买车、买房，并且比以前赚的都多，是因为世界范围内的竞争很少。80 年代早期，沃尔克提高了利息率，抑制住了通货膨胀；随后里根削减了收入所得税，同时也释放了在旁观望人群被压抑的购买欲望，因此多种契机被释放出来了（到 80 年代初，美国的储蓄率达到了两位数）。

第二次世界大战的胜利引发了一种积极向上的精神，帮助人们忘却 30 年代出现的经济衰退，并且重建其对国家和公司的信心（这些东西同你所需要的契机一样重要）。在 80 年代初，越战失败后，美国需要另一个契机。多种契机的出现恢复了美国人的自信和乐观精神。这些契机包括许多迥然不同的事件，诸如1980年奥运会上的曲棍球中出现的"冰上奇迹"，以及伊朗释放美国人质等等。然而，推动90年代牛市（使其比80年代的牛市更强势）的主要催化剂是苏联的武器制造与苏联的最终垮台。这些政治事件释放了数百万计的人们，使他们融入到全球自由市场，并且引发了美国自身经济的积极反应。

日本需要一个像这样的契机。现在，日本的人口在衰退。2009年的经济衰退，使其出口导向性经济成为一种灾难。随着2009年全球经济走势低靡，日本的国内生产总值在第一季度就下降了10%多，政府债务占国内生产总值的170%（然而，日本与美国相比更能承担高额的负债水平。日本国民拥有很好的储蓄率，其债权主要是由国内持有，而不是像美国那样由国外持有。这就有助于保持较低的国债利息率）。即便日本的国债利息率有所提高，其经济也不会即刻受到影响（投资少，储率高），利息率也不会起到很大的作用。

日本的人口存在着很大的问题：日本人口老龄化严重，平均年龄为42岁。为此，这些年来日本政府不得不增加养老金的缴款并且降低支出。日本人口更新速度不够快。日本的移民政策还有严格限制，因此它也不能用大量的移民来更新人口。根据世界银行的数据：日本人口在过去的10年间一直大略持平。

日本的契机是什么呢？很可能来自国外。尽管日本存在着人口问题，但它依然是一个强大的民族，在世界上也拥有一些大型公司。丰田汽车（虽然最近出了些问题）、本田汽车、任天堂、索尼等等，它们都是各自领域的世界引领者，生产着优质的产品。

我们必须谨记：在20世纪70年代、80年代帮助日本的正是其优越的工业生产。60年代，日本开始凭借品质超越美国。在随后的70年代和80年代中，日本开始增加对美国的出口。在80年代的泡沫时期，一度曾有一种忧虑认为日本会取代美国并成为世界霸主。

尽管日本爆发了地产泡沫并且人口衰退，但它在很多工业行业中仍然处于领先地位。日本现在已经成为亚洲的高端产品出口国。是的，如我们所知，亚洲已经建造了许多大型制造业基础。然而，当提到高端的电子产品、汽车或其他商品时，中国以及其他的国家是不能与日本相媲美的。

亚洲有36亿人口，美国有3亿人口。因此，按照美国人均消费标准，如果亚洲可以创出美国对日本产品需求量的1/12，就可以取代美国市场的需求。例如，2010年1月，日本宣布对中国的出口量就超过了对美的出口量。这是同一时间内，第一次有对别国的出口量超过了对美国的出口量。现在日本每月向中国出口的物品价值约9 200亿日元（约11亿美元），每月向美国出口约7 200亿日元（约合8亿美元）。

由于亚洲经济在2010年年初比北美和欧洲经济恢复快得多，你可以看到，对亚洲出口量的增加，使亚洲对日本经济产生了积极的作用。

此外，在房地产方面所爆发出来的泡沫导致了房屋建筑的下跌。据估计，在2009年，建造的房屋约有788 410栋，这是自1964年以来的最低数目。据估算，房屋的平均价格由1989年的最高值下降了40%。即便是面临着人口减少及压缩，也必须营建新的公寓和住宅以取代老建筑。从某种角度来说，这将重燃日本的房地产产业。日本的银行也清理了自80年代以来的乱账，它们在2009年的经济危机中没有遭到重创。目前这些领域的价格看起来都很便宜。

如何在日本投资 从长期角度来看，我认为在日本的投资会被看涨，在日本最容易的投资方式就是通过交易所交易基金进行投资，交易基金代表了整个市场。日本基金（股票代码：EWJ）就像是操纵市场的大方向盘。

你也可以购买一些日本公司股票。丰田汽车（股票代码：TM）在其最近出了召回及类似的问题之后，看似是个好机会。如果丰田汽车出现更多的问题，会使TM的投资更合算。本田汽车（股票代码：HMC）将会从丰田汽车的事件中收益。尖端的电子产品，如索尼（股票代码：SNE）、日立（股票代码：HIT）以及任天堂（股票代码：NTOY）都是日本在纽约股票交易所进行交易的大盘股。

日本的银行业也是值得投资的。在纽约股票交易所进行交易的日本银行包括三菱金融集团（股票代码：MTU）我认为银行属于长期投资，因此你应购买并长期持有它们。

我还喜欢一些日本的小盘股。在某种情况下，小盘股比大盘股公司跌得更狠，所得的分红也很可观。日本小资本化基金（JOF）应该随着日本公司的发展而发展。

我们需要注意的是强劲的亚洲经济比日元疲软更重要。当2009年末亚洲经济开始复苏时，日本的出口开始得以扩展！因此，只要亚洲经济繁荣，无论日元如何，人们都愿意花钱去购买日本卓越的产品。

日本股市看起来会长期低迷，能够使其摆脱这种长期低迷的主要因素就是亚洲经济的长期增长。日本的情况使我想起了1949年或1982年的美国，股市在价格很便宜时结束了其长期走低趋势。在未来几年中，我将会在股价低廉时购进一些日本股票。

中国台湾地区

台湾是东亚"四小龙"之一，作为独立的经济个体，它加入了世界贸易组织（WTO），并且于2002年1月成为了独立的关税区。台湾的许多大型银行和工业企业都被私有化，在过去的30年间其国内生产总值平均增长了8%。与其他亚洲国家、工业大国及地区相比，台湾最初的成功是源自土地及农业革命的推动。这些改革允许发展一批地主阶级，他们把自己的资金投资到其他经济尝试之中，并且开启了对外贸易的经济引擎，在过去的30~40年间推动了台湾经济的迅速增长。

台湾的出口结构从农业商品为主转变为工业商品为主，其出口比例占98%。目前，台湾最可观的工业出口部分是电子产品组件。台湾是世界上最大的计算机芯片合约制造供应商。台湾还是液晶显示屏幕制造业、动态随机存取存储器、网络设备以及消费类电子产品的设计及制造行业的领航者。

随着2009年经济衰退的开始，台湾也面临着一些经济问题。由于严重依赖出口，世界需求量的下降使台湾经济变得很脆弱。然而，台湾经济开始复苏，并且大部分的预测计划在2010年都将增长3%~4%。由于中国台湾对东南亚和中国大陆出口量的持续增长，以及中国台湾在欧洲市场努力开发的成果（WFB，2010），因此中国台湾对美国的依赖性正在减弱。

我喜欢台湾的主要原因在于其股市的估价。自80年代起，该地区的经济出现了迅速增长，而其股市的发展却很有限。这使其股票变得很廉价。图10—1是1991—2010年间的台北股市图。根据国际货币基金组织的数据显示：以购买力为基础的台湾人均国内生产总值自1989年的每人8 800美元增长至2009年的每人29 828美元。而台北指数却由1989年顶峰的13 000多点，跌落到2009年的不到4 000点。这就告诉了我们，台湾的股票与其经济增长速度相比是极其便宜的。

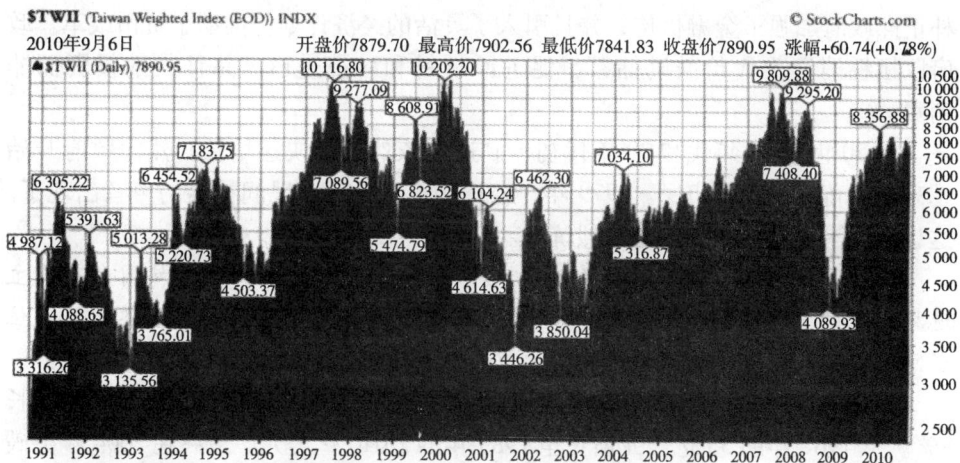

图10—1　台北股市图（1991—2010）

资料来源：由 StockCharts.com（http://stockcharts.com）提供。

台湾是计算机芯片和其他相关科技硬件产品的庞大供应商，这部分占其出口总量的1/4。许多人或许会担心中国台湾和中国大陆之间的争端问题。然而，随着中国大陆与台湾地区频繁地在经济领域相互交集和依赖，它们的关系实际上在近几年已经有很大改善。

如何在台湾投资　台湾有一些存托凭证，其中包括在纽约证券交易所进行交易的台湾半导体制造公司（股票代号：TSM）。中国台湾也很依赖于亚洲其他国家，其中44%的出口是针对中国大陆和香港以及日本的。相比之下，只有16.22%出口是针对美国的。台湾也依赖自然资源的进口，因此台湾保存了较高的外汇储备。

但是，在我看来，这是对于该地区的一个宏观概述。你可能会因为目前该地区的股票便宜，而想拥有整个这个地区和市场。中国台湾基金（股票代号：TWN）在纽约证券交易所进行交易。在走出了持续20年的熊市时，台湾股价变得很便宜。在过去的20年里，生活标准和经济看似发生了巨大的进步，但是股市却没有受到很大的影响。就像对待日本一样，我也会关注中国台湾股市的每一次下跌。

韩国

自20世纪60年代以来，韩国成为世界上最大经济体的主要贸易伙伴。2009年，韩国超过英国、俄罗斯和加拿大成为世界上第九大出口国，世界上第十三大经济体。这一功绩对于处于战后贫困之中的韩国而言是不可想象的。

"朝鲜战争"（1950—1953）之后，韩国开始了一次改革，被称为"汉江上的奇迹"。在此期间，国家在出口、工业、科技，以及教育文化方面都急速发展。朴正熙政府加强了金融机构，并且引入了灵活的经济计划，推动了货币改革。政府以牺牲消费为代价鼓励储蓄，促进原材料和科技进口，并且鼓励投资而非消费。

在20世纪80年代和90年代初，制造业依然持续快速增长。然而政府开始越来越严苛地控制其市民。1979年，朴正熙被刺杀后，民间社会的声音出现了。这也引发了反对独裁统治的强烈抗议。

1992年，长期从事民主活动的政治家金泳三当选总统，这是韩国自有民主选举以来的32年间的第一位民选总统。2007年12月，韩国投票选举出了一位新总统——前经济工作领导者和首尔市长李明博。（www. state. gov. 2009年）

自20世纪60年代起，韩国的国民生产总值出现了飞速增长，每年平均增长8%。从1962年的33亿美元增长至1989年的2 040亿美元，最终在2004年突破了上万亿美元的纪录。如今这个国家依然展现着其雄厚的财力。该国从1997年经济危机中吸取了教训。那时，韩国变得依赖于外国信贷，在遭遇经济危机侵袭时，韩国没有一定的储备，不得不向国际货币基金组织申请紧急融资，并且对其经济实行自由化。随后，经济杠杆被用于调节经济，并且该国将着手建造更稳定的金融系统。

像中国台湾地区一样，在过去的20年里，韩国的人均国内生产总值飞速发展，可是其股市却没有得到相应的增长。人均国内生产总值从1989年的7 272.79美元增长到27 790.60美元。但是韩国的股市发展趋势同中国台湾股市如出一辙，仍然维持在 1989 年以下的水平。

如何在韩国投资　在韩国投资最简单的方式是通过韩国交易所交易基金（股票代号：EWY）。仅有少量的韩国存托凭证在美国进行交易，我们建议如果你对韩国的证券感兴趣的话，你可以找一位准入市场的国际经纪人。

印度尼西亚

此时的印度尼西亚是不引人注目的。奇怪的是，一个拥有超过 2.4 亿人口的国家看似对西方投资几乎没有任何兴趣。这可能是源自伊斯兰国家对西方的厌恶，抑或是由于 80 年代、90 年代苏哈托政权领导下的极度腐败。

然而，印度尼西亚最近对其经济实行了自由化。2009 年的大选重组了一个支持经济增长的政府。尽管印度尼西亚仍存在一些问题，但其人均国内生产总值已从 80 年代末的 1 100 美元增长到 2009 年的 4 100 多美元。但就基础设施和教育而言，印度尼西亚的经济还是有缺陷的。

这个国家正处于经济自由化阶段的初期。它从 21 世纪头 10 年中期才开始进行重大改革，因此还处于经济繁荣的初期阶段。

道琼斯印度尼西亚指数自 2004 年开始出现了巨幅上涨。我们需要在购买该国股票前等待其大幅下跌。在印度尼西亚的股市上有少量的存托凭证交易，包括印度尼西亚基金（股票代号：IF）和印尼电信（股票代号：PTK）。

我愿意看到印度尼西亚继续发展，但是我在像中国台湾和韩国这样的地区或国家看到了更多的现实价值。

越南及其他亚洲国家

目前堪称该地区珍贵宝石的当属越南。当今的越南就是 20～30 年前的中国台湾或韩国，正开始缓慢地实施本国经济的自由化。

越南在历史上属于集体农业经济，最近出现的越南经济自由化与国际化接轨的新局面是越南当局对经济的再次"规划"。越南针对体制改革实施的"经济改新"计划正在起效，该计划将对越南经济的现代化起到一定的促进作用。此外，还有关于越南要发展更多有竞争力的出口导向型产业的说法。

经历了将近 10 年的协商后，越南最终于 2007 年 1 月加入了国际世贸组织。世贸组织成员国的身份为越南提供了一个国际市场，加快了越南国内经济改革的进程。事实上，越南的目标是在接下来的 4 年内将经济增长率提高 7.5%～8%。该国人均国内生产总值也得到了极大的发展，从 1980 年的人均 300 美元增长到目前的人均 2 900 美元！

当前越南正承受着巨大的财政赤字压力，需要逐渐从经济危机中复苏，并且，还必须确保其不犯与中国台湾、韩国及其他地区或国家在 90 年代中期相同的错误。该错误会导致财政危机和严重的经济衰退。然而，如果这样的衰退必然会发生的话，反而会给大家带来购进的良好机遇。

目前对于北美的投资者而言，在越南投资的机会还是很有限的。唯一在美国上市的是股票指数型越南基金（股票代号：VNM）。这是操控这个国家股票的一种好方式。另外，你最好找一个可以帮你交易越南上市公司股票的经纪人。

在亚洲明显还存在着其他巨大的投资机会。

斯里兰卡刚刚结束了为期28年的内战。一旦一个国家出现战争（像25年前的越南，或者35年前的智利，或者50年前的韩国）时，它将会出现巨大的机遇。物价下跌，政府需要大量的资金用于基础设施建设以便使国家复原。对于奢侈品也会存在许多被压抑的需求。由于出现了连年的内战，斯里兰卡或许是一个购进的好选择。此外，马来西亚是棕榈油的主要供应国，也将其经济自由化了。

菲律宾是亚洲另一个新兴国家。泰国或许会以其强大的旅游业在亚洲繁荣，因为具有秀丽的沙滩和丰富的夜生活，看似还是会繁荣下去。长居泰国的麦嘉华说道："他不会在泰国做生意，但是他提到了一些很好的休闲股票机遇"。

像越南一样，柬埔寨正在兴起。老挝、东帝汶和缅甸依旧贫困、衰落而且有战乱。但是你要认识到，它们将会开放国界，为亚洲其他发达地区提供廉价劳动力。

像香港和新加坡这样的地区和国家，应该仍然保留其金融中心的地位，以此为亚洲提供资金，并且从亚洲的未来兴旺繁荣中获益。

最后，还有俄罗斯，它还属于一个"流氓市场"。由于俄罗斯缺乏民主制度，我不看好它的长期前景。然而这仍是一个用于交易石油的巨大市场。在1998年和2008年油价暴跌时，俄罗斯股票也随之暴跌。极具讽刺意味的是，俄罗斯已经成为了一个巨大的波动市场，一种狂野的资本主义。市场经常是上涨数千倍然后再下跌90%，这种下跌就代表着巨大的交易机会。如果俄罗斯股市再出现这种暴跌，那么操控市场的工具就是俄罗斯的邓普顿基金（股票代号：TRF）。我不想长期持有俄罗斯股票，但是当市场处于极度萧条时，诸如我们在1998年和2008年看到的那样，持有俄罗斯股票也将是一笔好买卖。

总而言之，我相信亚洲国家繁荣的转变将会导致许多上述亚洲国家成为有利的投资对象。

拉丁美洲

在过去的半个世纪里，拉丁美洲经历了暴力政变和推翻政府的风暴。只是在近几年的时间里，我们才在拉丁美洲看到了许多民主政府的回归。然而，许多拉美国家还依然保留着国有化政策。最近社会主义政党在厄瓜多尔和玻利维亚赢得了大选，使得这些经济优势被彻底隐藏了。然而尽管如此，许多拉丁美洲国家还是很值得投资的。因为它们对自然资源的繁荣有着很大的敞口，许多拉丁美洲国家制造了大量的商品，包括铜、金、银、石油，以及农产品。目前，智利和巴西在投资潜力方面拥有着最有利的气候，我对拉丁美洲的评论主要集中在这两个国家上。实际上，我将仔细研究智利的更多细节而非巴西，因为智利（不同于巴西）很少得到北美投资团体的关注。

智利

在 2010 年我写本书时，一场大规模的地震摧毁了智利的南部地区。然而，许多国家摆脱了战争和自然灾难。尽管人们在短期内遭受了损失，但事实上这些灾难对于国家的长期发展是有帮助的，建筑规范更严谨了（为防止飓风和地震），基础设施会以更现代的方式进行重建。在对智利部分的描写中，我想以对我朋友维克多·列斯科的致谢开始。他是我在智利本地投资的一位经纪人和分析师，在本文研究中他给予了许多帮助。

智利是一个位于南美洲西南部的国家，其地形狭长，拥有 4 000 英里的绵延海岸线。该国北与秘鲁和玻利维亚毗邻，西邻阿根廷，安第斯山脉将智利与阿根廷分离开来。

由于其地形在长度上的延展，横跨南纬 17°至南纬 56°，智利拥有多样性的气候和丰富多样的自然资源。自然资源和农业产品是智利经济的主要组成部分。智利是铜矿、钼矿、铁矿、硝酸盐、稀有金属、红酒、葡萄和木材的主要出口国。营养丰富的洋流也使得智利成为鱼粉、鱼油和鲑鱼的重要产国。智利出口的铜矿占世界铜供应量的 1/3。

亚洲是智利的主要贸易对象之一，因此智利的经济表现与亚洲的经济增长和商品价格（CRB 指数）极其相关。

智利是一个拥有强有力民主传统特征的国家（在冷战时期暂时被中断），该特征确保了国家的高度政治稳定性，也维持了其经济不断发展的过程。自 1990 年至 2008 年期间，智利的国内生产总值平均增长了 5.3%，同时人均国民收入增加了 3 倍。智利因实施诺贝尔经济学奖得主——米尔顿·弗里德曼的建议而小有名气。智利是一个很有规律的国家，在铜价高扬时提高了贸易率，并把盈余储存起来，运用这些资金在铜价下降、经济减弱时维持其经济的平稳发展。这个国家设有私人养老保险制度。该制度可以帮助它防止可能出现的和其他西方民主国家的公共养老金制度一样的、资金没有着落的问题。

在过去的 20 年里，智利力求维持稳定的财政和贸易盈余、低水平外债、高信用级别、可控性的通胀，以及不断扩大的外汇储备。智利也是世界上最好的矿业辖区之一。

智利股票市场　智利股票市场始建于 1893 年，即主要交易所——圣地亚哥股票交易所创办的时候。圣地亚哥股票交易所是一个流动性稳定的中等规模交易市场，总市值接近 2 100 亿美元。该交易所的两大指数为 IPSA 和 IGPA。

IPSA 指数包括 40 多种证券，它拥有最大的贸易量并且总市值超过 2 亿美元。IGPA 是一个更为宽泛的指数，包括所有的股票，总市值超过 400 000 美元，可在 5% 的所有可能交易日内进行交易。

在 2005—2009 年期间，IPSA 指数大概获益 99%，平均每年收益为 19.8%。在过去两年内，IPSA 指数比标准普尔指数显示出更为强劲的势头。在 2008 年的金融危机中，IPSA 指数只下跌了 22%。2009 年，它获利了 50.7%，恢复了 2008 年所有的损失，并达到了历史最高值。应该指出的是，在 2010 年本书出版时，智利股市开始变得过热和估价过高。因此，我建议你关注接下来的股市，直至智利股市从高位回落。

在智利投资 你可以通过各种方式在智利投资，其中交易基金和智利的存托凭证是最好的方式：

交易基金 在智利投资最容易的方式是交易基金或封闭性基金，其表现与 IPSA 指数相似。有两种交易工具可以达到这一目标：

1. 智利指数基金（股票代号：ECH）。这是一种自由浮动调整市值的指数。该指数主要被设计用于测量基础广泛的智利股市表现。这一基金是由贝莱德基金顾问经营的。

2. 智利基金（股票代号：CH）。它是一家非分散性的、封闭性基金公司。该公司寻求智利股票和债券的总投资回报。目前，瑞士信贷和智利的投资银行及 Celfin 资本，经营着该基金。

智利的存托凭证 如果你想购买智利个股而不是大范围的指数基金，有一系列的智利股票存托凭证在纽约证券交易所交易。

饮料工业

- Embotelladora Andina SA（股票代号：AKO-A）：Embotelladora Andina 是一家智利公司。该公司负责生产并装瓶可口可乐公司的一系列产品，诸如软饮料、果汁及水，并在智利、巴西和阿根廷进行销售。这是一家可靠而且运营良好的公司，利润增长稳定，净资产收益率高并且股息回报率高。这是在南美经济中一家保守的、低风险公司。

- Vina Concha Toro SA（股票代号：VCO）：Vina Concha Toro 是智利的酿酒商、装瓶公司和出口商。它是智利最大的制造商和出口商，其产品在全世界超过 131 个国家销售。该公司因其高品质红酒和创新性产品在世界范围内享有盛名。

- Compania Cervecerias Unidas SA（股票代号：CCU）：Compania Cervecerias Unidas 是一家在智利和阿根廷运营的饮品公司。经百事公司许可，该公司生产一系列的软饮料。该公司还生产一些专有和特许经营品牌的矿泉水和啤酒。由于是在佩德洛葡萄园投资，并且生产红酒，因此成为该领域的第二大出口商。由于对"西莉亚庄园"的投资，在阿根廷也涉及红酒生产。该公司还生产一种名为"皮斯科"的智利传统酒，并通过子公司参与零食及谷类食品的生产。

银行及金融机构

- Corpbanca（股票代号：BCA）：智利的联合大企业，为零售客户和企业提供各种大量的零售和商务银行业务。它还提供保险经纪、证券经纪、互惠基金管理和财务顾问的服务。该企业是一家中等规模的银行企业。

- Banco de Chile（股票代号：BCH）：智利最大的银行集团，它可以为零售及大公司提供大量的服务。它还经营互惠基金管理、经纪人服务、证券、保险及代理经营的服务。该公司最近与智利的花旗银行合并，还提供高股息。

- Banco de Chile（股票代号：SAN）：另一家智利的大型银行集团，为商业客户和零售客户提供各种服务。这些服务包括保险、证券经纪、互惠基金管理以及外币贷款等。它操控着全国超过 480 家的银行。

- Administradora de Fondo de Pensiones Provida（股票代号：PVD）：PVD 是私人养老基金的管理者。根据法律规定，所有拥有合法合同的劳动者都必须将一部分资金存入私人养老基金账户，以便在其退休后可以为其提供相应的资金。这种政策对于增强智力股市的流动性有很大帮助。PVD 是其中一个最大且最有名望的基金管理者。它所支付的股息收益率很高。

公共事业

- Empresa Nacional de Electricidad（股票代号：EOC）和 Enersis SA（股票代号：ENI）：这两家公司是姐妹公司，为智利、哥伦比亚、阿根廷、哥伦比亚以及秘鲁生产、传送和分配电力。它们利用水力、热力和风力技术进行发电。这些公司拥有明显的利润盈余、净资产收益率和体面的股息收益率。

航空公司

- 智利国家航空公司（股票代号：LFL）：这是一家南美最大的商业、货运航空公司。在过去的 10 年中，凭借其雄心勃勃的发展计划、优质的管理和一流的服务，智利国家航空公司扩展了其经营业务，并且成为航空产业中的主要参与者。最近智利国家航空公司宣布了一项价值数十亿美元的收购计划，对其巴西对头 TAM 的收购将使其成为南美洲最大的航空公司。

化学制品

- Sociedad Quimica y Minera SA（股票代号：SQM）：SQM 生产植物营养素和商业肥料。该公司拥有世界上最大的锂矿资源。随着全球粮食库存率下降，农田面积减少，以及世界各地的印钞政策，食品和化肥的价格趋于上扬。SQM 的标价就像是一家成长型公司，其价格利润比例较高。该公司显示出了积极的盈利增长及出色的盈利率。

如你所见，智利提供了一些极好的公司。它已经成为南美洲的一颗瑰丽的宝石，自 80 年代后期以来，其人均或国内生产总值已经超过了这个大陆其他地区的 60%。我认为从任何弱点上来讲，智利股票都很值得购买，特别是如果你相信商品价格长期增长的话。智利也是经济自由指数排第 10 名的国家，能够轻松地成为南美洲中经济自由指数最高的国家。

巴西

巴西是金砖四国（巴西、俄罗斯、印度和中国）重要的组成部分，这代表着它是发展最快的经济体。

很多年来，巴西像很多拉美国家一样，处于经济瘫痪之中。巴西的通货膨胀率很高，经济停滞萧条。但是，巴西在一定程度上开放自己并且正在从较高商品价格中获益。石油巨头巴西石油公司，最近在巴西近海海岸勘探到了一个巨大的石油资源。巴西还提出了很多战略协议向中国出售商品。更有趣的是，很多交易都是通过人民币来交易的，其真正意图是试图摆脱美元下跌的影响。

在 90 年代初增长停滞后，巴西的人均国内生产总值接近翻了两番，从 1992 年的 5 496.99 美元增至 2009 年的 10 455.59 美元。巴西是比较先进的国家，并不似中国和印度那样增长率呈现单位数，其人均国内生产总值是中国的 2 倍，印度的 4 倍。

巴西将从亚洲的商品需求中获益。其出口量从 2003 年的 590 亿美元增长至 2009 年的 2 000 亿美元，增长了几乎 3 倍多。目前巴西已经成为世界上第 22 大出口国。此外，在 70 年代的石油危机对巴西造成不利影响后，巴西有意识地做出了向乙醇转变的决定，这样石油危机将不会再对这个国家造成阻碍。巴西的许多汽车和加油站依赖于乙醇。巴西的乙醇是甘蔗制造的乙醇，糖类制造乙醇的效果是玉米的 6 倍。这个事实说明了为什么美国计划用玉米来制造乙醇是没有效率的。这种荒谬的计划基本上只是一种政治上的兜售，用于安慰美国种植玉米的农民们以及农业活动集团。

2009 年，巴西针对外商投资制定了一些额外的税收法律，以避免其货币市场和股市的过度投资。由此 2009 年其股市出现了强势反弹。我认为巴西股市会经历一次修正。然而，我们也应该记住：巴西已经策略性地使自己成为亚洲天然资源的一个主要出口国。此外，巴西是世界上最大的农业经济国家之一。这就意味着，如果谷物或者农业价格上涨，巴西将注定受益。

巴西存在许多需要克服的问题，诸如大型贫民窟、高犯罪率以及对热带雨林的乱砍滥伐等等。必须要克服这些问题才能驱散那些关于巴西的著名引述："它是未来世界的国家，它将总是这样。"

如何在巴西投资 巴西交易基金指数（股票代号：EWZ）是对巴西经济的一种简单并且非分散性的概述。

巴西最大且最好的公司可能是 Peteoleo Brasile（股票代号：PBR）。该公司是世界上最大的石油生产商之一，并且最近它从几个最大的石油勘探中获益颇多。

2008 年 Peteoleo Brasile 每天石油产量超过 20 600 万桶，代表了巴西 80% 多的石油产量。

大型的电信公司应该是很好的投资对象——Telecomincanoes De Sao Paulo（股票代号：TSP），其盈利率超过了 4.40%；CFPL Energies 是另一家大型能源公司，其股息回报率很高。

拉丁美洲的其他国家

由于从采矿业中获利颇多，因此我打算介入拉丁美洲的主要方式是通过研究采矿业股票。这个行业为我所熟知，也非常适合我对长期商品看涨的观点。例如，在我的时事通讯中，我推荐了一个由沙漠太阳矿业公司经营的股票。它是一家采矿公司，在安大略省多伦多市以外经营，最终把矿产以每股 7 美元的价格卖给巴西的亚马纳黄金公司（沙漠太阳矿业公司股整体每股 0.25 美元）。在宏观方面，我对许多国家并不热衷。就像在拥有很多采矿业的墨西哥、阿根廷以及哥伦比亚，我认为在这些国家中利用采矿业炒股是最好的方式。对于那些较小的国家我很看好秘鲁。秘鲁过去曾是社会主义国家，发展迅速，对采矿业和经济的其他领域进行了巨大的投资。

在南美洲，许多国家正在经历着国有化的失败实验。委内瑞拉正经历着巨大的通胀而且处于查韦斯的钳制之下。玻利维亚和厄瓜多尔也同样拥有着对于采矿业不是十分友好的政府，在尝试矿山国有化之后（产生了巨大的消极影响，那些计划被搁置了），它们的确付出了一定的代价。

许多中美国家也在慢慢转好。然而它们是小国，有些国家如洪都拉斯和危地马拉，拥有大部分的农业行业，你必须真的了解市场。中美洲国家或许可以从旅游业中获益。许多这些国家的东海岸都面向加勒比海，拥有原生态的海滩，是一些尚未开发的小渔村。与索价过高、开发过度的佛罗里达州海滩相比，这里占据了很大的优势。

巴拿马城作为一个毒贩洗钱中心而声名狼藉。然而巴拿马城所累积的金融基础设施，可以使它成为拉丁美洲其他国家和中美洲及南美洲的风险投资中心。

最后，虽然加勒比海地区是一个小地方，但是有些机会不是存在于股票投资行业中，而是存在于房地产和农业之中。加勒比地区曾经是世界上的糖果中心，如果我们再一次使糖业价格达到峰值，尤其是在乙醇市场蓬勃发展的时候，那么加勒比地区的甘蔗种植园将变得很有意义。此外，如果西方政府继续向其市民征税过重的话，许多发达的金融中心诸如开曼群岛、巴哈马群岛、巴巴多斯、英属维尔京群岛等等将成为外籍人士开店的好去处。当然，这些国家还存在着犯罪及缺乏基础设施等问题，但同时这些国家也拥有气候良好、赋税低廉的优势。我可以告诉你，巴哈马群岛的附属小岛屿上仍无人居住，那里具有很好的基础设施，仍处于部落类型，在那里你可以夜不闭户地生活。

非　洲

有句老话说："低挂的果实容易够到。"这在一棵没被探索的树上得到了证实——这就是非洲。经过了数年的动荡和战争，非洲已经进入其稳定期的前期阶段。

为了保证进口商品的安全，中国和印度在非洲做了大量的投资。然而，非洲还没有达到那种程度，正如《餐时信报》（Dines Letter）的编辑吉姆·戴恩所言，"繁荣从欧洲向西转移至北美，现在转移到中国，最终将转向非洲"。因此，繁荣可能将需要一些时间才能抵达非洲。

非洲仍然是存在着很多机遇，但同样，你首先需要了解当地市场。一些诸如赞比亚和博茨瓦那那样的国家已经开始对外开放了，但是大多数国家仍然充满了各种繁琐的程序。安哥拉结束了持续20多年的内战，拥有丰富的石油和钻石储量。赞比亚拥有非洲大陆上第一家手机公司。加纳是非洲大陆上最稳定的一个国家。加纳的居民讲英语，加纳还拥有繁荣发展的采矿业。此外，如果非洲国家能够维持稳定，那么大部分美丽的非洲海岸线及主要的海滩都能发展成为最好的投资物业和度假胜地。

我很喜欢非洲，它像南美洲一样具有成为巨大自然资源制造商的潜力。然而，它还有很长的路需要走，其腐败现象依然严重而且透明度较低。我并不推荐购买非洲股票，除非你真的深刻了解其市场背景。

国际投资是你投资组合中所必需的

我希望本章将给你一个关于全球投资机遇的概述。我的下一本书主要讲述国际投资，本书的目的在于让你大致地了解世界。美国始终是世界上最具流动性的市场，也是最大的市场。但是美国的投资业没有使很多美国人意识到在国境之外也存在着机遇。你在美国的金融媒体上看不到任何关于这些机遇的信息。随着美国超级泡沫的结束，现金流向了世界各地。这对于我所提及的许多海外市场有着极大的帮助，希望我的建议能够对大家寻求在美国主流证券以外的众多投资机会有所帮助。

结 论

本书结束时就如其开始时一样，我将再次声明，我不是那些传播厄运和阴暗心理的怪人。如果你出席过任何有关资源和黄金的会议，在会上你就会发现这类人。他们一直在预测世界末日；他们预言美国将成为一个第三世界国家，并且声称一切都将崩溃。许多这类人因为在 2008 年和 2009 年预测金融危机的恐惧环境而声名鹊起，因为他们的极端看法似乎要实现了。当然，这些人中有许多人都预测到了 2009 年股市暴跌的延续，但股市却看到了一个巨大的反弹。2009 年 3 月，在《沉迷于利润》一书中，我们实际上提出了一份报告，题目为"2009 年的 11 个投资趋势"，呼吁投资者们在接近市场低点时积极购买股票。在本报告中我们指出："遭受严重打击的行业，如银行、赌场和新兴市场将在未来的市场中反弹，而它们的确如此。"

这本书中我希望展示的事情之一是：对于股市，你必须有一个长期、灵活的看法。有时要买进，有时要卖出。在人们贪婪时卖出，在人们悲观时买进。当遇到被约翰·邓普顿称为"最大悲观点"时，你就要大量购进。尽管它不是一个长期牛市的起点，但 2009 年 3 月出现了巨大的恐惧和悲观情绪，那就是一个很棒的中间交易机会。然而，因为我们是处于周期当中以及受美国联邦政府推行的政策影响，我们会看到这是一个虚假牛市，可能会上涨一年，也许是两年，但不会形成一个长期牛市。

如本书所言，我其实很看好全球经济的许多方面。如果继续发行美国国债直至美国政府濒临破产，这会对亚洲经济产生一个短期的负面影响。然而，在未来，亚洲和南美地区的经济将变得不那么依赖美国，而且会更加相互交织在一起。这就是一个经济力量的自然发展进程。19 世纪为了得到资金，美国依赖于英国（那时的经济和政治超级大国）。然而，到 20 世纪中叶二战结束时，美国几乎没有任何对英国的依赖。

在今后的几十年中，亚洲对西方世界的依赖将会下降。新兴国家的汽车销量已经高于第一世界。也许有一天，印度将会在美国建起呼叫中心，所以美国人也应该学习印地文！

在这本书中，我花了相当多的篇幅来谈论新兴经济，因为我发现很多的美国投资者不知道他们正在拥有或者甚至已经存在的影响。这不是美国人的过错，因为他们的国家一直是全球超级大国，几十年来都是世界上最大的经济体。有时候看看美国的媒体，你就会怀疑美国之外是否还有另一个世界。如果你看 BBC，你会有一个完全不同的概念：他们有优秀的节目，如《非洲、印度和中东地区业务报告》，所有的节目都告诉你在这些地区中发生了什么事。你将会了解到印度古吉拉特邦省的工业公司，或者赞比亚的手机公司。由于美国在全球经济中的作用将会下降，对于普通投资者来说，采取一个更具全球性的观点尤为重要。这并不意味着你必须走出去，深入到今天的新兴市场中。但是这意味着，如果我们再次遇到像 2009 年出现恐慌或者熊市，你应该利用这种弱点，购买新兴市场股票。

你还必须是一个现实主义者。从历史上相似国家如罗马帝国、大英帝国和其他超级大国获得的一切衰亡事实告诉我们：美国是一个正在衰落的帝国。从美国债务排行榜占国内生产总值比率和未来的医疗保险和医疗补助资金没有着落的负债来看，美国即将进入一个债务泡沫，这是许多其他超级大国在它们接近衰落时期都经历过的。由于大部分（超过 70%）的美国国债都是短期性质的，对政府来说，将它通货膨胀掉是一件非常困难的事。在我的一生中，也可能远早于这个时候（更可能是在我 50 岁生日时——目前我 33 岁），美元将不再成为世界的储备货币。

这意味着寻求保护自己的投资者们应该除了投资到非美国市场外，还应着眼于大宗商品、黄金和通胀对冲。有时候，黄金和大宗商品被描绘成过时的投资。然而，正如我们在本书中已说明的那样，将会有大宗商品比股票还繁荣的超级周期。

这本书只是从投资角度写了一些东西，但回顾历史，我必须承认，在超级大国的兴起和衰落中，改变的东西越多，保持不变的东西就越多。因此，股票和商品都有自己的周期和走势。我希望本书将能帮助你充分利用即将到来的周期和市场走势，并且帮你以自己的方式走向你的财务独立之路！